Antología de la poesía hispanoamericana contemporánea:
1914-1970

Antología de la poesía hispanoamericana contemporánea:
1914-1970

Selección, prólogo y notas de José Olivio Jiménez

El Libro de Bolsillo
Alianza Editorial
Madrid

®

Primera edición en "El Libro de Bolsillo": 1971
Segunda edición en "El Libro de Bolsillo": 1973
Tercera edición en "El Libro de Bolsillo": 1977 (revisada)
Cuarta edición en "El Libro de Bolsillo": 1978
Quinta edición en "El Libro de Bolsillo": 1979
Sexta edición en "El Libro de Bolsillo": 1981

© de la selección, prólogo y notas: José Olivio Jiménez
© Alianza Editorial, S. A., Madrid, 1971, 1973, 1977, 1978,
1979, 1981
Calle Milán, 38; ☎ 200 00 45
ISBN: 84-206-1289-8
Depósito legal: M. 42.731-1981
Impreso en Hijos de E. Minuesa, S. L.
Ronda de Toledo, 24. Madrid-5
Printed in Spain

Hay ya una poesía hispanoamericana contemporánea clásica, es decir, viva y fija a la vez; y ella es el objeto central de esta antología. No se trata, desde luego, de aquella poesía del modernismo, de tan definida silueta dentro de su misma variedad, y de la cual, aunque no siempre muy bien entendida, existen colecciones y esfuerzos antológicos suficientes que facilitan su entrada en el público no especializado. Pero ese mismo público, de la gran etapa que sigue al modernismo, casi no conoce más que los dos nombres mayores de César Vallejo y Pablo Neruda. Y sigue ignorando, por dificultad de acceso, todo un caudal importante de buena poesía, aproximadamente paralela en el tiempo (y digámoslo ahora para fijar, aunque de modo muy provisional, nuestros límites) a la realizada en España por la generación del 25 ó del 27.

Y ya con ello planteo la cuestión básica que dará motivo a la mayor parte de estas páginas de introducción. Porque para fijar la extensión cronológica que abarcaremos se hacen necesarias unas cuantas precisiones que

*afectarán tanto a la nomenclatura de los períodos y ten-
dencias más destacados de nuestro siglo como a las pro-
pias inclinaciones estéticas prevalentes. Sin esas puntua-
lizaciones, sólo relativas y polémicas como todo lo que
a hechos cercanos se refiere, mal llegaríamos a enten-
dernos. Por lo menos, a que el lector entienda nuestro
propósito, lo que no impide que él pueda formarse, por
su cuenta, su personal visión valorativa de la poesía aquí
representada.*

*Por de pronto, me he valido ya de los vocablos mo-
dernista y contemporánea para designar las dos grandes
fases generales sucesivas que se descubren en el discu-
rrir de la poesía hispanoamericana desde el final del si-
glo pasado. Tal posible articulación en nada contradice
la profunda unidad del fenómeno poético moderno, al
cual accede la literatura en lengua española a través del
modernismo. Pero unidad no quiere decir estatismo, ni
tiene que estar reñida con la complejidad y el dinamis-
mo implícitos en un tiempo como el nuestro y en un
temple tan vocado a la libertad y la revolución como el
americano. Octavio Paz ha ofrecido un esbozo de siste-
matización sintético, y por ello de gran utilidad práctica.
Ha escrito, al efecto: «El período moderno se divide en
dos momentos: el 'modernista', apogeo de las influencias
parnasianas y simbolistas, y el contemporáneo», emplean-
do tales denominaciones en el mismo sentido con que
aquí las vamos manejando. Y añade a continuación, para
subrayar la importancia de los países de América dentro
de la poesía hispánica general: «En ambos, los poetas
hispanoamericanos fueron los iniciadores de la reforma;
y en las dos ocasiones la crítica peninsular denunció el
'galicismo mental' de los hispanoamericanos —para más
tarde reconocer que esas importaciones e innovaciones
eran también, y sobre todo, un redescubrimiento de los
poderes verbales del castellano»* [1].

*Esta antología se proyecta, mayoritariamente, sobre
el momento o período contemporáneo. No es éste el*

---

[1] Octavio Paz, *El arco y la lira*, 2.ª edición (México: Fondo de Cultu-
ra Económica, 1967), pág. 92.

lugar para hacerse eco, o para participar en los largos diálogos, a veces cargados de alta pasión, con que se viene en los últimos años tratando de iluminar la verdadera naturaleza y la vigencia del modernismo. Pero como se le ha mencionado (siquiera sea para decir que queda fuera de este libro), debemos reconocer que, para nosotros, esas fructíferas investigaciones de la crítica más reciente han configurado, al fin, la imagen cabal del modernismo. Se ha rectificado así la larga teoría de errores y simplificaciones construida en torno a aquel movimiento (modernismo como sinónimo de superficial escapismo exotista, de tendencia excluyentemente afrancesada o extranjerizante, comenzado y realizado de modo principal en el verso, y extraído todo él, como por arte de magia, del estro de Rubén Darío), cuando lo cierto es prácticamente lo contrario: que fue un movimiento integral y sincrético; expresivo del angustioso conflicto espiritual del hombre contemporáneo ya por entonces latente; que conoció de una veta hispánica y preocupada, complementaria de la afrancesada y frívola a que se le ha querido reducir; que nació antes en la prosa; y que se inició con José Martí y Manuel Gutiérrez Nájera, cuyas aportaciones estilísticas estrictamente nuevas (así como las de otros mal llamados «precursores» del modernismo: José Asunción Silva y Julián del Casal) asimilará después y dará su definitivo toque personal y profundo el vigoroso genio sintético de Darío.

Pero algunos de los críticos y estudiosos que más han contribuido a esta afortunada revaloración (Ricardo Gullón, Iván A. Schulman) parece que, llevados de un noble celo por desagraviar al mal comprendido y mal tratado modernismo, se han visto inclinados a concederle a éste una extensión que viene a sobreponerse cronológicamente a una buena parte del lapso de tiempo que nosotros ya incluimos dentro de lo contemporáneo. Y sólo para salvar las confusiones que podría engendrar esta superposición o coincidencia, es que aludimos de pasada al tema. Ya sabemos que todo empezó con aquel afán de Juan Ramón Jiménez por hacer del XX todo un siglo

modernista[2]. *Después, Gullón y Schulman, aceptando
con mayor cautela, sin dudas, el desmesurado propósito,
han hablado de un* medio siglo *modernista. Y han aven-
turado las siguientes fechas aproximadas: para Gullón,
ese medio siglo iría de 1890 a 1940; para Schulman, de
1882 a 1932*[3]. *Las propuestas por el primero tienen el
inconveniente de dejar fuera, en su fase inicial, casi toda
la labor fundacional de la primera generación modernis-
ta, cuya gestión literaria fue tan importante entre 1880
y 1890. Pero ambos, en su coda final, incluyen como
modernista, en el sentido más absoluto del término, la
década de 1920 a 1930 (la década del* Trilce, *de Vallejo;
del* Altazor, *de Vicente Huidobro; de la primera* Resi-
dencia, *de Neruda, entre otros ejemplos importantes),
cuya producción entera recogemos nosotros en esta an-
tología como pertenecientes a la estética contemporánea.*

*Sin embargo, el profesor Schulman, en su último acer-
camiento al tema*[4], *aunque sigue defendiendo un con-
cepto epocal del modernismo, en nada discutible, se re-
fiere más saludablemente a la etapa de 1875 a 1920
como a la del «florecimiento del modernismo», aunque
no niega, como nadie podría hacerlo, «las escuelas y
movimientos que surgirán como continuación, reacción
y consecuencia de este florecimiento». Podrá parecer
cuestión bizantina el afirmar que esta reciente modifi-
cación de Schulman resulta tranquilizadora, pero de he-
cho no lo es. Porque lo que desazonaba en ese medio*

[2] Véase: Juan Ramón Jiménez, *El modernismo. Notas de un curso
(1953)* (Madrid: Aguilar, 1962). Aparte del indiscutible principio de
política literaria que le sostenía, obraba en Jiménez una tendencia a las
amplias generalizaciones: «[el modernismo] seguirá llenando todo lo que
queda de siglo, como ocurrió siempre en cualquier movimiento impor-
tante: romanticismo, neoclasicismo, barroquismo, humanismo en lo pasa-
do...» *(op. cit.,* pág. 50).

[3] Ricardo Gullón, «Juan Ramón Jiménez y el modernismo», introduc-
ción al libro citado en la nota anterior. Iván A. Schulman, «En torno
a la definición del modernismo», recogido en *Estudios críticos sobre el
modernismo*. Introducción, selección y bibliografía general por Homero
Castillo (Madrid: Editorial Gredos, S. A., 1968), pág. 335.

[4] Iván A. Schulman, *El modernismo hispanoamericano* (Buenos Aires:
Centro Editor de la América Latina, 1969). Las frases entrecomilladas
corresponden a las páginas 7 y 23 de este opúsculo.

*siglo por él defendido anteriormente era precisamente
su fecha de cierre, o sea el año de 1932, ya que no se
veía claro qué cambio, con respecto al modernismo puro,
pudo haberse operado hacia tal año, en la expresión poé-
tica al menos, que no hubiera estado manifestándose
abiertamente ya desde 1920, o aun antes, en los inevi-
tables avanzados de la nueva expresión.*

*Y aquí se hace inevitable que destaquemos con exac-
titud qué elementos o ingredientes estéticos nuevos ha-
cen su aparición en las letras hispanas hacia los tiempos
que siguen a la primera guerra mundial, y por qué la
presencia de esos elementos impiden que el producto
resultante pueda continuar siendo valorado como moder-
nista, por grande que sea la amplitud que le demos a
este concepto. Aclaremos que, sin pecar de formalismo,
nos asiste la convicción de que la literatura no es hija
sólo de una actitud ni de los sentimientos básicos que
descubre, sino, a la vez y en igual medida, de los ma-
teriales lingüísticos de que se vale en la expresión. Si
la actitud bastase, la urgencia de individualidad y liber-
tad característica del modernismo, y tan insobornable en
la voluntad ética y artística de América, haría presumi-
ble que ese movimiento, en estas tierras, no terminaría
nunca. Por otra parte, muchos de los sentimientos bási-
cos de ese ser escindido, solo e ignorante que es el
hombre contemporáneo, tan fuertes y constantes desde
el romanticismo (donde verdaderamente se esboza ya el
espíritu de nuestra época), están borrosamente en la base
de algunos de los* Cantos del peregrino (1844), *de José
Mármol, para citar un ejemplo casi arqueológico; aun-
que sólo después darán, de más definida manera, la sus-
tancia a textos de tan variada factura como el estreme-
cedor, pero implacablemente lógico poema «Lo fatal»
(1905), de Darío, tantos momentos dominados por la
angustia metafísica como encontramos en* Trilce (1922),
*de Vallejo, que ya son puro balbuceo o puro hermetis-
mo, y los fragmentarios chisporroteos reflexivos e ima-
ginísticos del* Altazor, *de Huidobro (publicado en 1931,
pero escrito a lo largo de los diez años anteriores). Un*

análisis de los fondos rigurosamente espirituales arroja-
ría, al cabo, afines palpitaciones e inquietudes en mo-
mentos tan disímiles y alejados en el tiempo; pero tal
análisis no sería suficiente a los efectos de las valoracio-
nes literarias. Y es que sólo en los dos últimos libros
mencionados aparecen ya, de manera harto visible, aque-
llos mecanismos nuevos que anunciábamos como arque-
típicos de lo contemporáneo, y que son, para decirlo
gruesamente, el irracionalismo y la desrealización. Y esos
mecanismos, al configurar la intención en poema, se val-
drán casi sistemáticamente, como ha advertido Octavio
Paz, de un lenguaje voluntariamente prosaico (el len-
guaje de la urbe, de la ciudad, tan difícil de detectar en
la voluntad de estilo de los maestros mayores del moder-
nismo, donde a lo más encontrábamos un gusto por la
sencillez y la transparencia: Enrique González Martínez,
por ejemplo) y de la imagen o metáfora audaz, insólita,
de carácter barroco, liberada ya de todo tributo formal
a la lógica [5]. *La suma de estos impulsos y de estos re-*
cursos formales darán un resultado estético diferente al
obtenido mediante la liberal adición de parnasismo, sim-
bolismo, impresionismo y expresionismo —que son, por
acuerdo unánime, las conquistas expresivas que el moder-

---

[5] En el libro citado de Paz, *El arco y la lira*, se refiere varias veces
el escritor mexicano a estos caracteres del lenguaje poético contemporá-
neo. Reproducimos a continuación, del propio Paz, aunque de distinta
procedencia, una formulación concisa de sus ideas al respecto: «La poesía
moderna depende de estos dos elementos: es una poesía antipoética por-
que su lenguaje es el de la urbe cosmopolita, en el que se mezclan todos
los idiomas y dialectos, del *slang* al sánscrito; es una poesía difícil por-
que ha reinventado la metáfora y el concepto barrocos» («Una de cal...»,
en *Papeles de Son Armadans*, año XII, tomo XLVII, núm. CXL, no-
viembre de 1967, pág. 181). Ni que decir tiene que esta extrema caracte-
rización cubre una ancha e importante zona de la poesía contemporánea
universal. Pero también es cierto que deja fuera toda una buena cantidad
de poesía (coloquial, aunque no prosaica; incisiva, pero no esotérica ni
barroca) producida en el siglo XX, que no sabríamos a qué categoría
estético-cronológica remitir; como no fuera que, desde nuestro 1970, al
encontrarnos con un poema auténtico, pero no radicalmente prosaico ni
dialectalmente híbrido lo enviemos como castigo al siglo XIX. De cual-
quier manera, lo inobjetable en la caracterización de Paz es su implica-
ción de que el lenguaje general de la poesía contemporánea tiende a
desembarazarse de todos los cuidados intrínsecamente estéticos de los
que la expresión poética de fin de siglo gustaba, aun para dilucidar
cuestiones de cálida inmediatez humana y social.

nismo añadió al irrenunciable sustrato romántico de donde emergía.

Si es cierto que la época modernista se extiende hasta 1930, o aún más acá, no se ve claro la necesidad, por parte de quienes tal sustentan, de documentar su hipótesis con la cita de pasajes de obras escritas en esos últimos años supuestamente modernistas (los de 1920 a 1930), para que en esos pasajes apreciemos todavía «calidades modernistas»; tarea perfectamente dispensable, a los mismos efectos ilustrativos, si se tratase de juzgar todo lo escrito, por ejemplo, hacia 1900. Claro es que también hacia esta última fecha, y mucho después, se seguían escribiendo versos y melodramas románticos, y, sin embargo, ello no nos autoriza a pensar que se vivía aún dentro de un romanticismo de escuela. Porque lo excepcional, sobre todo si lo es por sus vinculaciones con el pasado, no puede servir de medida para lo general. Lo contrario, tal vez sí: con qué placer todos los hispanoamericanos proclamamos hoy a José Martí como un modernista de cuerpo entero; con qué orgullo los mexicanos reclaman un lugar para José Juan Tablada dentro del espíritu contemporáneo (y, en sentido opuesto, con qué desgana los jóvenes españoles del ·98 recibieron el Premio Nobel concedido en 1904 al entonces rezagado don José Echegaray). Y esto no equivale a negar la vigencia benéfica del modernismo sobre los años siguientes, en los cuales penetró como antes la edad media lo había hecho dentro del renacimiento, y éste en el barroco, y el romanticismo en el mismo movimiento modernista [6]. Es la vieja historia de la cultura: la de la continuidad del espíritu y sus logros mejores;

[6] Esta última deuda es de particular interés a los efectos de nuestra posición. Ricardo Gullón, en el estudio citado en la nota 3, dedica un buen espacio a enumerar y comentar minuciosamente los materiales espirituales de lo que él llama, con acierto, el «legado romántico» que el modernismo recibió (*op. cit.*, págs. 31-35). El mismo Paz advierte que el modernismo hispanoamericano «fue una reacción contra la vaguedad y facilidad de los románticos y nuestro verdadero romanticismo...». (Véase: *Cuadrivio*, México: Editorial Joaquín Mortiz, 1965, página 28.) Pero ni uno ni otro se atreven a extender oficialmente el romanticismo hasta 1900, por ejemplo.

y como el modernismo había sido la hazaña artística mayor de América y una experiencia definitiva sobre el lenguaje, no era cosa de echar por la borda sus tesoros aprovechables. Lo peligroso es vaciar los nombres catalogadores (por imperfectos y toscos que sean: todos lo son) y rellenarlos con una materia que de modo conflictivo pueda otorgarles una carga semántica diferente, opuesta o desproporcionadamente mayor a la contenida en la denominación cuestionada. Para nosotros, en suma, la década de 1920 a 1930 (y contando algunos antecedentes naturales —Huidobro, el más importante— desde 1914) asiste a la aparición de una expresividad poética lo suficientemente dispar a la del modernismo como para que pueda ser cubierta de modo cómodo bajo su rótulo.

Para esa sensibilidad se acuñaron, en el momento mismo de su irrupción y en los diferentes países, marchamos efímeros. Hubo ismos por doquier: en la Argentina, el ultraísmo; en México, el estridentismo, etc. De todos ellos, uno sobrevivió, comprensivo y genérico: el vanguardismo. Era, en sus primeras manifestaciones, la alegre réplica americana al furor iconoclasta de tantos homólogos europeos, que habían estado apareciendo incesantemente desde antes de la primera conflagración europea. El vanguardismo representaba, así, el inicial gran acorde de un espíritu nuevo, y tuvo que hacerse escuchar con una energía no sólo pujante, sino, vista a la distancia del tiempo, hasta ingenua en su misma aparatosa intensidad. Era un no rotundo a todo lo sospechoso de convivencia con la tradicional estética realista y racional, que el modernismo no había podido desarraigar de modo total y de la que ahora se abjuraba violentamente. No a los viejos temas; no al desarrollo lógico del asunto; no a los patrones convencionales de la forma poética (estrofas, metros, rimas) y a los no menos convencionales del lenguaje (sintaxis, mayúsculas, puntuación) y, en sus muestras más airadas, hasta se atentaba contra la morfología y los valores semánticos esenciales del lenguaje (neologismo, jitanjáforas, etc.). Sí, en cam-

bio, como materia temática, a los nuevos motivos que la
vida moderna había entronizado: la ciudad, el avión, el
tren, la fábrica, el obrero y sus reivindicaciones, el cine-
matógrafo. Y sí, sobre todo y de qué fervorosa manera,
a la imagen irracional, desasida del viejo respeto a las
correspondencias físicas o racionales de común existentes
entre los elementos que toda metáfora aproxima. La
imagen múltiple, con su infinita capacidad de sugeren-
cia, venía a quedar exaltada a elemento primordial y
reducidor del lirismo; y este último hecho llegó en ver-
dad a constituirse en el denominador de igualdad entre
todas aquellas escuelas, con su inagotable repertorio de
programas y manifiestos. (Claro es que algunos grandes
modernistas habían practicado ya esa imagen nueva y
sorprendente, Lugones de modo señalado; y por eso mis-
mo se le cita unánimemente como un precursor del ul-
traísmo argentino: la historia del arte se entreteje siem-
pre de supervivencias y adelantos.) No importa que esa
imagen fuera creada (Huidobro) desde la más alerta vi-
gilia de la conciencia, o, por el contrario, que emergiese
desde los fondos automáticos del subconsciente (super-
realismo), en todo caso ella favorecía una ambiciosa ra-
pidez de asociaciones que libertaba a la lírica de sus vie-
jas subordinaciones a la lógica, las cuales se hacían sen-
tir ya sobre los jóvenes como un pesado lastre. Y esta
liberación fue la contribución mayor y más permanente
del vanguardismo a la poesía futura.

   César Fernández Moreno ha caracterizado la poesía
de vanguardia, en su más vasta connotación, como en-
cauzada hacia tres rebeldías muy definidas: contra la
tradicional exigencia de belleza, tanto en el objeto como
en su representación artística; contra las costumbres he-
redadas de la música; y, en fin, contra la función comu-
nicativa del lenguaje, lo que equivale a decir, contra el
lenguaje que permitiría esa comunicación. El propio Fer-
nández Moreno ha hecho notar cómo, en medio del
ardor de tantas negaciones aparentemente nacidas de una
nueva concepción estética, dos corrientes contrarias y pa-
ralelas se advirtieron en esos mismos años. El crítico

argentino las explica así: «... *una se dirige hacia la vida y otra se preocupa especialmente por el arte, ambas de una manera excluyente y exagerada. Estas dos líneas se hermanan en una común exasperación: por una parte, en la actitud que llamaremos hipervital, la literatura procuró expresar toda la vida sin mediación perceptible del arte; por otra, en la actitud hiperartística, trató de refugiarse en la esencia misma del lenguaje»* [7]. *La distinción es útil porque anuncia, ya desde el momento del frenesí vanguardista, una de las antinomias que va a heredar la etapa inmediatamente posterior bajo la forma de una tensa polaridad entre la poesía pura y el sobrerrealismo, como puntos extremos de tal tensión (si no es que la formulemos entre poesía pura y poesía social, donde la oposición quedaría aún más marcada).*

Aquella vocación americana de libertad, a que se aludió un poco antes, hizo que el vanguardismo, aun en su alcance más restrictivo, mostrase en este continente un entusiasmo y una duración mayores que los de su correspondiente español, el ultraísmo. Este brevísimo episodio de la historia poética peninsular estaba prácticamente liquidado hacia 1923, cuando las primeras obras de la que muy pronto se integraría como la importantísima generación de 1927 daban claras señales de orden y concreción, aunque practicando todavía aquel culto a la metáfora que el propio ultraísmo y la lección de Ramón Gómez de la Serna habían preparado. Tal vez con un ligero retraso, igual movimiento de reacción se operará en la poesía de Hispanoamérica. Porque los mismos jóvenes protagonistas de la aventura vanguardista comenzaron a sentir un inequívoco cansancio de su demoledora empresa, y a escuchar dentro de sí las llamadas al orden, la serenidad, la reconstrucción. Comenzando por lo más exterior, algunos rasgos delataban ya aquella fatiga: vuelta a las formas estróficas tradicionales, a la rima; o, sin necesidad de llegar a ellas, por lo

---

[7] César Fernández Moreno, *Introducción a la poesía* (México-Buenos Aires: Fondo de Cultura Económica, 1962), pág. 56.

menos a la preocupación por la estructura del poema
y por una mínima ilación temática dentro de esa estruc-
tura. Se abre entonces el segundo gran diapasón de la
poesía contemporánea, a nuestro juicio el más definitivo
y fecundo, después de la algarada vanguardista, que em-
pezaba ya a verse sólo como una previa gimnasia hacia
la libertad. Pero ésta comenzaría a dar sus mejores frutos
al liberarse paradójicamente de su radicalidad.

¿Con qué nombre designar ese segundo gran momen-
to, hacia qué fechas situar sus inicios? Nuevas dificul-
tades surgen aquí, y tal vez nuevos rozamientos polémi-
cos. Como que distinto había sido el ritmo evolutivo en
los diferentes países, difícil será datar de manera válida
para todos ellos el punto de partida del nuevo estadio
poético. No se arriesga mucho, sin embargo, pensando
que hacia 1930 los extremismos de la vanguardia eran
cosa tan de pasada que producían rubor a los propios
poetas que habían sufrido sus efectos. Los testimonios
de áspera crítica hacia lo que, en su furor avasallador,
había significado el vanguardismo, no se hicieron espe-
rar. César Vallejo, en fecha tan temprana como 1926,
sostenía: «Poesía nueva ha dado en llamarse a los ver-
sos cuyo léxico está formado de las palabras 'cinema,
motor, caballos de fuerza, avión, radio, jazz-band, tele-
grafía sin hilos', y, en general, de todas las voces de
las ciencias e industrias contemporáneas, no importa
que el léxico corresponda o no a una sensibilidad autén-
ticamente nueva. Lo importante son las palabras.» Y al
año siguiente acusaba, con no disimulada violencia, a su
misma generación de ser «tan retórica y falta de hones-
tidad como las otras generaciones de las que ella renie-
ga», por considerar a la suya impotente «para crear o
realizar un espíritu propio, hecho de vida, en fin, de
sana y auténtica inspiración humana». (Mucha noble
prisa había en tan duro dictamen de Vallejo; pero tam-
bién en mucho no le faltaba razón: la retórica moder-
nista había sido sencillamente sustituida, en manos de
los jóvenes del vanguardismo, por una nueva retórica.)
Y Pablo Neruda, pensando, sin dudas, en el ideal crea-

*cionista de Huidobro, estampaba también esta profesión
de fe realista y humana: «Hablo de cosas que existen.
Dios me libre de inventar cosas cuando estoy cantando.»
Y un poco más tarde, Eduardo Carranza, al frente de su
grupo colombiano de «Piedra y Cielo», abogará por una
vuelta a la tradición lírica española como medio de echar
a un lado «toda la podredumbre de los ismos». No se
agotaría aquí la prueba documental de que una nueva
orientación estética se perfilaba con clara conciencia por
parte de sus definidores, pero a los efectos nos bastará
por el momento.*

*En ese afán insoslayable por el hombre de ordenar y
bautizar sus cosas, aun las del espíritu y la cultura, más
problemático será encontrar una etiqueta de cataloga-
ción para el nuevo período que asomaba. Surge fácil-
mente una voz:* posvanguardismo, *que con ella sola dice
cuanto hay que significar: lo que sigue al vanguardismo,
siéndole aún deudor. Esa voz provoca de inmediato un
inevitable parecido (morfológico, de situación y de in-
tencionalidad) con otro* pos... *anterior, el posmodernis-
mo. Roberto Fernández Retamar ha trazado hábilmente
la relación entre uno y otro, y, al hacerlo, ha podido
calar en el meollo mismo de esta poesía de posvanguar-
dia: «Evidentemente, la poesía hispanoamericana de los
últimos años se articula en dos goznes: modernismo y
vanguardismo. Ambos son seguidos por sendos momen-
tos en que el andar hacia adelante es sustituido por un
movimiento hacia adentro. De ahí que parezcan deten-
ciones: no lo son (...), sí son, o mejor dicho, sí impli-
can replanteamientos de los problemas suscitados por la
generación anterior. Por ejemplo, es evidente que la an-
siosa persecución de imágenes y el desbarajuste formal
de los vanguardistas han sido tomados en cuenta por los
poetas posteriores. Pero mientras la generación vanguar-
dista tendió a ver en tales hechos acontecimientos retó-
ricos con los que, a lo más, se intentaba sorprender o*

protestar, esta nueva generación sintió esas arbitrarieda-
des como señal de aventuras más secretas» [8].

He ahí lo esencial del posvanguardismo: *aprovecha-*
miento de lo que fue sustancia en el vanguardismo, la
retórica, para convertirla en instrumento de más profun-
dos y sólidos empeños poéticos, para lo cual tuvo que co-
menzar por desprenderse de la hojarasca más caediza de
aquella misma retórica. Octavio Paz se ha pronunciado en
sentido semejante cuando afirma: «La vanguardia tiene
dos tiempos: el inicial de Huidobro, hacia 1920, volatili-
zación de la palabra y la imagen, y el segundo, de Neruda,
diez años después, ensimismada penetración hacia la en-
traña de las cosas» [9]. Pero ambos, Fernández Retamar y
Paz, a pesar de estas matizadas distinciones, prefieren no
abrir el posvanguardismo, bajo esta explícita denomina-
ción, sino hasta 1940, cuando una poesía de intención
trascendente o metafísica se apodera en mayoría de la
creación lírica en Hispanoamérica. Entre 1920 y 1940
lo que ven son dos ondas o acordes sucesivos de un
mismo movimiento, el vanguardismo, a los que podría
aplicarse simplemente aquellas dos categorías signadas
por Apollinaire en uno de sus *Calligrammes,* o sea la
«aventura» y el «orden», y que Guillermo de Torre, en
su conocido ensayo de este título, ha elevado a extremos
polares de la línea evolutiva seguida por el arte que flo-
reció entre las dos guerras mundiales [10].

Sin embargo ¯de la autoridad de los críticos mencio-
nados, serias dudas asaltan sobre la justicia de seguir
considerando como vanguardistas, en masa, a todos los
productos poéticos aparecidos a lo largo de esas dos dé-
cadas; tanto más si se piensa que los autores de esos
productos rehuyeron, muy pronto y de consciente ma-
nera, tanto la superficialidad temática como el repentis-

---

[8] Roberto Fernández Retamar, «Situación actual de la poesía hispa-
noamericana», en *Revista Hispánica Moderna,* año XXIV, núm. 4, oc-
tubre de 1958, pág. 325.
[9] *El arco y la lira,* pág. 97.
[10] Guillermo de Torre, «La aventura y el orden», en *La aventura
estética de nuestra edad* (Barcelona: Editorial Seix-Barral, 1962), pági-
nas 43-74.

mo, la violencia y la dispersión formal proclamados y cultivados por el estricto vanguardismo. (A menos, claro está, que concedamos a este término una amplísima extensión, semejante a la sugerida para el modernismo, con lo cual no haríamos sino añadir una confusión más.) El mismo Fernández Retamar introduce una brecha a su propia caracterización. En el trabajo mencionado desliza una frase como ésta: «Es así que no puede decirse que la generación siguiente rechazó la vanguardia, porque ese rechazo le corresponde a la misma generación que la había ejercido.» Y algo después, ésta, más concluyente: «... el posvanguardismo (...) es practicado por la misma generación vanguardista» [11]. No obstante, y llevado por un propósito que para él no es sólo didáctico, cede a la tentación de la simetría y a la devoción hacia ese monstruo sagrado en que se ha convertido el criterio generacional, y continúa considerando como* vanguardista *a toda esa generación, en una de cuyas fracciones (y reproduzco los nombres que en ella alinean: Borges, Molinari, Neruda, Vallejo, Florit, Ballagas, Villaurrutia y Gorostiza) se arriba ya a esa «poesía diferente» a la del vanguardismo, según el propio expositor declara sin ambages.*

Ateniéndome, por el contrario, a los hechos y no a las simplificaciones, me parece más justo reconocer como posvanguardista ya a la poesía escrita por aquellos mismos hombres que se habían estrenado literariamente en el vanguardismo, pero que, en un momento dado y por hondas convicciones estéticas, lo superaron en un agudísimo giro. Esa poesía se configura, ya lo adelantamos, hacia 1930, y convendría observar ahora por qué cauces temáticos y expresivos se canaliza. De entrada, significó en una buena parcela de ella un retorno a lo que el orden dictaba a la forma poética: estrofas y metros regulares, al lado, por supuesto, del verso libre (conquista ya para siempre ganada). Y aun la rebeldía contra la música se atenúa. Sin precisar en qué momento ocurre el

---

[11] Fernández Retamar, *loc. cit.*, pág. 324.

cambio, Fernández Moreno escribe sobre este último punto: «Pasado el apogeo de la batalla, la poesía de posvanguardia rescata y conserva dos importantes rasgos musicales: el ritmo y la distribución estrófica (incluyendo ritornellos y estribillos)» [12]. *No dice cuándo comienza todo ello, pero el lector enterado sabe que los sonetos de Martín Adán en el Perú, las canciones primeras de José Gorostiza en México, las décimas y sonetos de Eugenio Florit en Cuba, las severas formas clásicas de Francisco Luis Bernárdez en la Argentina se hacen oír mucho antes de 1940. (Realmente, a partir de 1940 se escuchan cada vez menos.) Sin embargo, esta nueva atención a los valores formales, evidentísima desde luego, no supone lo único ni lo más definitorio del período. Este es rico, variado, dinámico y dialéctico en sí mismo. De un lado estaba el ideal general de pureza poética de aquellos años, que en algunos países (Cuba, por ejemplo) se organizó en un concreto esfuerzo dirigido hacia una poesía «pura», cercana al modo como en Francia (Valéry) y en España (Jorge Guillén) se la venía entendiendo; y aquí es inevitable la mención de los cubanos Mariano Brull, Emilio Ballagas y Florit. Del otro, la vibración romántica, la voluntad de una potenciación totalizadora del ser, que podía valerse ya, si así lo quería, de las facilidades expresivas del superrealismo: Vallejo, Neruda, Molinari, Villaurrutia. Hay que tener cuidado para no asignar a las anteriores atribuciones un carácter excluyente: ni Vallejo es un surrealista al uso ni Ballagas y Florit son sólo poetas puros. Si adelanto al paso algunos nombres, es movido por un propósito general de ilustración, y habrá que tomarlos con las naturales reservas.*

La poesía pura y el superrealismo, apurando el esquema, representan los polos de atracción antagónicos de esta etapa, como lo fueron en el período de la lírica española que va de 1920 a 1936, esto es, el de la integración, consolidación y diversificación del grupo gene-

---

[12] Fernández Moreno, *op. cit.*, pág. 70.

*racional del 27. Con esta polaridad se reiteran aquí, de
manera menos borrosa, aquellas dos líneas, la hiperartís-
tica y la hipervital, que habíamos visto en el vanguar-
dismo. La poesía pura significaba una tensión intelectiva
casi sobrehumana, condenada por ello mismo al enrare-
cimiento y a la extenuación; y, en términos generales,
se debilita notoriamente antes de que el período con-
cluya. El superrealismo, en cambio, por encarnar en el
lenguaje una de las ambiciones mayores del hombre con-
temporáneo, su libertad total, tuvo, para bien y para
mal, un arraigo fecundo en la expresión americana; y a
su través se realiza el enlace íntimo de esta poesía de
entreguerras con la que habría de advenir poco tiempo
después.*

*Tal vez a esa permanencia o continuidad del super-
realismo después de 1940 se deba que, para muchos crí-
ticos, lo más peculiarmente resaltante de aquella poesía
anterior, la de entreguerras, fueran los ideales de belleza
y lucidez (de «fijeza deleitable intelectual», para decirlo
en expresión juanramoniana) que, de modo general, ads-
cribíamos al ámbito de la poesía pura. Y es que esos
ideales, al desaparecer casi inmediatamente, quedaron
como más distintivos de aquel momento. Sin dejar de
ser esto cierto, téngase presente, por el lado contrario,
que tanto las dos primeras Residencias, de Neruda (las
más tocadas de superrealismo y expresionismo, con su
desgarrada visión de un mundo en caos y desintegración)
como el dolorido y apasionado mensaje de los Poemas
humanos, de Vallejo, para no citar sino momentos ma-
yores, caen plenamente en la sección cronológica que
estamos acotando. La valoración justa de esos años se
obtendrá sólo si los contemplamos en su dinámica anti-
nomia: había allí lucidez del intelecto, mas también pa-
sión del sentimiento; es decir, hubo poesía pura, pero,
del mismo modo, neorromanticismo y superrealismo.
Y aún más completo quedaría el cuadro si le añadimos
otras dos inclinaciones o actitudes del espíritu no me-
nos importantes, la pregunta metafísica y la protesta so-
cial, que dan cuerpo a sendas corrientes poéticas donde*

se sitúan, respectivamente, nombres de tanto relieve como Borges y Gorostiza, en la primera, y Neruda y Nicolás Guillén, en la segunda (para no volver a citar de nuevo, aunque lo esté haciendo, a la obra última de Vallejo, tan estremecida de solidaridad humana y de noble rebeldía social). Por aquí asoma otro rostro de los múltiples que tiene el engaño. Y es que a veces se dice, y se escribe, que la poesía social y política fue algo así como patrimonio exclusivo de los tiempos anteriores a la segunda guerra mundial. Parece olvidarse entonces que la poesía más combativa de Neruda —la de su Canto general, la de Las uvas y el viento— y la de Guillén —La paloma de vuelo popular, Tengo, etc.— se ha escrito después de 1940. Y el fuego continúa en manos juveniles; sólo por vía de ejemplo recuérdese que Cuba premió recientemente, a través de uno de sus concursos internacionales, a un poeta argentino joven, es decir, actual: Víctor García Robles. Toda simplificación, como quizás esta misma que aquí vamos pergeñando, no puede eludir parcializaciones u olvidos semejantes al que acabamos de anotar.

Y llegamos, por fin, al año divisorio, tantas veces invocado, o sea al 1940. Alrededor de esa fecha, poetas que habían nacido a partir de 1910 comienzan a producir una nueva poesía (que es precisamente para la cual Roberto Fernández Retamar reserva la calificación de posvanguardista), que intentará, como su objetivo más peraltado, una penetración de la realidad, cuya faz aparencial o inmediata no resultaba suficiente ni siquiera como materia poetizable, y en busca ya de su dimensión última o trascendente. Dicho de otro modo, que la lírica, a través del poder mágico y conjurador de la imagen, se arrogaba la función de fabular una realidad trascendente, salvada de toda contingencia, de todo azar. Los entusiastas de esta misión extrema de la poesía agotan, al describirla, un sugerente repertorio de voces como secreto, oculto, genuino, inefable, resistente..., y hasta hablan de aventuras místicas y metafísicas. El ejercicio poético, se nos dice, alcanzaba al fin su más puro déstino. Naturalmente, *el resultado verbal de tan ambicioso designio tuvo que ser un hermetismo expresivo casi total, aire el más común en mucha de la poesía de estos últimos treinta años en Hispanoamérica. Su vehículo o apoyo más fuerte pudo proveerlo todavía el superrealismo, de tan fuerte vitalidad en estas tierras —como ya se dijo. Con frecuencia se usa el término* trascendentalismo *a propósito de esta poesía, y la valoración es justa; pero no hay dudas de que si bien tal intención ha venido al cabo a significar lo más característico y original de este período, otras motivaciones también han reclamado por el mismo tiempo la atención de poetas tan auténticos y valiosos como los llamados trascendentalistas. Me refiero, sobre todo, a las inquietudes de carácter existencial entrañable, realizadas a través de la experiencia y asumidas también culturalmente mediante el contacto con los grandes temas del existencialismo contemporáneo. Una y otra dirección, la trascendentalista y la existencial, podrían ejemplificarse respectivamente con la obra poética de José Lezama Lima y con la poesía de Octavio Paz, que culmina en* La estación violenta *y en ese magnífico poema-río que es «Piedra de sol» (1957), donde aparecen reflejados, en vibrantes irisaciones sensoriales y emotivas, los graves problemas mayores de la existencia* [13]. *El superrealismo, en dosis diferentes, sirvió a trascendentalistas y a existencialistas; pudo servir también a poetas sociales y políticos, y hasta hubo mucha poesía de definidos colores ideológicos resuelta en retórica superrealista (aunque después se amparase, en una necesidad de proselitismo, dentro de un áspero prosaísmo coloquial). Y si no olvida-*

---

[13] Doy esta fecha como posible límite de esa zona de Paz porque en los últimos años este poeta se ha movido en una dirección expresiva más desarticulada y menos inmediata. Entre Paz, Lezama Lima y las otras grandes figuras de la literatura hispanoamericana actual hay un rasgo común que les acerca y que Julio Ortega ha enunciado recientemente de este modo: «La inventiva radical de una fundamentación poética como profunda modificación de la realidad.» (Véase: «Notas sobre Octavio Paz», en *Cuadernos Hispanoamericanos,* núm. 231, Madrid, marzo de 1969, pág. 553.) Las aventuras y los riesgos que surgen de esa reinvención poética total de la realidad son más que evidentes.

mos además la lírica recogida a formas tradicionales, con
frecuencia de temas patrióticos y católicos, se completará
sintéticamente la imagen de la poesía última de la Amé-
rica española.

No siempre la expresión se ha atenido al mínimo de
sus menesteres comunicativos en estos poetas más cer-
canos. Por el contrario, un nervioso inconformismo crí-
tico ante las posibilidades del lenguaje los ha atenaceado
de manera tan urgente que ha resultado en una sobre-
abundancia de autoaniquilación. En ese inconformismo se
han mezclado, como siempre ocurre, lo permanente y lo
accidental, lo legítimo y lo espúreo, lo sincero y la «pose».
Es la aleación inevitable de todas las épocas, y no se
pueden anticipar diagnósticos definitivos desde su centro
mismo. Hoy, por lo menos, sabemos que la música no
fue todo el simbolismo (ni todo el modernismo); que las
palabras en libertad no fueron todo el vanguardismo. Tal
vez en el futuro descubramos que el absoluto poético, lo
secreto-ininteligible, el poema-monólogo que no reclama
al lector, los signos en rotación que defiende Paz; en
suma, la «incomunicación dirigida», que diría Neruda,
no será con el tiempo toda la poesía de hoy, aunque hoy
representen postulaciones de un pensamiento poético-
crítico por el momento irrebatible. Ni estaría de más, sin
embargo, y frente a aquellos que se solazan en esa siste-
mática aniquilación, recordar el permamente aviso de Al-
fonso Reyes: «El arte es una continua victoria de la con-
ciencia sobre el caos de las realidades exteriores». Y más
actual, Jorge Luis Borges, nada sospechoso de no estar
asistido por una implacable conciencia crítica sobre las
limitaciones de la creación literaria, se atreve, no obstan-
te, a definir la poesía como inmortal y pobre, aludiendo
así a su penuria, pero también a su inevitabilidad y vi-
gencia. Y se ha entregado a su ejercicio con humildad
a la vez que con respeto, sin tener que incurrir en esos
elaboradísimos ataques homicidas al poema y al lenguaje
que acabarán por conformar (como en el modernismo,
como en el vanguardismo) una nueva retórica, lo cual
parece ser el obligado destino final de la expresión his-

pana. *El camino de Borges no es el único, desde luego,
mas al menos puede dar confianza para andar. Otros pro-
claman que ya por la poesía no es posible transitar, y que
da igual que los enigmas que el poema suscita sean re-
sueltos o no por el lector; pero nos siguen llenando con
deslumbrantes pirotecnias verbales (de muy rancio sabor,
en fin de cuentas).*

*Y es que hay muchas trampas en todo esto. La tenta-
ción del misterio, valga una de ellas, es declive fácil para
la gratuidad y el verbalismo. En sentido próximo obra la
convicción, defendida por muchos y por ellos convertida
en un nuevo dogma, de que sólo el hermetismo crítico es
garantía segura de* absoluta modernidad. *Y este nuevo
apostolado, actuando sobre mentes jóvenes, se traduce en
una invitación a perderse en la más intrincada desintegra-
ción formal y verbal (encubridora muchas veces, eso sí,
de la más condenable facilidad y de un* absoluto vacío
poético). *Acaso más que la ideología política en verso, el
libelo ramplón huero de lirismo en el que ya nadie cree,
sea inquietante esta otra ideología literaria pesando sobre
el acto creador. Y es que se observa mucha poesía fabri-
cada a partir de tales posiciones críticas, casi como ilus-
tración de esas posiciones (dicho en forma irónica: escri-
bir poesía para demostrar que no se puede escribir poe-
sía). Se trata de un juego en el que es cómodo entrar,
y que terminará generando un mal de consecuencias de-
plorables, que ya se divisan; entre ellas (como en toda
forma mecánica de teoría poética), la inautenticidad y la
uniformidad* [14].

*Quizás a ello se deba que no acabe de aparecer en
estos años esa poderosa y genuina voz que continúe y en-
riquezca la herencia de originalidad, espontaneidad y fuer-*

---

[14] Escribe Enrique Anderson Imbert al introducir su exposición de
la poesía escrita entre 1940 y 1955: «La sensación del crítico, al leer
a todos estos poetas, es parecida a la sensación del *déjà vu, déjà lu;* es
muy natural, estamos mirando una abundante materia no seleccionada,
en que no se ha decantado la escoria.» (Véase: *Historia de la literatura
hispanoamericana.* México: Fondo de Cultura Económica, 1961, tomo II,
pág. 277.) La impresión descrita por Anderson Imbert sigue hoy sien-
do la misma.

*za que acrecentaron sucesivamente Darío, Vallejo y Ne-
ruda. En España, con posterioridad a la guerra civil, un
mal entendido compromiso con la historia rebajó el cul-
tivo de la poesía a niveles tan crasos de prosaísmo que el
aliento poético llegó por momentos a congelarse, maras-
mo del cual va saliendo en estos últimos años. En Hispa-
noamérica, y en una actitud opuesta en extremo, parece
como si el escrupuloso compromiso con los avatares de
la expresión (equiparable, en cierto sentido, a la crisis de
la comunicación) actuase compulsoriamente contra la sa-
lida pujante y sana de la voz; y las pocas notables excep-
ciones no hacen sino confirmar el estado general. La ver-
dadera poesía de Hispanoámerica, dicen algunos, está hoy
en su narrativa; y aun en ésta, dentro de su innegable
lozanía y brillantez, riesgos similares acechan.*

*Y ya sobre este fondo histórico que acabamos sucinta-
mente de bosquejar, podemos volver sobre los límites de
nuestra antología. Por lo ya dicho, y por la simple revi-
sión del índice de los poetas incluidos, se observará que
ella se proyecta principalmente (a partir de Mariano
Brull, César Vallejo y Vicente Huidobro) sobre el pe-
ríodo contemporáneo, en sus dos fases sucesivas, la van-
guardista y la posvanguardista. Se abre, sin embargo, con
algunos poetas (José Juan Tablada, Macedonio Fernán-
dez y Ramón López Velarde) que, aunque pertenecen
cronológicamente a momentos anteriores, significan avan-
zadas importantes hacia la nueva sensibilidad. No se ha
querido prescindir tampoco de Gabriela Mistral, cuya
personalísima poesía, situada al margen de gustos y ten-
dencias epocales, sobrepasa el nivel estético general de
las demás poetisas del posmodernismo hispanoamericano.
Y para que se tenga siquiera una breve aproximación
a la poesía posterior a 1940, se cierra con varios poetas
nacidos entre 1910 y 1914 (José Lezama Lima, Pablo
Antonio Cuadra, Eduardo Carranza, Vicente Gerbasi, Ni-
canor Parra y Octavio Paz) que, como se ha visto, apun-*

*tan ya hacia una poesía trascendente y distinta de aquella
que de inmediato les precede.*

*Convendría aclarar que las fechas colocadas debajo del
título general de este libro (1914-1970) marcan sólo la
extensión de tiempo de donde proceden los poemas y no
la aparición y vigencia de todos los poetas surgidos entre
esos dos años límites. Es bien sabido que hay ya, por lo
menos, una o dos promociones poéticas posteriores a
Parra y a Paz que merecen los honores antológicos
—y que de hecho los han recibido en la misma España [15].
Una antología que, además de la materia cubierta en la
presente, llegase hasta tales promociones últimas, ten-
dría por fuerza que rebasar las posibilidades editoriales
que esta colección impone. Por otra parte, hemos prefe-
rido representar la obra de los poetas seleccionados con
un número relativamente útil de composiciones, rehusan-
do así caer en el muestrario inoperante que son esas co-
lecciones multitudinarias a base de un texto por autor.
Debido a ello, muchos poetas de interés, dentro de esta
misma etapa, no han podido ser incorporados. No quisie-
ra incidir ahora en el acto formal de cortesía, justo por
lo demás, que son esas largas nóminas donde el antólogo
enumera a todos aquéllos a los que por alguna razón no
le ha sido posible dar cabida. Para salvar esta deficiencia,
siquiera en los buenos deseos, al final del libro se añade
una bibliografía mínima mediante la cual el lector inte-
resado podrá encontrar más nombres de poetas, más
orientaciones hacia sus obras y más información crítica
general. Tampoco se ha forzado la representación nacio-
nal. Si algunos de los países americanos de lengua espa-
ñola no aparecen aquí, y si, por el contrario, la balanza
se desequilibra a favor de unos cuantos (México, la Ar-
gentina, Chile y Cuba), es porque, a juicio sincero de
quien aquí los ha reunido, tal desnivel refleja un hecho
objetivo y real —hasta el punto donde sea posible arries-
gar afirmaciones de este tipo en materias literarias.*

---

[15] Véase: Aldo Pellegrini, *Antología de la poesía viva latinoamerica-
na* (Barcelona: Editorial Seix Barral, 1966).

Y vayan aquí algunas notas de carácter práctico. En las brevísimas viñetas con que cada poeta es presentado, he creído de utilidad (siempre que esto me fue posible) dejar escuchar al autor pronunciándose sobre su propia poética, esto es, sobre su personal concepción de la poesía. Y en los mismos textos seleccionados, y también de acuerdo con las mayores o menores facilidades para ello, he tratado de incluir alguno cuyo asunto mismo fuera, en cierto modo, un arte poética, a sabiendas de cuánto interesa al poeta contemporáneo la conciencia crítica de su trabajo creador; pues no sin razón se ha dicho que en nuestro siglo la poesía se ha convertido, de alguna manera, en el gran tema de la poesía. Y, finalmente, una observación más concreta: para ahorro de espacio, cuando debajo de un poema no se reproduce el título de la obra de donde procede, debe entenderse que dicho poema pertenece al último libro consignado.

Toda antología que «se comete», como alguien ha sostenido, es perpetrar un atentado a la justicia. En primer término, a la poesía en general; después, a la materia antologizada (período, tendencia, obra individual); y, en última instancia, a los poetas mismos. Esa injusticia se manifiesta tanto en forma de omisiones, por olvido o consciente preterición, como por exaltación o especial relevancia que se conceda a unos sobre otros. Si ello es así, esa injusticia habrá que multiplicarla en este caso por diecinueve, pues otros tantos son los países que integran esa unidad lingüístico-literaria que es la América de habla española. Esto hace que las posibilidades de aproximación, que es lo máximo a que puede aspirar cualquier labor antologizadora, se confundan ya con las del error y de la consecuente y legítima censura. Y no importa que se pretenda ser lo más objetivo posible; pues al cabo la subjetividad acaba por imponerse de la manera más artera. No obstante tantas precauciones, hay que decidirse sobre la base de la buena intención: ofrecer a un público

*que no posee con frecuencia una fácil vía de acercamien-
to a ella, un haz de la mejor poesía de esos países. No de
toda la mejor poesía, empeño más que imposible por ra-
zones en las cuales no hay que detenerse.*

*La subjetividad. Damos aquí con el tropiezo insupera-
ble. Para actuar honestamente, todo antólogo debiera
siempre exponer con claridad las claves de su selección,
evitando caer en la falacia de pretender que ha escogido
sólo entre lo representativo y logrado, puesto que la ver-
dad es algo distinta. No se puede juzgar sino desde los
personales gustos y convicciones; ya que todo el que se-
lecciona, como todo el que lee poesía, tiene previamente,
siquiera en embrión, algo así como su propia poética,
y de acuerdo a ella asiente o rechaza. El realizador de
la presente antología no tiene empacho en declarar su
preferencia por una poesía dirigida hacia el conocimiento
y exploración profunda de la realidad, humana o social,
individual o colectiva; lo que equivale a decir un humilde
tanteo poético por los problemas fundamentales de la
existencia. En segundo lugar, su atención, acompañada de
algunas reservas, a la sistemática poesía de lo absoluto
y la trascendencia. Las reservas nacen de que, bien mira-
do, toda poesía auténtica es trascendente en sí; y de que
buscar empeñadamente un fabuloso correlato imaginati-
vo de la realidad puede conducir a una gratuita retórica,
como ya se indicó: el postular que cualquier producto
verbal ininteligible sea ya un índice supersticioso de
misterio y tenga que conquistar nuestra beata adhesión.
En tercer sitio, su reconocimiento de la legitimidad de la
poesía social y política, pero sus muy fundados temores
de que en esta línea se dan con harta frecuencia el came-
lo, el oportunismo y la infradignidad literaria. Y, por úl-
timo, su desconfianza y aun poca estimación de aquellos
dispuestos con todas sus fuerzas a ser «modernos» o
«contemporáneos» (como si la con-temporaneidad no se
diese por añadidura al hombre que vive conscientemente
con y en su tiempo), y que en nombre de esa autoimposi-
ción reducen el cultivo de la poesía a enrevesados rompe-
cabezas formales o a logogrifos verbales y librescos (que,*

por otra parte, no son tan de hoy ni tan de América como
se nos quiere hacer ver). Y de todo ello ha habido, y hay,
en la poesía hispanoamericana actual.

Tal vez algún lector descubra en estas últimas consi-
deraciones, y en general a todo lo largo de esta introduc-
ción, un prurito de sinceridad que, con no buena fe, pu-
diera confundirse con una excesiva actitud crítica o fiscal.
Parece como obligado que el presentador de una antolo-
gía poética pregone, desde el prólogo de su trabajo, que
allí se va a encontrar la mejor poesía del mundo. En ver-
dad, no quisiera merecer el honor de que se me añadiese
a esta categoría de antólogos al uso. Hispanoamérica tie-
ne una poesía contemporánea de primerísima calidad, tan
importante o más que la que se dio en el modernismo
y de un interés más universal, desde luego; tiene en ella
unas cuantas figuras cimeras (Gabriela Mistral, Vallejo,
Huidobro, Neruda, Borges, Molinari, Paz), capaces de
hombrearse sin desdoro con las mayores de la lírica es-
pañola coetánea; tuvo el valor histórico de arriesgarse
hacia la ruptura y de adelantarse a la Península en los
momentos realmente novadores de la tradición; le anima
siempre (y en ello también con una ventaja más sostenida
en el siglo XX sobre España) un designio de libertad
y universalidad, que nació en el modernismo, que no ha
hecho sino exasperarse con el tiempo y que es un acica-
te benéfico para liberarse de todo provincianismo y para
la búsqueda acuciosa de su propia originalidad. Pero
tiene otras disposiciones negativas, y vuelvo a Octavio
Paz para enumerarlas: la prisa, la superficialidad, la faci-
lidad; esas fatalidades americanas para cuyo contrapeso
aconsejaba el mismo Paz la lección de gravedad que pue-
de ser España, y que pareció interrumpirse cuando la
guerra civil cortó el saludable diálogo entre ambas zonas
del mundo hispánico [16]. *A aquellas disposiciones podría*

---

[16] «Una de cal...», *loc. cit.*, pág. 191. Allí anota Paz también la
correspondencia honrosa del nuevo mundo hacia España: «Desde el
punto de vista español, la misión de Hispanoamérica ha consistido en
recordarle a la literatura española su universalidad (Darío, Vallejo, Ne-
ruda, Borges).»

añadirse, lo cual no es sino una matización, la tendencia, por el hispanoamericano, a deslizarse sin dificultad desde esa laudable vigilancia a la universalidad hacia una cómoda actitud mimética y esnobista, a un deseo de estar rigurosamente al día, por encima y aun a expensas de la propia autenticidad. Los pobres resultados que de todo ello puedan derivarse sobre la libre creación poética, por brillantes que parezcan, no son para ser destacados de nuevo ahora.

El balance, de todos modos, es positivo y estimulante; y la lectura de la poesía aquí congregada creo que así lo demostrará. ¿Que he insinuado también los posibles escollos? Cierto. Pero es de suponer que para una segura manera de avanzar críticamente, entre todos, será siempre útil el que cada uno abra bien los ojos a todo lo que estime desviaciones o peligros, y tenga la buena voluntad de advertirlos a los demás. Si los criterios de unos y de otros puedan resultar contradictorios, no importa. O tal vez mejor. De la confrontación de todos ellos habrá de dibujarse, con mayor nitidez, el camino hacia la verdad.

Nota a la tercera edición

Después de 1969-1970, en que se cierra la relación de la obra lírica de los autores incluidos en este libro (cuya primera edición es de 1971), muchos de ellos han continuado su actividad poética hasta el presente. Para una puesta al día de la misma, véase el Apéndice bibliográfico que se añade al final de esta edición. Se advierten también algunos cambios en las selecciones de Jorge Luis Borges, Nicolás Guillén, Eugenio Florit, José Coronel Urtecho y Eduardo Carranza.

José Juan Tablada

(México, 1871-1945). Aunque formado dentro de las corrientes estéticas del modernismo, al que pertenece por cronología y el tono de su poesía inicial, José Juan Tablada tuvo una clara conciencia de que el arte es, según sus palabras, un «proceso en perpetuo movimiento, en continua evolución». Este espíritu alerta le permitió, cerca ya de sus cincuenta años, introducir en nuestra lengua el haikai japonés (que tanta boga habría de tener, aun en manos de poetas mayores), escribir poemas ideográficos, casi coetáneos de los famosos Calligrammes de Apollinaire, y practicar una suerte de depuración verbal y de síntesis expresiva, todo lo cual lo sitúa a la entrada misma de la poesía contemporánea, de la que los jóvenes poetas y críticos mexicanos actuales se complacen en señalarle como la primera avanzada importante en su país. Se asomó a temas muy variados (la naturaleza en sus seres más delicados, pero también de los ínfimos, el coloreado paisaje de su tierra, impresiones de viajes, asuntos exóticos, etc.) y, sin desarrollarlos en profundidad, los remozó con el gran poder de su fantasía, su gusto y habilidad por la imagen nueva y sorprendente y su amor por la perfección de la palabra. Fue un poeta en el sentido artístico del concepto: preciso, contenido, vigilante y renovador. Por ello, al cabo de un largo olvido que comienza a repararse, hoy se le reconoce ya a su original esfuerzo la primacía que tiene en la gestación de los movimientos de vanguardia hispanoamericanos.

OBRA POÉTICA:

El florilegio, 1899 (2.ª ed., 1904; 3.ª ed., 1918). *Al sol y bajo la luna,* 1918. *Un día...,* 1919. *Li-Po y otros poemas,* 1920. *El jarro de flores,* 1922. *La feria,* 1928. *Los mejores poemas de José Juan Tablada,* 1943.

HAIKAIS

Tierno saúz,
Casi oro, casi ámbar,
Casi luz...

Por nada los gansos
Tocan alarma
En sus trompetas de barro.

Pavo real, largo fulgor,
Por el gallinero demócrata
Pasas como una procesión...

Aunque jamás se muda,
A tumbos, como carro de mudanza,
Va por la senda la tortuga.

—¡Devuelve a la desnuda rama,
Nocturna mariposa,
Las hojas secas de tus alas!

Recorriendo su tela
Esta luna clarísima
Tiene a la araña en vela.

(De *Un día...*)

Porfía la libélula
Por prender su cruz transparente
En la rama desnuda y trémula...

Juntos, en la tarde tranquila
Vuelan notas de Angelus,
Murciélagos y golondrinas.

El pequeño mono me mira...
¡Quisiera decirme
Algo que se le olvida!

¡Del verano, roja y fría
Carcajada,
Rebanada
De sandía!

(De *El jarro de flores*)

NOCTURNO ALTERNO

Neoyorquina noche dorada
        Fríos muros de cal moruna
Rector's champaña foxtrot
        Casas mudas y fuertes rejas
Y volviendo la mirada
        Sobre las silenciosas tejas
El alma petrificada
        Los gatos blancos de la luna
Como la mujer de Loth

¡Y sin embargo
    es una
        misma

en New York
y en Bogotá

La Luna...!

(De *Li-Po y otros poemas*)

LI-PO
(Publicado en forma ideogramática en *Li-Po y otros poemas*)

Li-Po, uno de los «Siete Sabios en el Vino»
Fue un rutilante brocado de oro:
Como un taza de jade, sonoro,
Su infancia fue de blanca porcelana,
Su loca juventud
Un rumoroso bosque de bambús,
Lleno de garzas y de misterios;
Rostros de mujeres en la laguna,
Ruiseñores embrujados por la luna
En las jaulas de los salterios,
Luciérnagas alternas
Que enmarañaban el camino
Del poeta ebrio de vino
Con el zig-zag de sus linternas,
Hasta que el poeta cae
Como pesado tibor
Y el viento
Le deshoja el pensamiento
Como una flor...
Un sapo que deslíe
Ronco
De Confucio un parangón
Y un grillo que ríe
Burlón...

Un pájaro que trina
Musical y breve

Como una ocarina
En un almendro
Florido de nieve.

Mejor viajar en palanquín
Y hacer un poema sin fin
En la torre de Kaolín
    De Nankín!

Guiado por su mano pálida
Es gusano de seda el pincel
Que formaba en el papel
Negra crisálida
De misterioso jeroglífico
De donde surgía
Entre aromas de flor
Un pensamiento magnífico
Con alas de oro volador;
Sutil y misteriosa llama
En la lámpara del ideograma!

Los cormoranes de la idea
En los ríos azules y amarillos
Quieren con ansia que aletea
Pescar de la luna los brillos;
Pero nada cogen sus picos
Al romper el reflejo del astro
En azogados añicos
De nácar y alabastro...

Y Li-Po mira inmóvil
El río —laca bruna
Do el silencio restaura
La perla de la luna!

La luna es araña de plata
Que tiende su telaraña
En el río que la retrata

Y Li-Po el divino
Que se bebió a la luna
Una
Noche en su copa de vino

Siente el maleficio
Enigmático
Y se aduerme en el vicio
Del vino lunático

¿Dónde está Li-Po? ¡Que lo llamen!
Manda el Emperador desde su Yamen
....

Algo ebrio por fin
Entre femenino tropel,
Llega el poeta y se inclina;
Una concubina
Le ofrece el pincel
Cargado de tinta de China;
Otra una seda fina
Por papel
Y Li
Escribe así:

Sólo estoy con mi frasco de vino
Bajo un árbol en flor;
Asoma la luna y dice su rayo
Que ya somos dos...

              Y mi propia sombra anuncia después
                ¡Que ya somos tres!

Aunque el astro no pueda beber
Su parte de vino
Y mi sombra no quiera alejarse
Pues está conmigo,

En esa compañía placentera
Reiré de mis dolores
Entretanto que llega la primavera.

Mirad a la luna que a mis cantos lanza
Su respuesta en sereno fulgor
Y mirad mi sombra que ligera danza
En mi derredor!

Si estoy en mi juicio
De sombra y de luna
La amistad es mía;
Cuando me emborracho
¡Se disuelve nuestra compañía!

Pero pronto nos juntaremos
Para no separarnos ya,
En el inmenso júbilo
Del azul firmamento más allá!

* * *

Creyendo que el reflejo de la luna
Era una
Taza de blanco jade y áureo vino
Por cogerla
Y beberla

Una noche bogando por el río
Se ahogó
Li-Po...
Y hace mil cien años que el incienso sube
Encumbrando al cielo perfumada nube
Y hace mil cien años
La China resuena
Doble funeral
Llorando esa pena
En el inmortal

Gongo de cristal
De la luna llena!

EL ALBA EN LA GALLERA

Al alba los gallos norteños
Cantan en sordina y en sueños.

Para el kikirikí
De los gallos del Sur
Las estrellas del alba son granos de maíz
Del cielo en la plazuela escampada y azul...

Clarinería. Clangor.
Por la clarinada superior
Cada clarín porfía.

Diana de la Gallera,
Tempranero rumor
De un Regimiento de Caballería...

De noche cuando el último
Castillo se ha quemado,
Sentimos entre sueños,
Solferinos, azules y blancos
Cohetes voladores
Cuando cantan los gallos...

En tu insomnio, alma llena de feria,
¿No oíste cantar a aquel gallo
Que arrojaba al cielo las onzas
Del Siete de Oros?...

Yo miré ese nocturno albur y luego vi
Cayendo en la negrura del espacio

En polvo de oro y bruma de topacio,
Las cuatro notas del kikirikí...

Gallera sinfónica,
Entre tus clarines estridentes o roncos
Se fuga un azorado relincho
Como la estampida del potro,

Y domésticos o rurales
Discurren los otros rumores
De la mañana pueblerina,
Leves, como el agua que corre...

(De *La feria*)

EL LORO

Loro idéntico al de mi abuela
funambulesca voz de la cocina,
del comedor y de la azotehuela.

No bien el sol ilumina,
lanza el loro su grito
y su áspera canción
con el asombro del gorrión
que sólo canta *El Josefito*...

De la cocinera se mofa
colérico y gutural,
y de paso apostrofa
a la olla del nixtamal.

Cuando pisándose los pies
el loro cruza el suelo de ladrillo,
del gato negro hecho un ovillo
el ojo de ámbar lo mira

y un azufre diabólico recela
contra ese íncubo verde y amarillo,
¡la pesadilla de su duermevela!

¡Mas de civilización un tesoro
hay en la voz
de este super-loro
de 1922!

Finge del aeroplano el ron-ron
y la estridencia del klaxón...
Y ahogar quisiera con su batahola
la música rival de la victrola...

En breve teatro proyector de oro,
de las vigas al suelo, la cocina
cruza un rayo solar de esquina a esquina
y afoca y nimba al importante loro...

Pero a veces, cuando lanza el jilguero
la canción de la selva en abril,
el súbito silencio del loro parlero
y su absorta mirada de perfil,
recelan una melancolía
indigna de su plumaje verde...
¡Tal vez el gran bosque recuerde
y la cóncava selva sombría!

¡En tregua con la cocinera
cesa su algarabía chocarrera,
tórnase hosco y salvaje...

El loro es sólo un gajo de follaje
con un poco de sol en la mollera!

(*Argentina, 1874-1952*). *Aunque por edad debió militar, como Tablada, en el movimiento modernista, Macedonio Fernández se incorpora a la vida literaria asociado ya al juvenil grupo ultraísta de la revista porteña* Martín Fierro, *y en especial a Jorge Luis Borges, siendo aquel grupo quien prácticamente le descubre e inventa su mito o leyenda. Pero para clasificarlo como artista no basta la etiqueta de adelantado o precursor del vanguardismo. Fue, en prosa y verso, un raro y complejo fenómeno literario, inabarcable y muy difícil de definir. Y aunque compartía notas comunes a la vanguardia, especialmente el culto fervoroso por la imagen como elemento básico del lirismo, intentó una poesía de mayor trascendencia, sostenida por una posición espiritualista o idealista extrema. Desde ella abordó los temas capitales de la Vida y la Muerte, dominadas ambas tensiones, en el idealismo de Macedonio, por una fuerza superior, la del Amor. Pudo, al efecto, afirmar: «No creo en la muerte de los que aman, ni en la vida de los que no aman». Fue la suya, básicamente, una poesía de pensamiento, cálida y conceptuosa a un tiempo, pudorosamente lírica y tocada por instantes con notas de fino humor. Describiendo lo que él llamaba su «poemática del Pensar», dirá de ella que es «la transcripción de lo que pasa en la conciencia en los momentos en que acepta emocionalmente un modo doloroso del darse real». En esta caracterización se apuntan, siquiera borrosamente, algunos de los rasgos esenciales de la poesía de Macedonio Fernández: la emotividad inevitable, el solipsismo de su visión del mundo y la*

43

expresión necesariamente trabajada y ardua —en especial, la de sus poemas en prosa. César Fernández Moreno le ha dedicado una útil Introducción a Macedonio Fernández *(Buenos Aires, 1960); y Vicente Trípoli ha escrito* Macedonio·Fernández. Esbozo de una inteligencia *(Buenos Aires, 1964).*

OBRA POÉTICA:

Muerte es beldad *(poema), 1942.* Poemas *(prólogo de Natalicio González), 1953.* Papeles de Macedonio Fernández *(selección y prólogo de Adolfo de Obieta), 1965.* Selección de escritos, *1968.*

SUAVE ENCANTAMIENTO

Profundos y plenos
cual dos graciosas, breves inmensidades
moran tus ojos en tu rostro
como dueños;
y cuando en su fondo
veo jugar y ascender
la llama de un alma radiosa
parece que la mañana se incorpora
luminosa, allá entre mar y cielo,
sobre la línea que soñando se mece
entre los dos azules imperios,
la línea que en nuestro corazón se detiene
para que sus esperanzas la acaricien
y la bese nuestra mirada;
cuando nuestro «ser» contempla
enjugando sus lágrimas
y, silenciosamente,
se abre a todas las brisas de la Vida;
cuando miramos
las amigas de los días que fueron
flotando en el Pasado

como en el fondo del camino
el polvo de nuestras peregrinaciones.
Ojos que se abren como las mañanas
y que cerrándose dejan caer la tarde.

(Publicado en la revista *Martín Fierro*)

CREIA YO

No a todo alcanza Amor, pues que no puedo
romper el gajo con que Muerte toca.
Mas poco Muerte puede
si en corazón de Amor su miedo muere.
Mas poco Muerte puede, pues no puede
entrar su miedo en pecho donde Amor.
Que Muerte rige a Vida; Amor a Muerte.

(*Poemas*, 1953)

HAY UN MORIR

No me lleves a sombras de la muerte
Adonde se hará sombra mi vida,
Donde sólo se vive el haber sido.
No quiero el vivir del recuerdo.
Dame otros días como éstos de la vida.
Oh no tan pronto hagas
De mí un ausente
Y el ausente de mí.
¡Que no te lleves mi Hoy!
Quisiera estarme todavía en mí.

Hay un morir si de unos ojos

Se voltea la mirada de amor
Y queda sólo el mirar del vivir.
Es el mirar de sombras de la Muerte.
No es Muerte la libadora de mejillas,
Esto es Muerte. Olvido en ojos mirantes.

CUANDO NUESTRO DOLOR FINGESE AJENO

Voz de un dolor se alzó del camino y visitó la noche;
Trance gimiente por una boca hablaba.
Eran las sombras dondequiera. Mis manos
Apartándolas para mis pasos
Heridos de la impaciencia y el tropiezo
Buscando aquel pedido de persona dolida.
Grito que ensombreció la sombra
Volvió a enfriar el pulsar de mi vida.
Y tropezando con el alma y el paso
No de mi pena, de ajena pena,
Creí afligirme, cuando hallé sangrando
Mi corazón, por mí clamando,
¿Qué desterrado de mi pecho habría?
Porque sólo al recuerdo su latido daba
Y sólo en el recuerdo mi dolor estaba
Y así desde el camino me llamaba
Y apenas cerca me sintió, acogióse
A mi pecho,
Y al instante se dio a clavarme aquel latido:
El latir de su lloro del dolor del recuerdo.

Y hoy desterrarlo de nuevo ya no quiero.
Que ese dolor es el dolor que quiero.
Es Ella,
Y soy tan sólo ese dolor, soy Ella,
Soy Su ausencia, soy lo que está solo de Ella;
Mi corazón mejor que yo lo ordena.

ELENA BELLAMUERTE

(Fragmentos)

No eres, Muerte, quien
por nombre de misterio
pueda a mi mente hacer pálida
cual a los cuerpos haces. ¡Si he visto
posar en ti sin sombra el mirar de una niña!
De aquella que te llamó a su partida
y partiendo sin ti, contigo me dejó
sin temer por mí. Quiso decirme
la que por ahínco de amor se hizo engañosa:
«Mírala bien a la llamada y dejada: la Muerte.
Obra de ella no llevo en mí alguna
ni enojéla,
su cetro en mí no ha usado,
su paso no me sigue
ni llevo su palor ni de sus ropas hilos
sino luz de mi primer día,
y las alzadas vestes
que madre midió en primavera
y en estío ya son cortas;
ni asido a mí llevo dolor
pues ¡mírame! que antes es gozo de niña
que al seguro y ternura
de mirada de madre juega
y por extremar juego y de amor certeza
—ved que así hago contigo, y lo digo a tus lágrimas—
a su ojos se oculta.
Segura
de su susto curar con pronta vuelta».
¡Si he visto cómo echaste
la caída de tu vuelo, tan frío,
a posarse al corazón de la amorosa!

Y cuál lo alzaste al pronto
de tanta dulzura en cortesía
porque amor la regía,
porque amor defendía
de muerte allí.

....

Yo sabía muerte pero aquel partir no.
Muerte es beldad y me quedó aprendida
por juego de niña que a sonreída muerte
echó la cabeza inventora
por ingenios de amor mucho luchada.

....

Muerte es Beldad
mas muerte entusiasta,
partir sin muerte en luz de un primer día
es divinidad.

Grave y gracioso artificio
de muerte sonreída
¡oh cuál juego de niña
lograste, Elena, niña vencedora!
Arriba de Dios fingidora
en hora última de mujer.

Mi ser perdido en cortesía
de gallardía tanta,
de álma a todo amor alzada.
¿Cuánto será que a todo amor alzado,
servido a su vivir,
copa de muerte a su vivir servida,
pruebe otra vez, la eterna vez del alma,
el mirar de quien hoy sólo el ser de la Espera tiene
cual sólo el ser de un Esperado tengo?

POEMA AL ASTRO DE LUZ MEMORIAL

Poema a la memoria en lo astral

(Fragmentos)

(Yo todo lo voy diciendo para matar la muerte en «Ella»)

TESIS: Es más Cielo la Luna que el Cielo, si una Cordialidad de la Altura es lo que buscamos.

Astro terranalicio de la luz segunda
astro terranalicio de la luz dulce
que con aventura extraña visitas las noches de la tierra,
    unas sí y otras no, pero siempre de una noche para
    otra con diversa libertad de visita, siempre o más
    breve o más detenida
y cada serie de tus visitas comienzas tímidamente y mi-
    tad creces noche a noche y mitad decreces noche a
    noche, haciéndote un visitante diferente de noche en
    noche, para en mínimo ser cual comenzaste partir a
    un no volver de algunos días.
Astro terranalicio de un día sí y otro no, de una vez
    más y otra menos, pero que no dejas nunca de serlo.
¿Para qué astro eres entonces visita de sus noches, pues
    no eres terrenal en tus ciertas ausencias, o es que
    los otros días piensas en ti sola como sólo en la tierra
    en las noches de tu plena luz?
Dile a un poeta que no lo sabe todo, si está hecha tu
    ausencia con un pensar en ti, o quizá con un lucir
    a otro. Porque poeta es saberlo todo.
Trechos de tu órbita la tierra no los sabe, y ella tan
    cierta está de algún imposible tuyo para tenerse en
    sus noches y este amor alternante no se enduda, en
    tanto en mí, hombre de continuidad en humano amor
    me puso incurablemente en sospecha.

Pero te amamos tanto, astro de la luz segunda, tu dul-
ce luz tanto amamos memorizando a la tierra el sol
no presente con tu luz recuerdo; yo al menos te amo
tanto, que cuando vuelves ceso de creer en tu ausen-
cia de ayer y de otros días. También como la tierra,
yo creo que sólo por imposible ayer no estabas.

....

Qué es la luna no lo sabemos hombres y aun artistas y
poetas, qué sentido tiene su ser y sus modos, su adhe-
sión a la tierra, su seguimiento al sol, su mediación
mnemónica entre la tierra y el sol y por qué quiere
hacer diurnales unas y no otras de las noches terrenas,
y tantas cosas más neciamente explicadas, que de ella
ignoramos pero que sólo puede explicarlas la doctrina
del misterio.
Que el sol te atrae, que la tierra también, que recibes la
luz del sol y sin amor, por fuerza la reflejas a la tie-
rra, éstas no son explicaciones; no se nos dice por qué
el sol brilla, por qué en torno suyo gira la luna en
torno de la tierra, ya que pudo ser otramente; por
qué hay una luz que tiene sombras, por qué ceden a
su paso unas cosas y otras no y hay lo opaco y lo
traslúcido.
Mecánica dirá por qué, pero yo no pregunto sino para
qué razón del alma, pues conciencia se anula si admi-
te un mundo rígido, y todo el porqué físico no es
más que decirme el antes de algo, o sea una evasión
no una respuesta.
Lo que anhelamos explicar es qué debemos sentir y adi-
vinar ante estos hechos, ante el comportamiento lu-
nar, qué nos quiere decir y de qué manera concierta
con el misterio total único. La espontaneidad, el acon-
tecer libre, no es una respuesta; es un renunciamien-
to explicativo.

Todavía no poeta, no soy poeta; no hay poeta, pues de
eso no se sabe. Hasta ahora, pues, sólo vivimos.

Debió enseñársenos y debimos entenderlo antes que nues-
tro saber ignorado innato y luego nuestro acto nos
hicieran gustar por primera vez el pecho materno.
¿Pero cómo, se dirá, ha de esperar el niño a conocer
el sentido de la luna para empezar a nutrirse, si en
tanto morirá? ¿Pero por qué, digo yo, ha de precisar
nutrirse antes de entender el sentido de la luna y se
ha de morir si deja lo uno por lo otro? La ciencia
nada explica, es evidente; pero el poeta no lo dijo
nunca tampoco, aún.
Y yo miraré la próxima luna todavía sin entenderla.

Oh luna, que puede amarse, bien me pareces pobrecita
del cielo.

Ramón López Velarde

(*México, 1888-1921*). *Si Tablada prefigura en México la poesía contemporánea, quien la inicia con mayor seguridad es López Velarde. Su nombre adquiere una proyección continental al presentarse como heredero directo, salvadas las personales diferencias, del argentino Lugones —aquel gran maestro del modernismo que con su* Lunario sentimental *(1909) supo saltar sobre su época y anunciar ya el futuro ultraísmo. Dos son los temas centrales de López Velarde. Uno es el de la tranquila vida provinciana, que recrea de modo original, realista y expresionista a un tiempo («Una sola cosa sabemos: que el mundo es mágico», dijo como explicando su propia poética), salvándose así del riesgo de una reproducción literal o costumbrista de la realidad. El otro gran tema es el del amor, en su dimensión erótica, pero sentido como fuerza pasional y trágica conjugada a la de la muerte, pues emerge en doloroso contrapunto con la fe católica tradicional que profesaba y la cual permea también toda su poesía. Fue esencialmente un poeta de sensaciones y de emociones, y al imperio de estos naturales impulsos del hombre ajustó su verso y su arte poético: «Yo anhelo expulsar de mí cualquier palabra, cualquier sílaba que no nazca de la combustión de mis huesos». Por ello pudo combinar en su obra un fuerte individualismo, un nacionalismo o mexicanismo genuino (no un criollismo de* pastiche*) y una vocación lograda de universalidad. En su lenguaje poético se asocian el cultivo de un voluntario prosaísmo, la precisión insólita*

52

*del adjetivo y un gusto por la metáfora nueva y audaz.
Y como éstas son notas que habrán de caracterizar a la
poesía de nuestro siglo, tiene razón Octavio Paz cuando
afirma categóricamente que «López Velarde nos conduce
a las puertas de la poesía contemporánea». (Aunque
conducir no quiere decir abrir definitivamente; ya que
tal función correspondió en Hispanoamérica a Vicente
Huidobro, como observa el propio Paz). Al final de
su corta vida, ya mereció López Velarde el reconoci-
miento de los más despiertos poetas jóvenes de México.
El profesor Allen W. Phillips le ha consagrado un abar-
cador estudio de conjunto:* Ramón López Velarde, el
poeta y el prosista *(México, 1962); y Paz, un ilumina-
dor ensayo, «El camino de la pasión (Ramón López Ve-
larde)», recogido en su libro* Cuadrivio *(México, 1965).*

OBRA POÉTICA:

La sangre devota, 1916 (2.ª ed., 1941). *Zozobra,* 1919.
El son del corazón, 1932. *Poesías escogidas,* 1935. *El
león y la virgen,* 1945. *Poesías completas* (prólogo de
Antonio Castro Leal), 1953.

MI PRIMA AGUEDA

Mi madrina invitaba a mi prima Agueda
a que pasara el día con nosotros,
y mi prima llegaba
con un contradictorio
prestigio de almidón y de temible
luto ceremonioso.

Agueda aparecía, resonante
de almidón, y sus ojos
verdes y sus mejillas rubicundas
me protegían contra el pavoroso
luto...

Yo era rapaz
y conocía la *o* por lo redondo,
y Agueda que tejía
mansa y perseverante en el sonoro
corredor, me causaba
calosfríos ignotos...

(Creo que hasta la debo la costumbre
heroicamente insana de hablar solo.)

A la hora de comer, en la penumbra
quieta del refectorio,
me iba embelesando un quebradizo
sonar intermitente de vajilla
y el timbre caricioso
de la voz de mi prima.
                              Agueda era
(luto, pupilas verdes y mejillas
rubicundas) un cesto policromo
de manzanas y uvas
en el ébano de un armario añoso.

(De *La sangre devota*)

TIERRA MOJADA

Tierra mojada de las tardes líquidas
en que la lluvia cuchichea
y en que se reblandecen las señoritas, bajo
el redoble del agua en la azotea...

Tierra mojada de las tardes olfativas
en que un afán misántropo remonta las lascivas
soledades del éter, y en ellas se desposa
con la ulterior paloma de Noé;
mientras se obstina el tableteo
del rayo, por la nube cenagosa...

Tarde mojada, de hábitos labriegos,
en la cual reconozco estar hecho de barro,
porque en sus llantos veraniegos,
bajo el auspicio de la media luz,
el alma se licúa sobre los clavos
de su cruz...

Tardes en que el teléfono pregunta
por consabidas náyades arteras,
que salen del baño al amor
a volcar en el lecho las fatuas cabelleras
y a balbucir, con alevosía y con ventaja,
húmedos y anhelantes monosílabos,
según que la llovizna acosa las vidrieras...

Tardes como una alcoba submarina
con su lecho y su tina;
tardes en que envejece una doncella
ante el brasero exhausto de su casa,
esperando a un galán que le lleve una brasa;
tardes en que descienden
los ángeles, a arar surcos derechos
en edificantes barbechos;
tardes de rogativa y de cirio pascual;
tardes en que el chubasco
me induce a enardecer a cada una
de las doncellas frígidas con la brasa oportuna;
tardes en que, oxidada
la voluntad, me siento
acólito del alcanfor,
un poco pez espada
y un poco San Isidro Labrador...

(De *Zozobra*)

HORMIGAS

A la cálida vida que trascurre canora
con garbo de mujer sin letras ni antifaces,
a la invicta belleza que salva y que enamora,
responde, en la embriaguez de la encantada hora,
un encono de hormigas en mis venas voraces.

Fustigan el desmán del perenne hormigueo
el pozo del silencio y el enjambre del ruido,
la harina rebanada como doble trofeo
en los fértiles bustos, el Infierno en que creo,
el estertor final y el preludio del nido.

Mas luego mis hormigas me negarán su abrazo
y han de huir de mis pobres y trabajados dedos
cual se olvida en la arena un gélido bagazo;
y tu boca, que es cifra de eróticos denuedos,
tu boca, que es mi rúbrica, mi manjar y mi adorno,
tu boca, en que la lengua vibra asomada al mundo
como réproba llama saliéndose de un horno,
en una turbia fecha de cierzo gemebundo
en que ronde la luna porque robarte quiera,
ha de oler a sudario y a hierba machacada,
a droga y a responso, a pabilo y a cera.

Antes de que deserten mis hormigas, Amada,
déjalas caminar camino de tu boca
a que apuren los viáticos del sanguinario fruto
que desde sarracenos oasis me provoca.

Antes de que tus labios mueran, para mi luto,
dámelos en el crítico umbral del cementerio
como perfume y pan y tósigo y cauterio.

HUMILDEMENTE

Cuando me sobrevenga
el cansancio del fin,
me iré, como la grulla
del refrán, a mi pueblo,
a arrodillarme entre
las rosas de la plaza,
los aros de los niños
y los flecos de seda de los tápalos.

A arrodillarme en medio
de una banqueta herbosa,
cuando sacramentando
al reloj de la torre,
de redondel de luto
y manecillas de oro,
al hombre y a la bestia,
al azahar que embriaga
y a los rayos del sol,
aparece en su estufa el Divinísimo.

Abrazado a la luz
de la tarde que borda,
como el hilo de una
apostólica araña,
he de decir mi prez
humillada y humiide,
más que las herraduras
de las mansas acémilas
que conducen al Santo Sacramento.

«Te conozco, Señor,
aunque viajas de incógnito,
y a tu paso de aromas

me quedo sordomudo,
paralítico y ciego,
por gozar tu balsámica presencia.

Tu carroza sonora
apaga repentina
el breve movimiento,
cual si fueran las calles
una juguetería
que se quedó sin cuerda.

Mi prima, con la aguja
en alto, tras sus vidrios,
está inmóvil con un gesto de estatua.

El cartero aldeano,
que trae nuevas al mundo,
se ha hincado en su valija.

El húmedo corpiño
de Genoveva, puesto
a secar, ya no baila
arriba del tejado.

La gallina y sus pollos
pintados de granizo
interrumpen su fábula.

La frente de don Blas
petrificóse junto
a la hinchada baldosa
que aprietan las raíces de los fresnos.

Las naranjas cesaron
de crecer, y yo apenas
si palpito a tus ojos
para poder vivir este minuto.

Señor, mi temerario

corazón, que buscaba
arrogantes quimeras,
se anonada y te grita
que yo soy tu juguete agradecido.

Porque me acompasaste
en el pecho un imán
de figura de trébol
y apasionada tinta de amapola.
Pero este mismo imán
es humilde y oculto,
como el peine imantado
con que las señoritas
levantan alfileres
y electrizan su pelo en la penumbra.

Señor, este juguete
de corazón de imán
te ama y te confiesa
con el íntimo ardor
de la raíz que empuja
y agrieta las baldosas seculares.

Todo está de rodillas
y en el polvo las frentes;
mi vida es la amapola
pasional, y su tallo
doblégase efusivo
para morir debajo de tus ruedas.»

SUAVE PATRIA

PROEMIO

Yo que sólo canté de la exquisita
partitura del íntimo decoro,

alzo hoy la voz a la mitad del foro
a la manera del tenor que imita
la gutural modulación del bajo,
para cortar a la epopeya un gajo.

Navegaré por las olas civiles
con remos que no pesan, porque van
como los brazos del correo Chuan
que remaba la Mancha con fusiles.

Diré con una épica cordina:
la Patria es impecable y diamantina.

Suave Patria: permite que te envuelva
en la más honda música de selva
con que me modelaste por entero
al golpe cadencioso de las hachas,
entre risas y gritos de muchachas
y pájaros de oficio carpintero.

PRIMER ACTO

Patria: tu superficie es el maíz,
tus minas el palacio del Rey de Oros,
y tu cielo las garzas en desliz
y el relámpago verde de los loros.

El Niño Dios te escrituró un establo
y los veneros de petróleo el diablo.

Sobre tu Capital, cada hora vuela
ojerosa y pintada, en carretela;
y en tu provincia, del reloj en vela
que rondan los palomos colipavos,
las campanadas caen como centavos.

Patria: tu mutilado territorio
se viste de percal y de abalorio.

Suave Patria: tu casa todavía
es tan grande, que el tren va por la vía
como aguinaldo de juguetería.

Y en el barullo de las estaciones,
con tu mirada de mestiza, pones
la inmensidad sobre los corazones.

¿Quién, en la noche que asusta a la rana,
no miró, antes de saber del vicio,
del brazo de su novia, la galana
pólvora de los fuegos de artificio?

Suave Patria: en tu tórrido festín
luces policromías de delfín,
y con tu pelo rubio se desposa
el alma, equilibrista chuparrosa,
y a tus dos trenzas de tabaco, sabe
ofrendar aguamiel toda mi briosa
raza de bailadores de jarabe.

Tu barro suena a plata, y en tu puño
su sonora miseria es alcancía;
y por las madrugadas del terruño,
en calles como espejos, se vacía
el santo olor de la panadería.

Cuando nacemos, nos regalas notas;
después, un paraíso de compotas,
y luego te regalas toda entera,
suave Patria, alacena y pajarera.

Al triste y al feliz dices que sí,
que en tu lengua de amor prueben de ti
la picadura del ajonjolí.

¡Y tu cielo nupcial, que cuando truena
de deleites frenéticos nos llena!

Trueno de nuestras nubes, que nos baña
de locura, enloquece a la montaña,
requiebra a la mujer, sana al lunático,
incorpora a los muertos, pide el Viático,
y al fin derrumba las madererías
de Dios, sobre las tierras labrantías.

Trueno del temporal: oigo en tus quejas
crujir los esqueletos en parejas;
oigo lo que se fue, lo que aún no toco,
y la hora actual con su vientre de coco.
Y oigo en el brinco de tu ida y venida,
¡oh, trueno!, la ruleta de mi vida.

INTERMEDIO

(Cuauhtemoc)

Joven abuelo: escúchame loarte,
único héroe a la altura del arte.

Anacrónicamente, absurdamente,
a tu nopal inclínase el rosal;
al idioma del blanco, tú lo imantas
y es surtidor de católica fuente
que de responsos llena el victorial
zócalo de ceniza de tus plantas.

No como a César el rubor patricio
te cubre el rostro en medio del suplicio;
tu cabeza desnuda se nos queda,
hemisféricamente, de moneda.

Moneda espiritual en que se fragua
todo lo que sufriste: la piragua
prisionera, el azoro de tus crías,
el sollozar de tus mitologías,
la Malinche, los ídolos a nado,
y por encima, haberte desatado

del pecho curvo de la emperatriz
como del pecho de una codorniz.

SEGUNDO ACTO

Suave Patria: tú vales por el río
de las virtudes de tu mujerío.
Tus hijas atraviesan como hadas,
o destilando un invisible alcohol,
vestidas con las redes de tu sol,
cruzan como botellas alambradas.

Suave Patria: te amo no cual mito,
sino por tu verdad de pan bendito,
como a niña que asoma por la reja
con la blusa corrida hasta la oreja
y la falda bajada hasta el huesito.

Inaccesible al deshonor, floreces;
creeré en ti mientras una mexicana
en su tápalo lleve los dobleces
de la tienda, a las seis de la mañana,
y al estrenar su lujo, quede lleno
el país, del aroma del estreno.

Como la sota moza, Patria mía,
en piso de metal, vives al día,
de milagros, como la lotería.

Tu imagen, el Palacio Nacional,
con tu misma grandeza y con tu igual
estatura de niño y de dedal.

Te dará, frente al hambre y al obús,
un higo San Felipe de Jesús.

Suave Patria, vendedora de chía:
quiero raptarte en la cuaresma opaca,

sobre un garañón, y con matraca,
y entre los tiros de la policía.

Tus entrañas no niegan un asilo
para el ave que el párvulo sepulta
en una caja de carretes de hilo,
y nuestra juventud, llorando, oculta
dentro de ti, el cadáver hecho poma
de aves que hablan nuestro mismo idioma.

Si me ahogo en tus julios, a mí baja
desde el vergel de tu peinado denso
frescura de rebozo y de tinaja:
y si tirito, dejas que me arrope
en tu respiración azul de incienso
y en tus carnosos labios de rompope.

Por tu balcón de palmas bendecidas
el Domingo de Ramos, yo desfilo
lleno de sombra, porque tú trepidas.

Quieren morir tu ánima y tu estilo,
cual muriéndose van las cantadoras
que en las ferias, con el bravío pecho
empitonando la camisa, han hecho
la lujuria y el ritmo de las horas.

Patria, te doy de tu dicha la clave:
sé siempre igual, fiel a tu espejo diario;
cincuenta veces es igual el ave
taladrada en el hilo del rosario,
y es más feliz que tú, Patria suave.

Sé igual y fiel; pupilas de abandono;
sedienta voz, la trigarante faja
en tus pechugas al vapor; y un trono
a la intemperie, cual una sonaja:
la carreta alegórica de paja.

(De *El son del corazón*)

(Chile, 1889-1957). Escritora —poeta esencialmen-te—, educadora, diplomática y viajera, Gabriela Mistral (Lucila Godoy Alcayaga) es la primera figura de la América hispana en la que recayó el Premio Nobel (1945). En su poesía, personalísima, es sobre todo su modo intenso de entender y expresar el sentimiento del amor quien la alza sobre el erotismo propio de otras poetisas de los mismos años de su iniciación literaria, que eran todavía los del posmodernismo hispanoamericano. Ese sentimiento del amor evoluciona desde las instancias más inmediatas (el amado suicida, el hijo no tenido) hasta las más nobles y generales: la raza hebrea, los niños y pueblos de América, las cosas y el hombre en su dimensión universal. Su otro gran centro temático es la naturaleza: de modo especial la de sus imponentes Andes nativos, pero también la muy variada de todo el continente americano, cuyos paisajes y ritos ancestrales supo recrear con emoción y vigor. No le abandonará nunca su drama íntimo, personal: «El poeta hace casi siempre autobiografía», dijo al respecto. Y le sostiene en todo momento una profunda religiosidad y una vocación por penetrar los enigmas que rodean la existencia, lo que da a su poesía una cierta calidad de inquietud y sugerencia que actúa benéficamente como contrapunto a la firmeza de su expresión poética. En ésta se combinan armónicamente, sin perder la radical oposición implícita, muchos de los dualismos de su mundo espiritual: lo duro y áspero frente a la inocencia y la ternura, el dolor y la sonrisa, la fuerza y la gracia, la claridad y el misterio. Al carácter original de su poesía contribuyen no sólo

*sus motivos y la vibración trascendente con que son sen-
tidos, sino su lenguaje, tan personal y americano a la
vez, de lo cual tenía Gabriela clara conciencia:* «En
la literatura de la lengua española, represento la reac-
ción contra la forma purista del idioma metropolitano
español. He tratado de crear con modificaciones nativas.
No debe haber obstáculos a que los países hispanoame-
ricanos, en donde las palabras nativas sirven para desig-
nar objetos desconocidos en Europa, mezclen sus respec-
tivos vocabularios.» *Faltan estudios definitivos sobre su
poesía; pero un acercamiento provechoso, dentro de su
brevedad, es el realizado por Fernando Alegría en* Genio
y figura de Gabriela Mistral *(Buenos Aires, 1966). Tam-
bién ha escrito Arturo Tortes Rioseco un emocionado
libro:* Gabriela Mistral (una profunda amistad, un dulce
recuerdo) *(Valencia, 1962).*

OBRA POÉTICA:

*Desolación, 1922. Ternura, canciones de niños, 1925.
Las mejores poesías, s. a. Tala, 1938. Lagar, 1954.*

LOS SONETOS DE LA MUERTE

I

Del nicho helado en que los hombres te pusieron,
te bajaré a la tierra humilde y soleada.
Que he de morirme en ella los hombres no supieron,
y que hemos de soñar sobre la misma almohada.

Te acostaré en la tierra soleada con una
dulcedumbre de madre para el hijo dormido,
y la tierra ha de hacerse suavidades de cuna
al recibir tu cuerpo de niño dolorido.

Luego iré espolvoreando tierra y polvo de rosas,

y en la azulada y leve polvareda de luna,
los despojos livianos irán quedando presos.

Me alejaré cantando mis venganzas hermosas,
¡porque a ese hondor recóndito la mano de ninguna
bajará a disputarme tu puñado de huesos!

II

Este largo cansancio se hará mayor un día,
y el alma dirá al cuerpo que no quiere seguir
arrastrando su masa por la rosada vía,
por donde van los hombres, contentos de vivir...

Sentirás que a tu lado cavan briosamente,
que otra dormida llega a la quieta ciudad.
Esperaré que me hayan cubierto totalmente...
¡y después hablaremos por una eternidad!

Sólo entonces sabrás el por qué no madura
para las hondas huesas tu carne todavía,
tuviste que bajar, sin fatiga, a dormir.

Se hará luz en la zona de los sinos, oscura;
sabrás que en nuestra alianza signo de astros había
y, roto el pacto enorme, tenías que morir...

III

Malas manos tomaron tu vida desde el día
en que, a una señal de astros, dejara su plantel
nevado de azucenas. En gozo florecía.
Malas manos entraron trágicamente en él...

Y yo dije al Señor: —«Por las sendas mortales
le llevan. ¡Sombra amada que no saben guiar!
¡Arráncalo, Señor, a esas manos fatales
o le hundes en el largo sueño que sabes dar!

¡No le puedo gritar, no le puedo seguir!
Su barca empuja un negro viento de tempestad.
Retórnalo a mis brazos o le siegas en flor».

Se detuvo la barca rosa de su vivir...
¿Que no sé del amor, que no tuve piedad?
¡Tú, que vas a juzgarme, lo comprendes, Señor!

(De *Desolación*)

DIOS LO QUIERE

I

La tierra se hace madrastra
si tu alma vende a mi alma.
Llevan un escalofrío
de tribulación las aguas.
El mundo fue más hermoso
desde que me hiciste aliada,
cuando junto de un espino
nos quedamos sin palabras
¡y el amor como el espino
nos traspasó de fragancia!

Pero te va a brotar víboras
la tierra si vendes mi alma;
baldías del hijo, rompo
mis rodillas desoladas.
Se apaga Cristo en mi pecho
¡y la puerta de mi casa
quiebra la mano al mendigo
y avienta a la atribulada!

II

Beso que tu boca entregue
a mis oídos alcanza,
porque las grutas profundas
me devuelven tus palabras.
El polvo de los senderos
guarda el olor de tus plantas
y oteándolas como un ciervo,
te sigo por las montañas...

A la que tú ames, las nubes
la pintan sobre mi casa.
Ve cual ladrón a besarla
de la tierra en las entrañas,
que, cuando el rostro le alces,
hallas mi cara con lágrimas.

III

Dios no quiere que tú tengas
sol si conmigo no marchas;
Dios no quiere que tú bebas
si yo no tiemblo en tu agua;
no consiente que tú duermas
sino en mi trenza ahuecada.

IV

Si te vas, hasta en los musgos
del camino rompes mi alma;
te muerden la sed y el hambre
en todo monte o llamada
y en cualquier país las tardes
con sangre serán mis llagas.

Y destilo de tu lengua
aunque a otra mujer llamaras,

y me clavo como un dejo
de salmuera en tu garganta;
y odies, o cantes, o ansíes,
¡por mí solamente clamas!

V

Si te vas y mueres lejos,
tendrás la mano ahuecada
diez años bajo la tierra
para recibir mis lágrimas,
sintiendo cómo te tiemblan
las carnes atribuladas,
¡hasta que te espolvoreen
mis huesos sobre la cara!

SUEÑO GRANDE

A niño tan dormido
no me lo recordéis.
Dormía así en mi entraña
con mucha dejadez.

Yo lo saqué del sueño
de todo su querer,
y ahora se me ha vuelto
a dormir otra vez.

La frente está parada
y las sienes también.
Los pies son dos almejas
y los costados pez.

Rocío tendrá el sueño
que es húmeda su sien.

Tendrá música el sueño
que le da su vaivén.

Resuello se le oye
en agua de correr;
pestañas se le mueven
en hoja de laurel.

Les digo que lo dejen
con tanto y tanto bien,
hasta que se despierte
de sólo su querer...

El sueño se lo ayudan
el techo y el dintel,
la Tierra que es Cibeles,
la madre que es mujer.

A ver si yo le aprendo
dormir que me olvidé
y se lo aprende tanta
despierta cosa infiel.

Y nos vamos durmiendo
como de su merced,
de sobras de ese sueño,
hasta el amanecer...

(De *Ternura*)

TODAS IBAMOS A SER REINAS

Todas íbamos a ser reinas,
de cuatro reinos sobre el mar:
Rosalía con Efigenia
y Lucila con Soledad.

En el Valle de Elqui, ceñido
de cien montañas o de más,
que como ofrendas o tributos
arden en rojo y azafrán.

Lo decíamos embriagadas,
y lo tuvimos por verdad,
que seríamos todas reinas
y llegaríamos al mar.

Con las trenzas de los siete años,
y batas claras de percal,
persiguiendo tordos huidos
en la sombra del higueral.

De los cuatro reinos, decíamos,
indudables como el Corán,
que por grandes y por cabales
alcanzarían hasta el mar.

Cuatro esposos desposarían,
por el tiempo de desposar,
y eran reyes y cantadores
como David, rey de Judá.

Y de ser grandes nuestros reinos,
ellos tendrían, sin faltar,
mares verdes, mares de algas,
y el ave loca del faisán.

Y de tener todos los frutos,
árbol de leche, árbol del pan,
el guayacán no cortaríamos
ni morderíamos metal.

Todas íbamos a ser reinas,
y de verídico reinar;
pero ninguna ha sido reina
ni en Arauco ni en Copán...

Rosalía besó marino
ya desposado con el mar,
y al besador, en las Guaitecas,
se lo comió la tempestad.

Soledad crió siete hermanos
y su sangre dejó en su pan,
y sus ojos quedaron negros
de no haber visto nunca el mar.

En las viñas de Montegrande,
con su puro seno candeal,
mece los hijos de otras reinas
y los suyos nunca jamás.

Efigenia cruzó extranjero
en las rutas, y sin hablar,
le siguió, sin saberle nombre,
porque el hombre parece el mar.

Y Lucila, que hablaba a río,
a montaña y cañaveral,
en las lunas de la locura
recibió reino de verdad.

En las nubes contó diez hijos
y en los salares su reinar,
en los ríos ha visto esposos
y su manto en la tempestad.

Pero en el Valle de Elqui, donde
son cien montañas o más,
cantan las otras que vinieron
y las que vienen cantarán:

«En la tierra seremos reinas,
y de verídico reinar

y siendo grandes nuestros reinos,
llegaremos todas al mar.»

(De *Tala*)

PAN

Dejaron un pan en la mesa,
mitad quemado, mitad blanco,
pellizcado encima y abierto
en unos migajones de ampo.

Me parece nuevo o como no visto,
y otra cosa que él no me ha alimentado,
pero volteando su miga, sonámbula,
tacto y olor se me olvidaron.

Huele a mi madre cuando dio su leche,
huele a tres valles por donde he pasado:
a Aconcagua, a Pátzcuaro, a Elqui,
y a mis entrañas cuando yo canto.

Otros olores no hay en la estancia
y por eso él así me ha llamado;
y no hay nadie tampoco en la casa
sino este pan abierto en un plato,
que con su cuerpo me reconoce
y con el mío yo reconozco.

Se ha comido en todos los climas
el mismo pan en cien hermanos:
pan de Coquimbo, pan de Oaxaca,
pan de Santa Ana y de Santiago.

En mis infancias yo le sabía
forma de sol, de pez o de halo,

y sabía mi mano su miga
y el calor de pichón emplumado...

Después le olvidé, hasta este día
en que los dos nos encontramos,
yo con mi cuerpo de Sara vieja
y él con el suyo de cinco años.

Amigos muertos con que comíalo
en otros valles, sientan el vaho
de un pan en septiembre molido
y en agosto en Castilla segado.

Es otro y es el que comimos
en tierras donde se acostaron.
Abro la miga y les doy su calor;
lo volteo y les pongo su hálito.

La mano tengo de él rebosada
y la mirada puesta en mi mano;
entrego un llanto arrepentido
por el olvido de tantos años,
y la cara se me envejece
o me renace en este hallazgo.

Como se halla vacía la casa,
estemos juntos los reencontrados,
sobre esta mesa sin carne y fruta,
los dos en este silencio humano,
hasta que seamos otra vez uno
y nuestro día haya acabado...

COSAS

1

Amo las cosas que nunca tuve
con las otras que ya no tengo:

Yo toco un agua silenciosa,
parada en pastos friolentos,
que sin un viento tiritaba
en el huerto que era mi huerto.

La miro como la miraba;
me da un extraño pensamiento,
y juego, lenta, con esa agua
como con pez o con misterio.

2

Pienso en umbral donde dejé
pasos alegres que ya no llevo,
y en el umbral veo una llaga
llena de musgo y de silencio.

3

Me busco un verso que he perdido,
que a los siete años me dijeron.
Fue una mujer haciendo el pan
y yo su santa boca veo.

4

Viene un aroma roto en ráfagas;
soy muy dichosa si lo siento;

de tan delgado no es aroma,
siendo el olor de los almendros.

5

Me vuelve niños los sentidos;
le busco un nombre y no lo acierto,
y huelo el aire y los lugares
buscando almendros que no encuentro...

6

Un río suena siempre cerca.
Ha cuarenta años que lo siento.
Es canturía de mi sangre
o bien un ritmo que me dieron.

O el río Elqui de mi infancia
que me repecho y me vadeo.
Nunca lo pierdo; pecho a pecho,
como dos niños, nos tenemos.

Cuando sueño la Cordillera,
camino por desfiladeros,
y voy oyéndoles, sin tregua,
un silbo casi juramento.

7

Veo al remate del Pacífico
amoratado mi archipiélago,
y de una isla me ha quedado
un olor acre de alción muerto...

8

Un dorso, un dorso grave y dulce,
remata el sueño que yo sueño.

Es al final de mi camino
y me descanso cuando llego.

Es tronco muerto o es mi padre,
el vago dorso ceniciento.
Yo no pregunto, no lo turbo.
Me tiendo junto, callo y duermo.

9

Amo una piedra de Oaxaca
o Guatemala, a que me acerco,
roja y fija como mi cara
y cuya grieta da un aliento.

Al dormirme queda desnuda;
no sé por qué yo la volteo.
Y tal vez nunca la he tenido
y es mi sepulcro lo que veo...

PUERTAS

Entre los gestos del mundo
recibí el que dan las puertas.
En la luz yo las he visto
o selladas o entreabiertas
y volviendo sus espaldas
del color de la vulpeja.
¿Por qué fue que las hicimos
para ser sus prisioneras?

Del gran fruto de la casa
son la cáscara avarienta.
El fuego amigo que gozan
a la ruta no lo prestan.
Canto que adentro cantamos

lo sofocan sus maderas
y a su dicha no convidan
como la granada abierta:
¡Sibilas llenas de polvo,
nunca mozas, nacidas viejas!

Parecen tristes moluscos
sin marea y sin arenas.
Parecen en lo ceñudo
la nube de la tormenta.
A las sayas verticales
de la Muerte se asemejan
y yo las abro y las paso
como la caña que tiembla.

«¡No!», dicen a las mañanas
aunque las bañen, las tiernas.
Dicen «¡No!» al viento marino
que en su frente palmotea
y al olor de pinos nuevos
que se viene por la Sierra.
Y lo mismo que Casandra,
no salvan aunque bien sepan:
porque mi duro destino
él también pasó mi puerta.

Cuando golpeo me turban
igual que la vez primera.
El seco dintel da luces
como la espada despierta
y los batientes que avivan
en escapadas gacelas.
Entro como quien levanta
paño de cara encubierta,
sin saber lo que me tiene
mi casa de angosta almendra,
y pregunto si me aguarda
mi salvación o mi pérdida.

Ya quiero irme y dejar
el sobrehaz de la Tierra,
el horizonte que acaba
como un ciervo, de tristeza,
y las puertas de los hombres
selladas como cisternas.
Por no voltear en la mano
sus llaves de angustia muertas
y no oírles más el crótalo
que me sigue la carrera.

Voy a cruzar sin gemido
la última vez por ellas
y a alejarme tan gloriosa
como la esclava liberta,
siguiendo el cardumen vivo
de mis muertos que me llevan.
No estarán allá rayados
por cubo y cubo de puertas
ni ofendidos por sus muros
como el herido en sus vendas.

Vendrán a mí sin embozo,
oreados de luz eterna.
Cantaremos a mitad
en los cielos y en la tierra.
Con el canto apasionado
heriremos puerta y puerta
y saldrán de ellas los hombres
como niños que despiertan
al oír que se descuajan
y que van cayendo muertas.

(De *Lagar*)

ULTIMO ARBOL

Esta solitaria greca
que me dieron en naciendo:
lo que va de mi costado
a mi costado de fuego;

Lo que corre de mi frente
a mis pies calenturientos;
esta Isla de mi sangre,
esta parvedad de reino,

Yo lo devuelvo cumplido
y en bazada se lo entrego
al último de mis árboles,
a tamarindo o a cedro.

Por si en la segunda vida
no me dan lo que ya dieron
y me hace falta este cuajo
de frescor y de silencio,

Y yo paso por el mundo
en sueño, carrera o vuelo,
en vez de umbrales de casas,
¡quiero árbol de paradero!

Le dejaré lo que tuve
de ceniza y firmamento,
mi flanco lleno de hablas
y mi flanco de silencio;

Soledades que me di,
soledades que me dieron,
y el diezmo que pagué al rayo

de mi Dios dulce y tremendo;

Mi juego de toma y daca
con las nubes y los vientos,
y lo que supe, temblando,
de manantiales secretos.

¡Ay, arrimo tembloroso
de mi Arcángel verdadero,
adelantado en las rutas
con el ramo y el ungüento!

Tal vez ya nació y me falta
gracia de reconocerlo,
o sea el árbol sin nombre
que cargué como a hijo ciego.

A veces cae en mis hombros
una humedad o un oreo
y veo en contorno mío
el cíngulo de su ruedo.

Pero tal vez su follaje
ya va arropando mi sueño
y estoy, de muerta, cantando
debajo de él, sin saberlo.

Mariano Brull

(Cuba, 1891-1956). Como es sabido, la poesía pura *representó una de las vías de salida tras la iconoclasia y el furor vanguardistas. Y en esa dirección acaso ningún cultivador le fuera más fiel en Hispanoamérica que el cubano Mariano Brull, después de superar el intimismo posmodernista de su primer libro. Brull configura sus objetivos de pureza poética en la tensa atmósfera de Mallarmé y Valéry, habiendo realizado de este último excelentes versiones al castellano de sus poemas mayores (El cementerio marino y La joven parca). Le anima, pues, un ideal de ardua belleza, conseguida mediante un depurador esfuerzo intelectivo en cuyas mallas ha de quedar diluido todo temblor emocional demasiado inmediato o visible. Y aun desaparece la posibilidad de descubrir en su obra una cierta evolución espiritual o temática, ya que en todo caso tal posibilidad implicaría un acceso al verso de lo humano circunstancial, que es precisamente lo que se trataba de evitar en esta suerte de lirismo. Por otro lado, junto al sostenido ejercicio del intelecto, Brull juega a despojar la palabra de sus implicaciones conceptuales y afectivas, llegando por ese camino a la pura inanidad sonora de la* jitanjáfora —*esa fórmula extrema de la asepsia verbal que acuñara como término el mexicano Alfonso Reyes, tomándolo de un travieso experimento del propio Brull. (He aquí unas líneas de aquel entretenimiento sonoro de donde Reyes extrajo la denominación del procedimiento:* Filiflama alabe cundre/ala olalúnea alífera/ alveolea jitanjáfora/liris salumba salífera.) *La mejor faz de este poeta reside, sin embargo, en esos momentos de apurada espiritualidad que alcanza en algunos de sus tex-*

tos, por otra parte exentos hasta un punto arriesgado de comunicativa calidez. Cintio Vitier ha definido la poesía de Brull basándose precisamente en «los símbolos que utiliza: el desnudo ante el espejo, la rosa desconocida, el fantasma del tiempo inapresable, las vísperas del yo y el mundo; y por la capacidad de sugestión sensorial de su palabra».

Obra poética:

La casa del silencio (introducción de Pedro Henríquez Ureña), 1916. *Poemas en menguante*, 1928. *Canto redondo*, 1934. *Solo de rosa*, 1941. *Temps en peine / Tiempo en pena* (traducción de Mathilde Pomés), 1950. *Rien que... (Nada más que...),* 1954.

VERDE HALAGO

Por el verde, verde
verdería de verde mar
Rr con Rr.

Viernes, vírgula, virgen
enano verde
verdularia cantárida
Rr con Rr.

Verdor y verdín
verdumbre y verdura
verde, doble verde
de col y lechuga.

Rr con Rr
en mi verde limón
pájara verde.

Por el verde, verde

verdehalago húmedo
extiéndome. —Extiéndete.

Vengo del Mundodolido
y en Verdehalago me estoy.

(De *Poemas en menguante*)

GRANADA

He respirado a Granada
en luz —toda voz de olores—:
tierra fragante de adentro
de lejos, hondo, florece.

Carne viva de alma. Toda
pecho desnudo. Guitarra
sepulta: cantar eterno
de tu cordaje de agua.

¡Qué nudo anuda mi carne!
Raíz de aire que me enlaza
a música de temblores
en parpadeos de alma.

Oleo de torva hermosura
Granada —en la noche grande—:
seña perdida en la angustia
—ya sin fatiga— de antes.

Múltiple de amaneceres
¡qué bella entonces!
                              —Ahora
tan cerca ya de lo mío
¡claveles de resonancia!

A LA ROSA DESCONOCIDA

«Para el aniversario de una rosa en el tacto»
Jaime Torres Bodet

Apartada —ya toda amor de olvido—
y en limpia ausencia recreada,
la cima de tu hermosura diviso
nublada por un silencio de ángeles:
y al acecho de un ágil morir
en el perenne umbral de la mudanza,
la imagen —en tu imagen sola—
¡rosa total de otro vivir reclamo!

De alba luciente, húmeda, alta,
y curva ardiente y quieta,
tu forma —azar preciso— se desciñe
en caudal musical de margen muda
y unce la almendra de una llama helada.
En hora rosa se detiene el cielo
para vivir su eternidad más lenta,
y una orilla de frescores defiende
el hueco, sin contornos, de la rosa.
Tesón eterno. Abril inacabado.
Halo de olor que ronda sobre ausencia:
espacio en ciernes de la rosa futura
que el aire rezagado punza.

(De *Canto redondo*)

EPITAFIO A LA ROSA

Rompo una rosa y no te encuentro.
Al viento, así, columnas deshojadas,

palacio de la rosa en ruinas.
Ahora —rosa imposible— empiezas:
por agujas de aire entretejida
al mar de la delicia intacta,
donde todas las rosas
—antes que rosa—
belleza son sin cárcel de belleza.

DESNUDO

Su cuerpo resonaba en el espejo
vertebrado en imágenes distantes:
uno y múltiple, espeso, de reflejo
reverso ahora de inmediato antes.

Entraba de anterior huida al dejo
de sí mismo, en retornos palpitantes,
retenido, disperso, al entrecejo
de dos voces, dos ojos, dos instantes.

Toda su ausencia estaba —en su presencia—
dilatada hasta el próximo asidero
del comienzo inminente de otra ausencia:
rumbo intacto de espacio sin sendero
al inmóvil azar de su querencia,
¡estatua de su cuerpo venidero!

TIEMPO EN PENA

Yo estaba dentro y fuera —en lo mirado—
de un lado y otro el tiempo se divide,
y el péndulo no alcanza, en lo que mide,
ni el antes ni el después de lo alcanzado.

Mecido entre lo incierto y lo ignorado,
vuela el espacio que al espacio pide
detenerse en el punto en que coincide
cuanto es inesperado en lo esperado.
Por la orilla del mundo ronda en pena
el minuto fantasma: —último nido
de la ausencia tenaz que lo condena
a tiempo muerto aun antes de nacido—
mientras en torno, el péndulo encadena
el futuro a un presente siempre ido...

(De *Temps en peine/Tiempo en pena*)

VISPERA

Al caos me asomo...
El caos y yo
por no ser uno
no somos dos.
Vida de nadie,
de nada... —No:
entre dos vidas
viviendo en dos,
víspera única
de doble hoy.
Muere en la máscara
quien la miró,
yo —por dos vidas—
me muero en dos...

EL NIÑO Y LA LUNA

La luna y el niño juegan
un juego que nadie ve;

se ven sin mirarse, hablan
lengua de pura mudez.
¿Qué se dicen, qué se callan,
quién cuenta una, dos y tres,
y quién, tres, y dos, y uno
y vuelve a empezar después?
¿Quién se quedó en el espejo,
luna, para todo ver?
Está el niño alegre y solo:
la luna tiende a sus pies
nieve de la madrugada,
azul del amanecer;
en las dos caras del mundo
—la que oye y la que ve—
se parte en dos el silencio,
la luz se vuelve al revés,
y sin manos, van las manos
a buscar quién sabe qué,
y en el minuto de nadie
pasa lo que nunca fue...

El niño está solo y juega
un juego que nadie ve.

Oliverio Girondo

(*Argentina, 1891-1967*). *Como la mayoría de los grandes poetas argentinos de su tiempo, fue Girondo figura destacadísima (y si se quiere el principal teórico) de la revista* Martín Fierro *en la década de los años veinte; y quien, de todos ellos, más fiel permaneció en su país a los ideales de la vanguardia artística, ya que, según sus palabras, no encontraba nunca razón para no admitir «cualquier posibilidad de rejuvenecimiento». Se sintió así siempre atraído por las tentaciones expresivas del estilo (tropos audaces, ritmos extraños, juegos ingeniosos de la lengua, incursiones en el feísmo inherente a la tradición barroca hispánica y a la nueva retórica del superrealismo, a las cuales tanto se acercó). Por eso su poesía ha sido definida esencialmente como una aventura del lenguaje, y de aquí su nota actual de modernidad. Pero puede significar algo más que eso: un abrirse a todas las tensiones polares de lo vital, desde la pirueta, el humor y la ironía hasta la angustia y el escepticismo, sin faltar siquiera la visión emocionada del campo argentino y aun la inquietud social. El mismo Girondo veía en lo cotidiano «una manifestación admirable y modesta de lo absurdo», y confesaba su simpatía por lo contradictorio como sinónimo de vida. Sentía gran orgullo de la fonética y la expresividad del español de América y, en este sentido, afirmaba: «Fuimos nosotros, los americanos, quienes hemos oxigenado el castellano, haciéndolo un idioma respirable, un idioma que puede usarse cotidianamente...» Cultivó el poema en prosa y la narración de tono subjetivo (Interlunio). También la pintura, «esa prueba por dos de la condición de artista del escritor», en frase de Ramón Gómez de la Serna a propósito de Girondo. Fue precisamente el autor de las* Greguerías *quien ha ofrecido una de las mejores semblanzas de la personalidad humana y artística del poeta argentino: «Es uno de los pocos seres que he encontrado en el mundo en los que la ecuación persona de literato está en la más perfecta coordenada con alma de literato». Su poesía está destinada a merecer sucesivas alzas de estimación en todos aquellos períodos en que la experimentación idiomática y estilística cobre sus mayores derechos dentro de la concepción poética imperante: así en la más joven promoción española del presente, que no le regatea su admiración.*

OBRA POÉTICA:

Veinte poemas para ser leídos en el tranvía, 1922. *Calcomanías,* 1925. *Espantapájaros (al alcance de todos),* 1932. *Persuasión de los días,* 1942. *Campo nuestro,* 1946. *En la masmédula,* 1956 (2.ª edición, aumentada, 1963). *Topatumba,* 1958. *Veinte poemas..., Calcomanías* y *Espantapájaros* (en un solo volumen), 1966. *Obras completas,* 1968.

OTRO NOCTURNO

La luna, como la esfera luminosa del reloj de un edificio público.

¡Faroles enfermos de ictericia! ¡Faroles con gorras de «apache», que fuman un cigarrillo en las esquinas!

¡Canto humilde y humillado de los mingitorios cansados de cantar! ¡Y silencio de las estrellas sobre el asfalto humedecido!

¿Por qué, a veces, sentimos una tristeza parecida a la de un par de medias tiradas en un rincón? Y ¿por qué, a

veces, nos interesará tanto el partido de pelota que el eco
de nuestros pasos juega en la pared?

Noches en las que nos disimulamos bajo la sombra de los
árboles, de miedo de que las casas se despierten de pron-
to y nos vean pasar, y en las que el único consuelo es la
seguridad de que nuestra cama nos espera, con las velas
tendidas hacia un país mejor!

(De *Veinte poemas para ser leídos en un tranvía*)

LAGO MAYOR

Al pedir el boleto hay que «impostar» la voz.

¡ISOLA BELLA! ¡ISOLA BELLA!

Isola Bella tiene justo el grandor que queda bien, en la
tela que pintan las inglesas.

Isola Bella, con su palacio y hasta con el lema del escudo
de sus puertas de pórfido:

«HUMILITAS»

¡Salones! Salones de artesonados tormentosos donde cua-
trocientas cariátides se hacen cortes de manga entre una
bandada de angelitos.

«HUMILITAS»

Alcobas con lechos de topacio que exigen que quien se
acueste en ellos se ponga por lo menos una «aigrette» de
ave del paraíso en el trasero.

«HUMILITAS»

Jardines que se derraman en el lago en una cascada de terrazas, y donde los pavos reales abren sus blancas sombrillas de encaje, para taparse el sol o barren, con sus escobas incrustadas de zafiros y de rubíes, los caminos ensangrentados de amapolas.

«HUMILITAS»

Jardines donde los guardianes lustran las hojas de los árboles para que al pasar nos arreglemos la corbata, y que —ante la desnudez de las Venus que pueblan los boscajes— nos brindan una rama de alcanfor...

¡ISOLA BELLA!

Isola Bella, sin duda, es el paisaje que queda bien, en la tela que pintan las inglesas.
Isola Bella, sin duda, es el paisaje que queda del escudo de sus puertas de pórfido:

«HUMILITAS».

CALLE DE LAS SIERPES

Una corriente de brazos y de espaldas
nos encauza
y nos hace desembocar
bajo los abanicos,
las pipas,
los anteojos enormes
colgados en medio de la calle;
únicos testimonios de una raza
desaparecida de gigantes.

Sentados al borde de las sillas,
cual si fueran a dar un brinco
y ponerse a bailar,
los parroquianos de los cafés
aplauden la actividad del camarero,
mientras los limpiabotas les lustran los zapatos
hasta que pueda leerse
el anuncio de la corrida del domingo.

Con sus caras de mascarón de proa,
el habano hace las veces de bauprés,
los hacendados penetran
en los despachos de bebidas,
a muletear los argumentos
como si entraran a matar;
y acodados en los mostradores,
que simulan barreras,
brindan a la concurrencia
el miura disecado
que asoma la cabeza en la pared.

Ceñidos en sus capas, como toreros,
los curas entran en las peluquerías
a afeitarse en cuatrocientos espejos a la vez,
y cuando salen a la calle
ya tienen una barba de tres días.

En los invernáculos
edificados por los círculos,
la pereza se da como en ninguna parte
y los socios la ingieren
con churros o con horchata,
para encallar en los sillones
sus abulias y sus laxitudes de fantoches.

Cada doscientos cuarenta y siete hombres,
trescientos doce curas

y doscientos noventa y tres soldados,
pasa una mujer.

(Sevilla, 1923)

(De *Calcomanías*)

APARICION URBANA

¿Surgió de bajo tierra?
¿Se desprendió del cielo?
Estaba entre los ruidos,
herido,
malherido,
inmóvil,
en silencio,
hincado ante la tarde,
ante lo inevitable,
las venas adheridas
al espanto,
al asfalto,
con sus crenchas caídas,
con sus ojos de santo,
todo, todo desnudo,
casi azul, de tan blanco.

Hablaban de un caballo.
Yo creo que era un ángel.

(De *Persuasión de los días*)

ES LA BABA

Es la baba.
Su baba.
La efervescente baba.
La baba hedionda,
cáustica;
la negra baba rancia
que babea esta especie babosa de alimañas
por sus rumiantes labios carcomidos,
por sus pupilas de ostra putrefacta,
por sus turbias vejigas empedradas de cálculos,
por sus viejos ombligos de regatón gastado,
por sus jorobas llenas de intereses compuestos,
de acciones usurarias;
la pestilente baba,
la baba doctorada,
que avergüenza la felpa de las bancas con dieta
y otras muelles poltronas no menos escupidas.
La baba tartamuda,
adhesiva,
viscosa,
que impregna las paredes tapizadas de corcho
y contempla el desastre a través del bolsillo.
La baba disolvente.
La agria baba oxidada.
La baba.
¡Sí! Es su baba...
lo que herrumba las horas,
lo que pervierte el aire,
el papel,
los metales;
lo que infecta el cansancio,
los ojos,
la inocencia,

con sus vermes de asco,
con sus virus de hastío,
de idiotez,
de ceguera,
de mezquindad,
de muerte.

LO QUE ESPERAMOS

Tardará, tardará.

Ya sé que todavía
los émbolos,
la usura,
el sudor,
las bobinas
seguirán produciendo,
al por mayor,
en serie,
iniquidad,
ayuno,
rencor,
desesperanza;
para que las lombrices con huecos portasenos,
las vacas de embajada,
los viejos paquidermos de esfínteres crinudos,
se sacien de adulterios,
de hastío,
de diamantes,
de caviar,
de remedios.

Ya sé que todavía pasarán muchos años
para que estos crustáceos
del asfalto
y la mugre

se limpien la cabeza,
se alejen de la envidia,
no idolatren la saña,
no adoren la impostura,
y abandonen su costra
de opresión,
de ceguera,
de mezquindad.
de bosta.

Pero, quizás, un día,
antes de que la tierra se canse de atraernos
y brindarnos su seno,
el cerebro les sirva para sentirse humanos,
ser hombres,
ser mujeres,
—no cajas de caudales,
ni perchas desoladas—,
someter a las ruedas,
impedir que nos maten,
comprobar que la vida se arranca y despedaza
los chalecos de fuerza de todos los sistemas;
y descubrir, de nuevo, que todas las riquezas
se encuentran en nosotros y no bajo la tierra.

Y entonces...
¡Ah!, ese día
abriremos los brazos
sin temer que el instinto nos muerda los garrones,
ni recelar de todo,
hasta de nuestra sombra;
y seremos capaces de acercarnos al pasto,
a la noche,
a los ríos,
sin rubor,
mansamente,
con las pupilas claras,
con las manos tranquilas;

y usaremos palabras sustanciosas,
auténticas;
no como esos vocablos erizados de inquina
que babean las hienas al instarnos al odio,
ni aquellos que se asfixian
en estrofas de almíbar
y fustigada clara de huevo corrompido;
sino palabras simples,
de arroyo,
de raíces,
que en vez de separarnos
nos acerquen un poco;
o mejor todavía
guardaremos silencio
para tomar el pulso a todo lo que existe
y vivir el milagro de cuanto nos rodea,
mientras alguien nos diga,
con una voz de roble,
lo que desde hace siglos
esperamos en vano.

CAMPO NUESTRO

(Fragmentos)

En lo alto de esas cumbres agobiantes
        hallaremos laderas y peñascos,
donde yacen metales, momias de alga,
        peces cristalizados:
pero jamás la externa certidumbre
de que antes de humillarnos para siempre,
has preferido, campo, el ascetismo
        de negarte a ti mismo.

* * *

Fuiste viva presencia o fiel memoria
de mi más remota prehistoria.

* * *

Chapaleando en el cielo de tus charcos
me rocé con tus ranas y tus astros.

* * *

Siempre volvemos, campo, de tus tardes
        con un lucero humeante...
        entre los labios.

* * *

Cuando me acerco, pampa, a tu recuerdo,
        te me vas, despacito, para adentro...
        al trote corto, campo, al trotecito.

* * *

Entra y descansa, campo. Desensilla.
        Deja de ser eterna lejanía.

* * *

Cuanto más te repito y te repito
quisiera repetirte al infinito.

* * *

Nunca permitas, campo, que se agote
nuestra sed de horizonte y de galope.

* * *

Tu soledad, tu soledad... ¡y la mía!
Un sorbo tras el otro, noche y día,
como si fuera, campo, mate amargo.

* * *

A veces soledad, otras silencio,
pero ante todo, campo: padre-nuestro.

(De *Campo nuestro*)

TROPOS

Toco
toco poros
amarras
calas toco
teclas de nervios
muelles
tejidos que me tocan
cicatrices
cenizas
trópicos vientres toco
solos solos
resacas
estertores
toco y mastoco
y nada

Prefiguras de ausencia
inconsistentes tropos
qué tú
qué qué
qué quenas
qué hondonadas
qué máscaras

qué soledades huecas
qué sí qué no
qué sino que me destempla el toque
qué reflejos
qué fondos
qué materiales brujos
qué llaves
qué ingredientes nocturnos
qué fallebas heladas que no abren
qué nada toco
en todo

(De *En la masmédula*)

A MI

Los más oscuros estremecimientos a mí
entre las extremidades de la noche
los abandonos que crepitan
cuanto vino a mí acompañado
por los espejismos del deseo
lo enteramente terso en la penumbra
las crecidas menores ya con luna
aunque el ensueño ulule entre mandíbulas transitorias
las teclas que nos tocan hasta el hueso del grito
los caminos perdidos del llanto en la tierra
la esperanza que espera los trámites del trance
por mucho que se apoye en las coyunturas de lo fortuito
a mí a mí la plena íntegra bella a mí hórrida vida

(Perú, 1893-1938). Representó la poesía para Vallejo, por sobre toda otra cosa, la búsqueda apasionada, mediante un lenguaje nuevo y original, de su propia verdad humana, y ello en un grado tal de tensión emocional y libertad como no se ha repetido en las letras de Hispanoamérica. Su esfuerzo conocerá de las naturales vicisitudes literarias que van de la juventud a la madurez, o sea desde los ecos todavía modernistas y posmodernistas de Los heraldos negros *hasta el acento ya totalmente personal y universal de sus definitivos* Poemas humanos, *pasando por el momento de las audaces dislocaciones de la vanguardia que se dan en* Trilce. *Pero lo que más interesa en Vallejo no son sus modos poéticos, con ser tan característicos, sino los profundos, soterrados y tremendos sentimientos que discurren a lo largo de su obra y le dan su mayor fuerza. La nostalgia de sus Andes nativos, con su entrañable paisaje físico y humano; ese soplo constante de tristeza y angustia que estalla en grito o se disuelve en balbuceo; la conciencia de culpa como patrimonio moral inevitable del hombre; los oscuros avisos de muerte que afloran en cada momento de la existencia; la incertidumbre, ignorancia, impotencia y orfandad del ser humano ante el vacío y los límites de la existencia, la inexorabilidad de la muerte y un imposible conocimiento trascendente o metafísico; la convicción del mundo como absurdo; la dificultad de toda forma de comunicación humana; el violento rechazo de las injusticias sociales y el consecuente impulso de solidaridad con la pena de los otros (que en el terreno de las concreciones ideológicas canalizó a través del marxismo); la rebeldía,*

*en fin, contra el sufrimiento y la abertura a la esperanza
de un porvenir humano más noble y justo. Un interesante
estudio sobre el tema que su título anuncia ha sido rea-
lizado por Américo Ferrari en su libro* El universo poé-
tico de César Vallejo *(Caracas, Monte Avila, 1972); y a
Julio Ortega se debe una muy útil colección de ensayos
críticos sobre el autor:* César Vallejo *(Madrid, Taurus,
Serie El escritor y la crítica, 1975). Luchó bravamente
Vallejo con el lenguaje, vencedor y vencido a un tiempo;
y de aquí las naturales dificultades y aun incoherencias de
su habla poética, signos en carne viva de aquella batalla.
Otros grandes poetas americanos han entrado consciente-
mente a saco en el amplio arsenal temático del continente
(geografía, historia, folklore). Vallejo, sin proponérselo
tal vez, logró captar como nadie ese «genuino color de
América» que al respecto menciona Gastón Baquero,
quien añade concluyentemente que en el genial peruano
hay que reconocer al «poeta de lo americano integral y
puro: el poeta de la raíz americana y del hombre ameri-
cano en pie». Y tal reconocimiento en nada merma la
proyección universal que a su poesía, como a todo lo
auténtico, le fue dada por añadidura. Estudiado con fer-
vor por numerosísimos críticos, leído y conocido entra-
ñablemente por al menos dos generaciones sucesivas de
poetas, desde su muerte su voz y su mensaje han sido de
la más decisiva influencia sobre la poesía escrita en len-
gua española durante los últimos tiempos.*

Obra poética:

César Vallejo, *Obra poética completa* (prólogo de Amé-
rico Ferrari; edición dirigida por Georgette de Vallejo),
Lima 1968. [Contiene: *Los heraldos negros*, 1918. *Trilce*,
1922. *Poemas en prosa*, 1923/24-1929. *Poemas humanos*,
1931-1937. *España, aparta de mí este cáliz*, 1937.]

LOS HERALDOS NEGROS

Hay golpes en la vida, tan fuertes... Yo no sé!
Golpes como del odio de Dios; como si ante ellos,
la resaca de todo lo sufrido
se empozara en el alma... Yo no sé!

Son pocos; pero son... Abren zanjas oscuras
en el rostro más fiero y en el lomo más fuerte.
Serán tal vez los potros de bárbaros atilas;
o los heraldos negros que nos manda la Muerte.

Son las caídas hondas de los Cristos del alma,
de alguna fe adorable que el Destino blasfema.
Esos golpes sangrientos son las crepitaciones
de algún pan que en la puerta del horno se nos quema.

Y el hombre... Pobre... pobre! Vuelve los ojos, como
cuando por sobre el hombro nos llama una palmada;
vuelve los ojos locos, y todo lo vivido
se empoza, como charco de culpa, en la mirada.

Hay golpes en la vida, tan fuertes... Yo no sé!

(De *Los heraldos negros*)

IDILIO MUERTO

Qué estará haciendo esta hora mi andina y dulce Rita
de junco y capulí;
ahora que me asfixia Bizancio, y que dormita
la sangre, como flojo cognac, dentro de mí.

Dónde estarán sus manos que en actitud contrita
planchaban en las tardes blancuras por venir;
ahora, en esta lluvia que me quita
las ganas de vivir.

Qué será de su falda de franela; de sus
afanes; de su andar;
de su sabor a cañas de mayo del lugar.

Ha de estarse a la puerta mirando algún celaje,
y al fin dirá temblando: «Qué frío hay... Jesús!»
Y llorará en las tejas un pájaro salvaje.

AGAPE

Hoy no ha venido nadie a preguntar;
ni me han pedido en esta tarde nada.

No he visto ni una flor de cementerio
en tan alegre procesión de luces.
Perdóname, Señor: qué poco he muerto!

En esta tarde todos, todos pasan
sin preguntarme ni pedirme nada.

Y no sé qué se olvidan y se queda
mal en mis manos, como cosa ajena.

He salido a la puerta,
y me da ganas de gritar a todos:
Si echan de menos algo, aquí se queda!

Porque en todas las tardes de esta vida,
yo no sé con qué puertas dan a un rostro,
y algo ajeno se toma el alma mía.

Hoy no ha venido nadie;
y hoy he muerto qué poco en esta tarde!

EL PAN NUESTRO

Se bebe el desayuno... Húmeda tierra
de cementerio huele a sangre amada.
Ciudad de invierno... La mordaz cruzada
de una carreta que arrastrar parece
una emoción de ayuno encadenada!

Se quisiera tocar todas las puertas,
y preguntar por no sé quién; y luego
ver a los pobres, y, llorando quedos,
dar pedacitos de pan fresco a todos.
Y saquear a los ricos sus viñedos
con las dos manos santas
que a un golpe de luz
volaron desclavadas de la Cruz!

Pestaña matinal, no os levantéis!
¡El pan nuestro de cada día dánoslo,
Señor...!

Todos mis huesos son ajenos;
yo talvez los robé!
Yo vine a darme lo que acaso estuvo
asignado para otro;
y pienso que, si no hubiera nacido,
otro pobre tomara este café!
Yo soy un mal ladrón... A dónde iré!

Y en esta hora fría, en que la tierra
trasciende a polvo humano y es tan triste,
quisiera yo tocar todas las puertas,

y suplicar a no sé quién, perdón,
y hacerle pedacitos de pan fresco
aquí, en el horno de mi corazón...!

VI

El traje que vestí mañana
no lo ha lavado mi lavandera:
lo lavaba en sus venas otilinas,
en el chorro de su corazón, y hoy no he
de preguntarme si yo dejaba
el traje turbio de injusticia.

A hora que no hay quien vaya a las aguas,
en mis falsillas encañona
el lienzo para emplumar, y todas las cosas
del velador de tánto qué será de mí,
todas no están mías
a mi lado.
                    Quedaron de su propiedad,
fratesadas, selladas con su trigueña bondad.

Y si supiera si ha de volver;
y si supiera qué mañana entrará
a entregarme las ropas lavadas, mi aquella
lavandera del alma. Qué mañana entrará
satisfecha, capulí de obrería, dichosa
de probar que sí sabe, que sí puede
                    ¡COMO NO VA A PODER!
azular y planchar todos los caos.

                                        (De *Trilce*)

XX

Al ras de batiente nata blindada
de piedra ideal. Pues apenas
acerco el 1 al 1 para no caer.

Ese hombre mostachoso. Sol,
herrada su única rueda, quinta y perfecta,
y desde ella para arriba.
Bulla de botones de bragueta,
                                            libres,
bulla que reprende A vertical subordinada.
El desagüe jurídico. La chirota grata.

Mas sufro. Allende sufro. Aquende sufro.

Y he aquí se me cae la baba, soy
una bella persona, cuando
el hombre guillermosecundario
puja y suda felicidad
a chorros, al dar lustre al calzado
de su pequeña de tres años.

Engállase el barbado y frota un lado.
La niña en tanto pónese el índice
en la lengua que empieza a deletrear
los enredos de enredos de los enredos,
y unta el otro zapato, a escondidas,
con un poquito de saliva y tierra,
                                    pero con un poquito,
                                            no má-
                                            . s .

XXVIII

He almorzado solo ahora, y no he tenido
madre, ni súplica, ni sírvete, ni agua,
ni padre que, en el facundo ofertorio
de los choclos, pregunte para su tardanza
de imagen, por los broches mayores del sonido.

Cómo iba yo a almorzar. Cómo me iba a servir
de tales platos distantes esas cosas,
cuando habráse quebrado el propio hogar,
cuando no asoma ni madre a los labios.
Cómo iba yo a almorzar nonada.

A la mesa de un buen amigo he almorzado
con su padre recién llegado del mundo,
con sus canas tías que hablan
en tordillo retinte de porcelana,
bisbiseando por todos sus viudos alvéolos;
y con cubiertos francos de alegres tiroriros,
porque estánse en su casa. Así, qué gracia!
Y me han dolido los cuchillos
de esta mesa en todo el paladar.

El yantar de estas mesas así, en que se prueba
amor ajeno en vez del propio amor,
torna tierra el bocado que no brinda la
                                MADRE,
hace golpe la dura deglución; el dulce,
hiel; aceite funéreo, el café.

Cuando ya se ha quebrado el propio hogar,
y el sírvete materno no sale de la
tumba,
la cocina a oscuras, la miseria de amor.

XLIV

Este piano viaja para adentro,
viaja a saltos alegres.
Luego medita en ferrado reposo,
clavado con diez horizontes.

Adelanta. Arrástrase bajo túneles,
más allá, bajo túneles de dolor,
bajo vértebras que fugan naturalmente.

Otras veces van sus trompas,
lentas asias amarillas de vivir,
van de eclipse,
y se espulgan pesadillas insectiles,
ya muertas para el trueno, heraldo de los génesis.

Piano oscuro, ¿a quién atisbas
con tu sordera que me oye,
con tu mudez que me asorda?

Oh pulso misterioso.

VOY A HABLAR DE LA ESPERANZA

Yo no sufro este dolor como César Vallejo. Yo no me
duelo ahora como artista, como hombre ni como simple
ser vivo siquiera. Yo no sufro este dolor como católico,
como mahometano ni como ateo. Hoy sufro solamente.
Si no me llamase César Vallejo, también sufriría este
mismo dolor. Si no fuese artista, también lo sufriría. Si
no fuese hombre ni ser vivo siquiera, también lo sufriría.

Si no fuese católico, ateo ni mahometano, también lo sufriría. Hoy sufro desde más abajo. Hoy sufro solamente.

Me duelo ahora sin explicaciones. Mi dolor es tan hondo, que no tuvo ya causa ni carece de causa. ¿Qué sería su causa? ¿Dónde está aquello tan importante, que dejase de ser su causa? Nada es su causa; nada ha podido dejar de ser su causa. ¿A qué ha nacido este dolor, por sí mismo? Mi dolor es del viento del norte y del viento del sur, como esos huevos neutros que algunas aves raras ponen del viento. Si hubiera muerto mi novia, mi dolor sería igual. Si me hubieran cortado el cuello de raíz, mi dolor sería igual. Si la vida fuese, en fin, de otro modo, mi dolor sería igual. Hoy sufro desde más arriba. Hoy sufro solamente.

Miro el dolor del hambriento y veo que su hambre anda tan lejos de mi sufrimiento, que de quedarme ayuno hasta morir, saldría siempre de mi tumba una brizna de yerba al menos. Lo mismo el enamorado. ¡Qué sangre la suya más engendrada, para la mía sin fuente ni consumo!

Yo creía hasta ahora que todas las cosas del universo eran, inevitablemente, padres o hijos. Pero he aquí que mi dolor de hoy no es padre ni es hijo. Le falta espalda para anochecer, tanto como le sobra pecho para amanecer y si lo pusiesen en la estancia oscura, no daría luz y si lo pusiesen en una estancia luminosa, no echaría sombra. Hoy sufro suceda lo que suceda. Hoy sufro solamente.

(De *Poemas en prosa*)

HALLAZGO DE LA VIDA

¡Señores! Hoy es la primera vez que me doy cuenta de la presencia de la vida. ¡Señores! Ruego a ustedes dejarme libre un momento, para saborear esta emoción formidable, espontánea y reciente de la vida, que hoy, por la primera vez, me extasía y me hace dichoso hasta las lágrimas.

Mi gozo viene de lo inédito de mi emoción. Mi exultación viene de que antes no sentí la presencia de la vida. No la he sentido nunca. Miente quien diga que la he sentido. Miente y su mentira me hiere a tal punto que me haría desgraciado. Mi gozo viene de mi fe en este hallazgo personal de la vida, y nadie puede ir contra esta fe. Al que fuera, se le caería la lengua, se le caerían los huesos y correría el peligro de recoger otros, ajenos, para mantenerse de pie ante mis ojos.

Nunca, sino ahora, ha habido vida. Nunca, sino ahora, han pasado gentes. Nunca, sino ahora, ha habido casas y avenidas, aire y horizonte. Si viniese ahora mi amigo Peyriet, le diría que yo no le conozco y que debemos empezar de nuevo. ¿Cuándo, en efecto, le he conocido a mi amigo Peyriet? Hoy sería la primera vez que nos conocemos. Le diría que se vaya y regrese y entre a verme, como si no me conociera, es decir, por la primera vez.

Ahora yo no conozco a nadie ni nada. Me adviento en un país extraño, en el que todo cobra relieve de nacimiento, luz de epifanía inmarcesible. No, señor. No hable usted a ese caballero. Usted no lo conoce y le sorprendería tan inopinada parla. No ponga usted el pie sobre esa piedrecilla: quién sabe no es piedra y vaya usted a dar en el vacío. Sea usted precavido, puesto que estamos en un mundo absolutamente inconocido.

¡Cuán poco tiempo he vivido! Mi nacimiento es tan reciente, que no hay unidad de medida para contar mi edad. ¡Si acabo de nacer! ¡Si aún no he vivido todavía! Señores: soy tan pequeñito, que el día apenas cabe en mí.

Nunca, sino ahora, oí el estruendo de los carros, que cargan piedras para una gran construcción del *boulevard* Haussmann. Nunca, sino ahora, avancé paralelamente a la primavera, diciéndola: «Si la muerte hubiera sido otra...» Nunca, sino ahora, vi la luz áurea del sol sobre las cúpulas del Sacré-Cœur. Nunca, sino ahora, se me acercó un niño y me miró hondamente con su boca. Nunca, sino ahora, supe que existía una puerta, otra puerta y el canto cordial de las distancias.

¡Dejadme! La vida me ha dado ahora en toda mi muerte.

HOY ME GUSTA LA VIDA MUCHO MENOS...

Hoy me gusta la vida mucho menos,
pero siempre me gusta vivir: ya lo decía.
Casi toqué la parte de mi todo y me contuve
con un tiro en la lengua detrás de mi palabra.

Hoy me palpo el mentón en retirada
y en estos momentáneos pantalones yo me digo:
¡Tánta vida y jamás!
¡Tántos años y siempre mis semanas!...
Mis padres enterrados con su piedra
y su triste estirón que no ha acabado;
de cuerpo entero hermanos, mis hermanos,
y, en fin, mi ser parado y en chaleco.

Me gusta la vida enormemente
pero, desde luego,
con mi muerte querida y mi café
y viendo los castaños frondosos de París
y diciendo:
Es un ojo éste, aquél; una frente ésta, aquélla... Y repi-
[tiendo:
¡Tánta vida y jamás me falla la tonada!
¡Tántos años y siempre, siempre, siempre!

Dije chaleco, dije
todo, parte, ansia, dije casi, por no llorar.
Que es verdad que sufrí en aquel hospital que queda al
[lado
y está bien y está mal haber mirado
de abajo para arriba mi organismo.

Me gustará vivir siempre, así fuese de barriga,
porque, como iba diciendo y lo repito,
¡tánta vida y jamás! ¡Y tántos años,
y siempre, mucho siempre, siempre, siempre!

(De *Poemas humanos*)

ME VIENE, HAY DIAS, UNA GANA UBERRIMA...

Me viene, hay días, una gana ubérrima, política,
de querer, de besar al cariño en sus dos rostros,
y me viene de lejos un querer
demostrativo, otro querer amar, de grado o fuerza,
al que me odia, al que rasga su papel, al muchachito,
a la que llora por el que lloraba,
al rey del vino, al esclavo del agua,
al que ocultóse en su ira,

al que suda, al que pasa, al que sacude su persona en
                                                    [mi alma.
Y quiero, por lo tanto, acomodarle
al que me habla, su trenza; sus cabellos, al soldado;
su luz, al grande; su grandeza, al chico.
Quiero planchar directamente
un pañuelo al que no puede llorar
y, cuando estoy triste o me duele la dicha,
remendar a los niños y a los genios.

Quiero ayudar al bueno a ser su poquillo de malo
y me urge estar sentado
a la diestra del zurdo, y responder al mudo,
tratando de serle útil en
lo que puedo, y también quiero muchísimo
lavarle al cojo el pie,
y ayudarle a dormir al tuerto próximo.

¡Ah querer, éste, el mío, éste, el mundial,
interhumano y parroquial, provecto!
Me viene a pelo,
desde el cimiento, desde la ingle pública,
y, viniendo de lejos, da ganas de besarle
la bufanda al cantor,
y al que sufre, besarle en su sartén,
al sordo, en su rumor craneano, impávido;
al que me da lo que olvidé en mi seno,
en su Dante, en su Chaplin, en sus hombros.

Quiero, para terminar,
cuando estoy al borde célebre de la violencia
o lleno de pecho el corazón, querría
ayudar a reír al que sonríe,
ponerle un pajarillo al malvado en plena nuca,
cuidar a los enfermos enfadándolos,
comprarle al vendedor,
ayudar a matar al matador —cosa terrible—
y quisiera yo ser bueno conmigo
en todo.

CONSIDERANDO EN FRIO, IMPARCIALMENTE...

Considerando en frío, imparcialmente,
que el hombre es triste, tose y, sin embargo,
se complace en su pecho colorado;
que lo único que hace es componerse
de días;
que es lóbrego mamífero y se peina...

Considerando
que el hombre procede suavemente del trabajo
y repercute jefe, suena subordinado;
que el diagrama del tiempo
es constante diorama en sus medallas
y, a medio abrir, sus ojos estudiaron,
desde lejanos tiempos,
su fórmula famélica de masa...

Comprendiendo sin esfuerzo
que el hombre se queda, a veces, pensando,
como queriendo llorar,
y, sujeto a tenderse como objeto,
se hace buen carpintero, suda, mata
y luego canta, almuerza, se abotona...

Examinando, en fin,
sus encontradas piezas, su retrete
su desesperación, al terminar su día atroz, borrándolo...

Considerando también
que el hombre es en verdad un animal
y, no obstante, al voltear, me da con su tristeza en la
                                              [cabeza...
Comprendiendo
que él sabe que le quiero,

que le odio con afecto y me es, en suma, indiferente...

Considerando sus documentos generales
y mirando con lentes aquel certificado
que prueba que nació muy pequeñito...

le hago una seña,
viene,
y le doy un abrazo, emocionado.
¡Qué mas da! Emocionado... Emocionado...

PIEDRA NEGRA SOBRE UNA PIEDRA BLANCA

Me moriré en París con aguacero,
un día del cual tengo ya el recuerdo.
Me moriré en París —y no me corro—
tal vez un jueves, como es hoy, de otoño.

Jueves será porque hoy, jueves, que proso
estos versos, los húmeros me he puesto
a la mala y, jamás como hoy, me he vuelto,
con todo mi camino, a verme solo.

César Vallejo ha muerto, le pegaban
todos sin que él les haga nada;
le daban duro con un palo y duro

también con una soga; son testigos
los días jueves y los huesos húmeros,
la soledad, la lluvia, los caminos...

TRASPIE ENTRE DOS ESTRELLAS

Hay gentes tan desgraciadas, que ni siquiera
tienen cuerpo; cuantitativo el pelo,
baja, en pulgadas, la genial pesadumbre;
el modo, arriba;.
no me busques, la muela del olvido,
parecen salir del aire, sumar suspiros mentalmente, oír
claros azotes en sus paladares!

Vanse de su piel, rascándose el sarcófago en que nacen
y suben por su muerte de hora en hora
y caen, a lo largo de su alfabeto gélido, hasta el suelo.
¡Ay de tánto!, ¡ay de tan poco!, ¡ay de ellas!
¡Ay en mi cuarto, oyéndolas con lentes!
¡Ay en mi tórax, cuando compran trajes!
¡Ay de mi mugre blanca, en su hez mancomunada!

¡Amadas sean las orejas sánchez,
amadas las personas que se sientan,
amado el desconocido y su señora,
el prójimo con mangas, cuello y ojos!

¡Amado sea aquel que tiene chinches,
el que lleva zapato roto bajo la lluvia,
el que vela el cadáver de un pan con dos cerillas,
el que se coge un dedo en una puerta,
el que no tiene cumpleaños,
el que perdió su sombra en un incendio,
el animal, el que parece un loro,
el que parece un hombre, el pobre rico,
el puro miserable, el pobre pobre!

¡Amado sea
el que tiene hambre o sed, pero no tiene

hambre con que saciar toda su sed,
ni sed con que saciar todas sus hambres!

¡Amado sea el que trabaja al día, al mes, a la hora,
el que suda de pena o de vergüenza,
aquel que va, por orden de sus manos, al cinema,
el que paga con lo que le falta,
el que duerme de espaldas,
el que ya no recuerda su niñez; amado sea
el calvo sin sombrero,
el justo sin espinas,
el ladrón sin rosas,
el que llevó reloj y ha visto a Dios,
el que tiene un honor y no fallece!

¡Amado sea el niño, que cae y aún llora
y el hombre que ha caído y ya no llora!

¡Ay de tánto! ¡Ay de tan poco! ¡Ay de ellos!

UN HOMBRE PASA CON UN PAN AL HOMBRO...

Un hombre pasa con un pan al hombro
¿Voy a escribir, después, sobre mi doble?

Otro se sienta, ráscase, extrae un piojo de su axila, má-
[talo
¿Con qué valor hablar del psicoanálisis?

Otro ha entrado a mi pecho con un palo en la mano
¿Hablar luego de Sócrates al médico?

Un cojo pasa dando el brazo a un niño
¿Voy, después, a leer a André Bretón?

Otro tiembla de frío, tose, escupe sangre
¿Cabrá aludir jamás al Yo profundo?

Otro busca en el fango huesos, cáscaras
¿Cómo escribir, después, del infinito?

Un albañil cae de un techo, muere y ya no almuerza
¿Innovar, luego, el tropo y la metáfora?

Un comerciante roba un gramo en el peso a un cliente
¿Hablar, después, de cuarta dimensión?

Un banquero falsea su balance
¿Con qué cara llorar en el teatro?

Un paria duerme con el pie a la espalda
¿Hablar, después, a nadie de Picasso?

Alguien va en un entierro sollozando
¿Cómo luego ingresar a la Academia?

Alguien limpia un fusil en su cocina
¿Con qué valor hablar del más allá?

Alguien pasa contando con sus dedos
¿Cómo hablar del no-yó sin dar un grito?

ELLO ES QUE EL LUGAR DONDE ME PONGO...

Ello es que el lugar donde me pongo
el pantalón, es una casa donde
me quito la camisa en alta voz
y donde tengo un suelo, un alma, un mapa de mi España.
Ahora mismo hablaba
de mí conmigo, y ponía
sobre un pequeño libro un pan tremendo
y he, luego, hecho el traslado, he trasladado,
queriendo canturrear un poco, el lado

derecho de la vida al lado izquierdo;
más tarde, me he lavado todo, el vientre,
briosa, dignamente;
he dado vuelta a ver lo que se ensucia,
he raspado lo que me lleva tan cerca
y he ordenado bien el mapa que
cabeceaba o lloraba, no lo sé.

Mi casa, por desgracia, es una casa,
un suelo por ventura, donde vive
con su inscripción mi cucharita amada,
mi querido esqueleto ya sin letras,
la navaja, un cigarro permanente.
De veras, cuando pienso
en lo que es la vida,
no puedo evitar de decírselo a Georgette,
a fin de comer algo agradable y salir,
por la tarde, comprar un buen periódico,
guardar un día para cuando no haya,
una noche también, para cuando haya
(así se dice en el Perú —me excuso—);
del mismo modo, sufro con gran cuidado,
a fin de no gritar o de llorar, ya que los ojos
poseen, independientemente de uno, sus pobrezas,
quiero decir, su oficio, algo
que resbala del alma y cae al alma.

Habiendo atravesado
quince años; después, quince, y, antes, quince,
uno se siente, en realidad, tontillo,
es natural, por lo demás ¡qué hacer!
¿Y qué dejar de hacer, que es lo peor?
Sino vivir, sino llegar
a ser lo que es uno entre millones
de panes, entre miles de vinos, entre cientos de bocas,
entre el sol y su rayo que es de luna
y entre la misa, el pan, el vino y mi alma.

Hoy es domingo y, por eso,

me viene a la cabeza la idea, al pecho el llanto
y a la garganta, así como un gran bulto.
Hoy es domingo, y esto
tiene muchos siglos; de otra manera,
sería, quizá, lunes, y vendríame al corazón la idea,
al seso, el llanto
y a la garganta, una gana espantosa de ahogar
lo que ahora siento,
como un hombre que soy y que he sufrido.

SOLIA ESCRIBIR CON SU DEDO GRANDE...

Solía escribir con su dedo grande en el aire:
«¡Viban los compañeros! Pedro Rojas»,
de Miranda de Ebro, padre y hombre,
marido y hombre, ferroviario y hombre,
padre y más hombre. Pedro y sus dos muertes.

Papel de viento, lo han matado: ¡pasa!
Pluma de carne, lo han matado: ¡pasa!
¡Abisa a todos compañeros pronto!

Palo en el que han colgado su madero,
lo han matado;
¡lo han matado al pie de su dedo grande!
¡Han matado, a la vez, a Pedro, a Rojas!

¡Viban los compañeros
a la cabecera de su aire escrito!
¡Viban con esta *b* del buitre en las entrañas
de Pedro
y de Rojas, del héroe y del mártir!

Registrándole, muerto, sorprendiéronle
en su cuerpo un gran cuerpo, para

el alma del mundo,
y en la chaqueta una cuchara muerta.

Pedro también solía comer
entre las criaturas de su carne, asear, pintar
la mesa y vivir dulcemente
en representación de todo el mundo.
Y esta cuchara anduvo en su chaqueta,
despierto o bien cuando dormía, siempre,
cuchara muerta viva, ella y sus símbolos.
¡Abisa a todos compañeros pronto!
¡Viban los compañeros al pie de esta cuchara para siem-
                                        [pre!
Lo han matado, obligándole a morir
a Pedro, a Rojas, al obrero, al hombre, a aquel
que nació muy niñín, mirando al cielo,
y que luego creció, se puso rojo
y luchó con sus células, sus nos, sus todavías, sus ham-
                                [bres, sus pedazos.
Lo han matado suavemente
entre el cabello de su mujer, la Juana Vázquez,
a la hora del fuego, al año del balazo
y cuando andaba cerca ya de todo.

Pedro Rojas, así, después de muerto,
se levantó, besó su catafalco ensangrentado,
lloró por España
y volvió a escribir con el dedo en el aire:
«¡Viban los compañeros! Pedro Rojas».

Su cadáver estaba lleno de mundo.

                        (De *España, aparta de mí este cáliz*)

IMAGEN ESPAÑOLA DE LA MUERTE

¡Ahí pasa! ¡Llamadla! ¡Es su costado!
¡Ahí pasa la muerte por Irún!:
sus pasos de acordeón, su palabrota,
su metro del tejido que te dije,
su gramo de aquel peso que he callado ¡si son ellos!

¡Llamadla! ¡Daos prisa! Va buscándome en los rifles,
como que sabe bien dónde la venzo,
cuál es mi maña grande, mis leyes especiosas, mis códi-
[gos terribles.
¡Llamadla! Ella camina exactamente como un hombre,
[entre las fieras,
se apoya de aquel brazo que se enlaza a nuestros pies
cuando dormimos en los parapetos
y se para a las puertas elásticas del sueño.

¡Gritó! ¡Gritó! ¡Gritó su grito nato, sensorial!
Gritará de vergüenza, de ver cómo ha caído entre las
[plantas,
de ver cómo se aleja de las bestias,
de oír cómo decimos: ¡Es la muerte!
¡De herir nuestros más grandes intereses!

(Porque elabora su hígado la gota que te dije, camarada;
porque se come el alma del vecino.)

¡Llamadla! Hay que seguirla
hasta el pie de los tanques enemigos,
que la muerte es un ser sido a la fuerza,
cuyo principio y fin llevo grabados
a la cabeza de mis ilusiones,
por mucho que ella corra el peligro corriente
que tú sabes

y que haga como que hace que me ignora.

¡Llamadla! No es un ser, muerte violenta,
sino, apenas, lacónico suceso;
más bien su modo tira, cuando ataca,
tira a tumulto simple, sin órbitas ni cánticos de dicha;
más bien tira su tiempo audaz, a céntimo impreciso
y sus sordos quilates, a déspotas aplausos.
Llamadla, que en llamándola con saña, con figuras,
se la ayuda a arrastrar sus tres rodillas,
como, a veces,
a veces duelen, punzan fracciones enigmáticas, globales,
como, a veces, me palpo y no me siento.

¡Llamadla! ¡Daos prisa! Va buscándome,
con su cognac, su pómulo moral,
sus pasos de acordeón, su palabrota.
¡Llamadla! No hay que perderle el hilo en que la lloro.
De su olor para arriba, ¡ay de mi polvo, camarada!
De su pus para arriba, ¡ay de mi férula, teniente!
De su imán para abajo, ¡ay de mi tumba!

MASA

Al fin de la batalla,
y muerto el combatiente, vino hacia él un hombre
y le dijo: «No mueras, te amo tanto!»
Pero el cadáver ¡ay! siguió muriendo.

Se le acercaron dos y repitiéronle:
«No nos dejes! ¡Valor! ¡Vuelve a la vida!»
Pero el cadáver ¡ay! siguió muriendo.

Acudieron a él veinte, cien, mil, quinientos mil,
clamando: «Tanto amor y no poder nada contra la muer-
[te!»

Pero el cadáver ¡ay! siguió muriendo.

Le rodearon millones de individuos,
con un ruego común: «¡Quédate hermano!»
Pero el cadáver ¡ay! siguió muriendo.

Entonces, todos los hombres de la tierra
le rodearon; les vio el cadáver triste, emocionado;
incorporóse lentamente.
abrazó al primer hombre; echóse a andar...

Vicente Huidobro

(Chile, 1893-1948). Es sin dudas, en términos cro-
nológicos, el primer gran poeta contemporáneo de la
América hispana. Su teoría poética, el creacionismo, ofre-
ce el cuerpo de doctrinas estéticas más orgánico y cohe-
rente entre las llamadas escuelas de vanguardia en len-
gua española, a las cuales precedió con no estrecho mar-
gen, ya que comenzó a formularla, en Santiago de Chile
y Buenos Aires, hacia 1914. Todo ello antes de su pri-
mer viaje a Francia (en cuya actividad literaria más
avanzada también colaboró activamente, durante los años
de la primera guerra mundial, escribiendo aun poesía
en lengua francesa) y antes de su estancia en Madrid,
en 1918, donde entró en contacto fecundo con los jóve-
nes que muy pronto integrarían el ultraísmo español.
Definió y defendió batallosamente su ideario: «Nada
anecdótico ni descriptivo. La emoción debe nacer de la
sola virtud creadora.» «Hacer un poema como la Natu-
raleza hace un árbol.» «Hay que crear. He aquí el signo
de nuestro tiempo.» «La cosa creada contra la cosa can-
tada», etc. No quiso ser confundido con los superrealis-
tas, quienes, a su juicio, habían rebajado la poesía «a la
banalidad de un truco de espiritismo», pero es innega-
ble que la libertad de las asociaciones imaginativas que
el superrealismo favorecía no está ausente de su obra
de madurez. El énfasis puesto en la doctrina no le im-
pidió expresar, en medio del lúdico ejercicio imaginísti-
co, toda una desolada visión del mundo, centrada en la
soledad, la incomunicación y el vacío. En suma, el dra-
ma del hombre moderno, de ese «animal metafísico car-
gado de congojas» que es Altazor, su otro yo poético

y *humano, quien habiéndolo negado todo para no po-
der reemplazarlo con nada, tiene que precipitarse verti-
ginosamente en una caída que culmina en el absurdo y
la incoherencia. Cultivó también la prosa; y dejó, entre
otras, dos novelas interesantes:* Mío Cid Campeador *y*
Sátiro o el poder de las palabras. *Por su interés teórico
y poético, Huidobro ha sido objeto de aproximaciones
diversas e inteligentes, al margen de las injustas nega-
ciones y de las consecuentes apologías ardorosas. Entre
las de mayor extensión se cuentan dos libros: el de Ce-
domil Goic,* La poesía de Vicente Huidobro *(Santiago
de Chile, 1950), y el de David Bary,* Huidobro o la
vocación poética *(Granada, 1963), además de los escla-
recedores prólogos a algunas antologías y ediciones de
sus obras.*

OBRA POÉTICA:

Ecos del alma, *1911.* Canciones en la noche, *1913.* La
gruta del silencio, *1913.* Las pagodas ocultas, *1914.*
Adán, *1916.* El espejo de agua, *1916.* Horizon carré,
1917. Tour Eiffel, *1918.* Hallali, poéme de guerre, *1918.*
Ecuatorial, *1918.* Poemas árticos, *1918.* Saisons choisies,
1921. Automne régulier, *1925.* Tout à coup, *1925.* Al-
tazor, o el viaje en paracaídas, *1931.* Ver y palpar, *1939.*
El ciudadano del olvido, *1941.* Antología *(prólogo, se-
lección, traducción y notas de Eduardo Anguita), 1945.*
Ultimos poemas *(ed. póstuma), 1948.* Poesía y prosa:
Antología *(prólogo de Antonio de Undurraga), 1957.*
Obras completas, *vol. I:* Poesía *(prólogo de Braulio Are-
nas), 1964.*

ARTE POETICA

Que el verso sea como una llave
Que abra mil puertas.
Una hoja cae; algo pasa volando;

Cuanto miren los ojos creado sea,
Y el alma del oyente quede temblando.

Inventa mundos nuevos y cuida tu palabra;
El adjetivo, cuando no da vida, mata.

Estamos en el ciclo de los nervios.
El músculo cuelga,
Como recuerdo, en los museos;
Mas no por eso tenemos menos fuerza:
El vigor verdadero
Reside en la cabeza.

Por qué cantáis la rosa, ¡oh Poetas!
Hacedla florecer en el poema;

Sólo para nosotros
Viven todas las cosas bajo el Sol.

El poeta es un pequeño Dios.

(De *El espejo de agua*)

EL ESPEJO DE AGUA

Mi espejo, corriente por las noches,
Se hace arroyo y se aleja de mi cuarto.

Mi espejo, más profundo que el orbe
Donde todos los cisnes se ahogaron.

Es un estanque verde en la muralla
Y en medio duerme tu desnudez anclada.

Sobre sus olas, bajo cielos sonámbulos,
Mis ensueños se alejan como barcos.

De pie en la popa siempre me veréis cantando.
Una rosa secreta se hincha en mi pecho
Y un ruiseñor ebrio aletea en mi dedo.

NOCHE

Sobre la nieve se oye resbalar la noche

La canción caía de los árboles
Y tras la niebla daban voces

De una mirada encendí mi cigarro

Cada vez que abro los labios
Inundo de nubes el vacío

                   En el puerto
Los mástiles están llenos de nidos

Y el viento
          gime entre las alas de los pájaros

LAS OLAS MECEN EL NAVIO MUERTO

Yo en la orilla silbando
          Miro la estrella que humea entre mis dedos

(De *Poemas árticos*)

MARINO

Aquel pájaro que vuela por primera vez
Se aleja del nido mirando hacia atrás

Con el dedo en los labios
                              os he llamado

Yo inventé juegos de agua
En la cima de los árboles

Te hice la más bella de las mujeres
Tan bella que enrojecías en las tardes

                    La luna se aleja de nosotros
                      Y arroja una corona sobre el polo

Hice correr ríos
                    que nunca han existido

De un grito elevé una montaña
Y en torno bailamos una nueva danza

                         Corté todas las rosas
                         De las nubes del este

Y enseñé a cantar un pájaro de nieve

Marchemos sobre los meses desatados

Soy el viejo marino
                      que cose los horizontes cortados

DEPART

La barca se alejaba
Sobre las olas cóncavas

De qué garganta sin plumas
                                    brotaban las canciones

Una nube de humo y un pañuelo
Se batían al viento

Las flores del solsticio
Florecen al vacío

Y en vano hemos llorado
                                    sin poder recogerlas

El último verso nunca será cantado

Levantando un niño al viento
Una mujer decía adiós desde la playa

TODAS LAS GOLONDRINAS SE ROMPIERON
                                    [LAS ALAS

ALTAZOR

(Fragmentos)

Altazor, ¿por qué perdiste tu primera serenidad?
¿Qué ángel malo se paró en la puerta de tu sonrisa
Con la espada en la mano?

¿Quién sembró la angustia en las llanuras de tus ojos
                    [como el adorno de un dios?
¿Por qué un día de repente sentiste el terror de ser?
Y esa voz que te gritó vives y no te ves vivir
¿Quién hizo converger tus pensamientos al cruce de
                    [todos los vientos del dolor?

Se rompió el diamante de tus sueños en un mar de
                    [estupor
Estás perdido Altazor
Solo en medio del universo
Solo como una nota que florece en las alturas del vacío
No hay bien no hay mal ni verdad ni orden ni belleza

¿En dónde estás Altazor?

La nebulosa de la angustia pasa como un río
Y me arrastra según la ley de las atracciones
La nebulosa en olores solidificada huye su propia soledad
Siento un telescopio que me apunta como un revólver
La cola de un cometa me azota el rostro y pasa relleno
                    [de eternidad
Buscando infatigable un lago quieto en donde refrescar
                    [su tarea ineludible

Altazor morirás Se secará tu voz y serás invisible
La Tierra seguirá girando sobre su órbita precisa
Temerosa de un traspié como el equilibrista sobre el
                    [alambre que ata las miradas del pavor

En vano buscas ojo enloquecido
No hay puerta de salida y el viento desplaza los planetas
Piensas que no importa caer eternamente si se logra es-
                    [capar
¿No ves que vas cayendo ya?
Limpia tu cabeza de prejuicio y moral
Y si queriendo alzarte nada has alcanzado
Déjate caer sin parar tu caída sin miedo al fondo de la
                    [sombra

Sin miedo al enigma de ti mismo
Acaso encuentres una luz sin noche
Perdida en las grietas de los precipicios

Cae
   Cae eternamente
Cae al fondo del infinito
Cae al fondo del tiempo
Cae al fondo de ti mismo
Cae lo más bajo que se pueda caer
Cae sin vértigo
A través de todos los espacios y todas las edades
A través de todas las almas de todos los anhelos y to-
                        [dos los naufragios
Cae y quema al pasar los astros y los mares
Quema los ojos que te miran y los corazones que te
                        [aguardan
Quema el viento con tu voz
El viento que se enreda en tu voz
Y la noche que tiene frío en su gruta de huesos

Cae en infancia
Cae en vejez
Cae en lágrimas
Cae en risas
Cae en música sobre el universo
Cae de tu cabeza a tus pies
Cae de tus pies a tu cabeza
Cae del mar a la fuente
Cae al último abismo de silencio
Como el barco que se hunde apagando sus luces

Todo se acabó

* * *

Soy yo Altazor
Altazor
Encerrado en la jaula de su destino

En vano me aferro a los barrotes de la evasión posible
Una flor cierra el camino
Y se levanta como la estatua de las llamas
La evasión imposible
Más débil marcho con mis ansias
Que un ejército sin luz en medio de emboscadas

Abrí los ojos en el siglo
En que moría el cristianismo
Retorcido en su cruz agonizante
Ya va a dar el último suspiro
¿Y mañana qué pondremos en el sitio vacío?
Pondremos un alba o un crepúsculo
¿Y hay que poner algo acaso?

La corona de espinas
Chorreando sus últimas estrellas se marchita
Morirá el cristianismo que no ha resuelto ningún pro-
[blema
Que sólo ha enseñado plegarias muertas
Muere después de dos mil años de existencia
Un cañoneo enorme pone punto final a la era cristiana
El Cristo quiere morir acompañado de millones de almas
Hundirse con sus templos
Y atravesar la muerte con un cortejo inmenso
Mil aeroplanos saludan la nueva era
Ellos son los oráculos y las banderas

Hace seis meses solamente
Dejé la ecuatorial recién cortada
En la tumba guerrera del esclavo paciente
Corona de piedad sobre la estupidez humana
Soy yo que estoy hablando en este año de 1919
Es el invierno
Ya la Europa enterró todos sus muertos
Y un millar de lágrimas hacen una sola cruz de nieve
Mirad esas estepas que sacuden las manos
Millones de obreros han comprendido al fin
Y levantan al cielo sus banderas de aurora

Venid venid os esperamos porque sois la esperanza
La única esperanza
La última esperanza.

(Del *Canto I*)

* * *

Basta señora arpa de las bellas imágenes
De los furtivos comos iluminados
Otra cosa otra cosa buscamos
Sabemos posar un beso como una mirada
Plantar miradas como árboles
Enjaular árboles como pájaros
Regar pájaros como heliotropos
Tocar un heliotropo como una música
Vaciar una música como un saco
Degollar un saco como un pingüino
Cultivar pingüinos como viñedos
Ordeñar un viñedo como una vaca
Desarbolar vacas como veleros
Peinar un velero como un cometa
Desembarcar cometas como turistas
Embrujar turistas como serpientes
Cosechar serpientes como almendras
Desnudar una almendra como un atleta
Leñar atletas como cipreses
Iluminar cipreses como faroles
Anidar faroles como alondras
Exhalar alondras como suspiros
Bordar suspiros como sedas
Derramar sedas como ríos
Tremolar un río como una bandera
Desplumar una bandera como un gallo
Apagar un gallo como un incendio
Bogar en incendios como en mares
Segar mares como trigales
Repicar trigales como campanas
Desangrar campanas como corderos

Dibujar corderos como sonrisas
Embotellar sonrisas como licores
Engastar licores como alhajas
Electrizar alhajas como crepúsculos
Tripular crepúsculos como navíos
Descalzar un navío como un rey
Colgar reyes como auroras
Crucificar auroras como profetas
Etc. etc. etc.
Basta señor violín hundido en una ola ola
Cotidiana ola de religión miseria
De sueño en sueño posesión de pedrerías.

(Del *Canto III*)

* * *

No hay tiempo que perder
Ya viene la golondrina monotémpora
Trae un acento antípoda de lejanías que se acercan
Viene gondoleando la golondrina

Al horitaña de la montazonte
La violondrina y el goloncelo
Descolgada esta mañana de la lunala
Se acerca a todo galope
Ya viene la golondrina
Ya viene la golonfina
Ya viene la golontrina
Ya viene la goloncima
Viene la golonchina
Viene la golonclima
Ya viene la golonrima
Ya viene la golonrisa
La golonniña
La golongira
La golonlira
La golonbrisa
La golonchilla

Ya viene la golondía
Y la noche encoge sus uñas como el leopardo
Ya viene la golontrina
Que tiene un nido en cada uno de los dos calores
Como yo lo tengo en los cuatro horizontes
Viene la golonrisa
Y las olas se levantan en la punta de los pies
Viene la golonniña
Y siente un vahído la cabeza de la montaña
Viene la golongira
Y el viento se hace parábola de sílfides en orgía
Se llenan de notas los hilos telefónicos
Se duerme el ocaso con la cabeza escondida
Y el árbol con el pulso afiebrado

Pero el cielo prefiere el rodoñol
Su niño querido el rorreñol
Su flor de alegría el romiñol
Su piel de lágrima el rofañol
Su garganta nocturna el rosolñol
El rolañol
El rosiñol

* * *

No hay tiempo que perder
Los icebergs que flotan en los ojos de los muertos
Conocen su camino
Ciego sería el que llorara
Las tinieblas del féretro sin límites
Las esperanzas abolidas
Los tormentos cambiados en inscripción de cementerio
Aquí yace Carlota ojos marítimos
Se lo rompió un satélite
Aquí yace Matías en su corazón dos escualos se batían
Aquí yace Marcelo mar y cielo en el mismo violoncelo
Aquí yace Susana cansada de pelear contra el olvido
Aquí yace Teresa ésa es la tierra que araron sus ojos
                              [hoy ocupada por su cuerpo

Aquí yace Angélica anclada en el puerto de sus brazos
Aquí yace Rosario río de rosas hasta el infinito
Aquí yace Raimundo raíces del mundo son sus venas
Aquí yace Clarisa clara risa enclaustrada en la luz
Aquí yace Alejandro antro alejado ala adentro
Aquí yace Gabriela rotos los diques sube en las savias
                    hasta el sueño esperando la resurrección
Aquí yace Altazor azor fulminado por la altura
Aquí yace Vicente antipoeta y mago

(Del *Canto IV*)

LA RAIZ DE LA VOZ

Cada día me trae un vestido de sorpresas
Y un nuevo fuego a mi fuego interno
El alma tiene su oficio de pesadumbres
Que es como un agua de recuerdos
O de árboles que se mueven para parecerse al mar
Siento algo que sube de mis negras regiones
Y que pretende devolverme al cielo
Acaso dar mis ansias a la estrella que quiso apadrinarme
Hay una voz desterrada que persiste en mis sueños
Que viene atravesándome desde mis primeros días
Y que ha cruzado la larga cadena de mis ascendientes
Hay una luz de carne que persiste en mis noches
Que ata a ciertas almas con sus rayos
Hay una esperanza devoradora
Un presagio de cumbre tocada con las manos
Un presagio ascendiendo como una flor de sed
Más poderoso que el canto de las lejanías escuchado por
                                        [el prisionero
Hay algo que quiere hacer nacer mis modos no nacidos
Los trozos ignorados de mi ser silencioso
Tanto ha quedado en laberintos insaciables
O se han llevado los espejos mortales sin reparar en el
                                        [peligro de las sombras

Hay una noción de lágrimas y cálidas palabras
Que también han venido atravesando ríos
Y épocas como ciudades enterradas
Hay un trabajo de raíces sin sueño
Y al mismo tiempo una formación de distancias
Por la cual sangraremos a ciertas horas
Hay un latir de cosas que van a madurar tinieblas
Y buscan su palabra precisa para vivir entre nosotros
Buscan su olor distinto como lo busca cada flor
De todo esto será nuestro futuro
Y también hay un goce de campanas deshaciéndose de
                                            [sus grandes sonidos

¡Oh transparencia de la soledad!
¡Oh libertad de augurio suspendido!
¡Oh filtro de la íntima conciencia que llora su destino!
Has escuchado tanto tu propia voz
Agonizando suspendida de ciertas células

Sin voluntad de espanto...
Escucha ahora la voz del mundo
Mira la vida que ondula como un árbol llamando al sol
Cuando un hombre está tocando sus raíces
La tierra canta con los astros hermanos

                            (De *El ciudadano del olvido*)

León de Greiff

(Colombia, 1895-1976). De ascendencia nórdico-europea pero nacido en las soleadas tierras del trópico americano, León de Greiff trató de resolver armónicamente esta contradicción innata creándose un alter ego poético tras otro (León Stepansky, tal vez el más popular de ellos), a través de los cuales se manifestaban los ancestros del autor con todo su repertorio de mitos y escenografías exóticas. Pero hablaban, cálida y fervorosamente, un lenguaje riquísimo de formas verbales y líricas en que se descubría la vital exuberancia del temperamento hispano-barroco. El ensayista colombiano Jorge Zalamea resume así los vínculos de esa unión: «En las redes del idioma, la música, la ironía y el amor se forjó, entre el extranjero y los nativos, esa hermandad del espíritu, que es más fuerte aún que la de la sangre», aludiendo de paso a los elementos básicos del mundo interior y expresivo de este poeta. Hay que destacar su devoción a la música, a la cual llama «regocijo de los corazones, quintaesencia del sentir, lujuriosa síntesis del pensar». Y es que sus poemas, en conjunto, parecen grandes experimentos musicales (o mejor, sinfónicos) sobre los temas que le dictaba su temperamento apasionado, aspectos que le colocan en las antípodas del ideal de pureza o asepsia poética predominante en sus años de iniciación en la vida literaria. Ha cantado reiteradamente los nostálgicos y elegíacos motivos de su ensimismada intimidad («melifluo orate sin sol ni alegría», se proclamó a sí mismo) en textos donde el impulso rítmico y el torrente verbal salvan para el lector, o el oyente, las dificultades de un hermetismo aparentemente distancia-

dor. *Enemigo teórico del acartonado romanticismo tra-
dicional, fue en verdad un gran romántico, en el sentido
más lato del término, dentro ya de la poesía contem-
poránea, que él inicia en su país.*

Obra poética:

Tergiversaciones, 1925. *Libro de signos*, 1930. *Varia-
ciones alrededor de nada*, 1936. *Antología poética* (1914-
1937), 1942. *Fárrago*, 1955. *Obras completas* (prólogo
de Jorge Zalamea), 1960.

BALADA DEL MAR NO VISTO, RITMADA
EN VERSOS DIVERSOS

No he visto el mar.

Mis ojos
—vigías horadantes, fantásticas luciérnagas;
mis ojos avizores entre la noche; dueños
de la estrellada comba,
de los astrales mundos;
mis ojos errabundos
familiares del hórrido vértigo del abismo;
mis ojos acerados de viking, oteantes,
mis ojos vagabundos
no han visto el mar...

La cántiga ondulosa de su trémula curva
no ha mecido mis sueños,
ni oí de sus sirenas la erótica quejumbre,
ni aturdió mi retina con el rútilo azogue
que rueda por su dorso...
Sus resonantes trombas,
sus silencios, yo nunca pude oír...!
sus cóleras ciclópeas, sus quejas o sus himnos,
ni su mutismo impávido cuando argentos y oros

de los soles y lunas, como perennes lloros
diluyen sus riquezas por el glauco zafir...!

Ni aspiré su perfume!

Yo sé de los aromas
de amadas cabelleras...
Yo sé de los perfumes de los cuellos esbeltos
y frágiles y tibios,
de senos donde esconden sus hálitos las pomas
preferidas de Venus!
Yo aspiré las redomas
donde el Nirvana enciende los sándalos simbólicos,
las zábilas y mirras del mago Zoroastro...
Mas no aspiré las sales ni los íodos del mar!

Mis labios sitibundos
no en sus odres la sed
apagaron:
no en sus odres acerbos
mitigaron la sed...
Mis labios, locos, ebrios, ávidos, vagabundos,
labios cogitabundos
que amargaron los ayes y gestos iracundos
y que unos labios —vírgenes— captaron en tu red!

Hermano de las nubes
yo soy.
Hermano de las nubes,
de las errantes nubes, de las ilusas del espacio:
vagarosos navíos
que empujan acres soplos anónimos y fríos,
que impelen recios ímpetus voltarios y sombríos!
Viajero de las noches
yo soy.
Viajero de las noches embriagadoras; nauta
de sus golfos ilímites,
de sus golfos ilímites, delirantes, vacíos,
—vacíos de infinito..., vacíos... —Dócil nauta

yo soy,
y mis soñares derrotados navíos...
Derrotados navíos, rumbos ignotos, antros
de piratas... ¡el mar!...

Mis ojos vagabundos
—viajeros insaciados— conocen cielos, mundos,
conocen noches hondas, ingraves y serenas,
conocen noches trágicas,
ensueños deliciosos,
sueños inverecundos...
Saben de penas únicas,
de goces y de llantos,
de mitos y de ciencia,
del odio y la clemencia,
del dolor
y el amar...!

Mis ojos vagabundos,
mis ojos infecundos...:
no han visto el mar mis ojos,
no he visto el mar!

(De *Tergiversaciones*, 1925)

BALADA DEL TIEMPO PERDIDO

I

El tiempo he perdido
y he perdido el viaje...

Ni sé adónde he ido...
Mas sí vi un paisaje
sólo en ocres:
desteñido...

Lodo, barro, nieblas; brumas, nieblas, brumas
de turbio pelaje,
de negras plumas.
Y luces mediocres. Y luces mediocres.
Vi también erectos
pinos: señalaban un dombo confuso,
ominoso, abstruso,
y un horizonte gris de lindes circunspectos.
Vi aves
graves,
aves graves de lóbregas plumas
—antipáticas al hombre—,
silencios escuché, mudos, sin nombre,
que ambulaban ebrios por entre las brumas...
Lodo, barro, nieblas; brumas, nieblas, brumas.

No sé adónde he ido,
y he perdido el viaje
y el tiempo he perdido...

II

El tiempo he perdido
y he perdido el viaje...

Ni sé adónde he ido...
Mas supe de un crepúsculo de fuego
crepitador: voluminosos gualdas
y calcinadas lilas!
(otrora muelles como las tranquilas
disueltas esmeraldas).
Sentí, lascivo, aromas capitosos!
Bullentes crisopacios
brillaban lujuriosos
por sobre las bucólicas praderas!
Rojos vi y rubios, trémulos trigales
al beso de los vientos cariciosos!
Sangrantes de amapolas vi verde-azules eras!
Vi arbolados faunales:

versallescos palacios
fabulosos
para lances y juegos estivales!
Todo acorde con pitos y flautas,
cornamusas, fagotes pastoriles,
y el lánguido piano
chopiniano,
y voces incautas
y mezzo-viriles
de mezzo-soprano.

Ni sé adónde he ido...
y he perdido el viaje
y el tiempo he perdido...

III

Y el tiempo he perdido
y he perdido el viaje...

Ni sé adónde he ido...
por ver el paisaje
en ocres,
desteñido,
y por ver el crepúsculo de fuego!

Pudiendo haber mirado el escondido
jardín que hay en mis ámbitos mediocres!
o mirado sin ver: taimado juego,
buído ardid, sutil estratagema, del Sordo, el Frío, el Ciego.

(De *Libro de signos,* 1930)

MUSICA DE CAMARA Y AL AIRE LIBRE

Esquicio n.º 1 — En fa mayor
Fugueta

La vida en bruto,
tal como llega al instinto virgíneo
del aborigen
o de Benvenuto?

Del afelpado inebriante estuche
en que estático, extático yacía,
—fatal amatista,
señorial amatista,
montada en exquisita
joya—, saltó el espíritu al fosco
cañón riscoso,
¿en busca, acaso, de la vida en bruto
tal como llega al indomado instinto
del hombre primitivo,
como de Benvenuto?

¿Saltó el espíritu en busca
de la vida en bruto?

¿Excepcional orquídea
fabulosa —milagro
de invernadero—,
y petulante quinta-esencia
mirobolante, donde se acendra
el opio vivaz de los libros
por la alquimia del cerebro?
¿Saturado,
hasta el rincón más hondo, más recóndito de los huesos,
de inquietudes sin brida,

y la fantasía en excéntricos,
en parabólicos giros, y el corazón insaciado
como insatisfecho?
¿Y el espíritu encinta
de todos los pensamientos,
ávido de sensaciones
indefinidas, innúmeras, multivarias;
de todas las sedes sediento,
de todas las hambres famélico,
la boca al hurto de todos los besos;
galeote remero de todos los viajes,
crucificado
en el mástil de todos los ·deseos?
¿Saltó el espíritu al fosco
cañón riscoso,
saltó el espíritu en busca
de la vida en bruto,
la vida en bruto tal como llega al instinto virgíneo
del aborigen
o de Benvenuto?

La vida chaflanada,
tal como llega al instinto mutilado
del ciudadano
como de Benvenuto.
¿Del afelpado embriagador estuche
en que extático, estático yacía,
saltó el espíritu al plano
redil abderitano?
¿Saltó el espíritu al remanso
donde nada el ganso?
¿Saltó a la charca
como el verde gritón
—divo de la comarca—?
¿Saltó el espíritu al zoco,
al bazar, a la bolsa, a la trastienda,
al espíritu loco
de esa locura de leyenda?
—¡Nó que nó!

¿La vida chaflanada
tal como llega al instinto mutilado
del ciudadano
como de Benvenuto?
¿La vida en bruto
tal como llega al virginal instinto
del aborigen
o de Benvenuto?

—¡Nó que nó!
Señorial amatista,
fatal amatista,
el espíritu mío yo lo guardo en mi estuche
todavía
y por siempre!

RELATO DE SERGIO STEPANSKY

> Juego mi vida!
> Bien poco valía!
> La llevo perdida
> sin remedio!
> *Erik Fjordsson.*

Juego mi vida, cambio mi vida,
de todos modos
la llevo perdida...

Y la juego o la cambio por el más infantil espejismo,
la dono en usufructo, o la regalo...

La juego contra uno o contra todos,
la juego contra el cero o contra el infinito,
la juego en una alcoba, en el ágora, en un garito,
en una encrucijada, en una barricada, en un motín;
la juego definitivamente, desde el principio hasta el fin,

a todo lo ancho y a todo lo hondo
—en la periferia, en el medio,
y en el sub-fondo...—

Juego mi vida, cambio mi vida,
la llevo perdida
sin remedio.
Y la juego, o la cambio por el más infantil espejismo,
la dono en usufructo, o la regalo...:
o la trueco por una sonrisa y cuatro besos:
todo, todo me da lo mismo:
lo eximio y lo rüin, lo trivial, lo perfecto, lo malo...

Todo, todo me da lo mismo:
todo me cabe en el diminuto, hórrido abismo
donde se anudan serpentinos mis sesos.

Cambio mi vida por lámparas viejas
o por los dados con los que se jugó la túnica inconsútil:
—por lo más anodino, por lo más obvio, por lo más fútil:
por los colgajos que se guinda en las orejas
la simiesca mulata,
la terracota rubia;
la pálida morena, la amarilla oriental, o la hiperbórea
                                                    [rubia:
cambio mi vida por una anilla de hojalata
o por la espada de Sigmundo,
o por el mundo
que tenía en los dedos Carlomagno: —para echar a rodar
                                                    [la bola...

Cambio mi vida por la cándida aureola
del idiota o del santo;
la cambio por el collar
que le pintaron al gordo Capeto;
o por la ducha rígida que llovió en la nuca
a Carlos de Inglaterra;
la cambio por un romance, la cambio por un soneto;
por once gatos de Angora,

por una copla, por una saeta,
por un cantar;
por una baraja incompleta;
por una faca, por una pipa, por una sambuca...

o por esa muñeca que llora
como cualquier poeta.

Cambio mi vida —al fiado— por una fábrica de cre-
                                        [púsculos
(con arreboles);
por un gorila de Borneo;
por dos panteras de Sumatra;
por las perlas que se bebió la cetrina Cleopatra—
o por su naricilla que está en algún Museo;
cambio mi vida por lámparas viejas,
o por la escala de Jacob, o por su plato de lentejas...

¡o por dos huequecillos minúsculos
—en las sienes— por donde se me fugue, en grises po-
                                        [dres,
la hartura, todo el fastidio, todo el horror que almaceno
                                        [en mis odres...!

Juego mi vida, cambio mi vida.
De todos modos
la llevo perdida...

                    (De *Variaciones alrededor de nada,* 1936)

(Puerto Rico, 1896-1976). Realizó este poeta, en sus años juveniles, una estimable gestión por incorporar su país dentro de la estética general de vanguardia de la primera posguerra, que él había conocido y practicado durante su primera estancia en España. Pero visto en su conjunto, el pulcro mundo poético de Ribera Chevremont revela el encuentro de una naturaleza pródiga en luz y color, los de su isla nativa, con una inquebrantable devoción por las fuentes más puras del idioma y el verso castellanos, según él mismo ha expresado. Tal voluntad clásica de forma ha presidido, así, las sucesivas facetas de su obra y su misma concepción poética: «La poesía, que es, a mi juicio, la suprema verdad, ha de ser forma y espíritu..., y ambas han de quedar libres del instinto de la humanidad.» Hay, pues, siempre, en su trabajo creador, una actitud vigilante que no reseca intelectualmente, sino que realza en valores de pura poesía el mismo material temático de donde emerge su canto: la naturaleza y el paisaje; el impulso espiritualista o religioso, habitualmente de signo cósmico y místico; la preocupación por los enigmas o misterios trascendentes del hombre; y aun las más concretas vivencias personales (la niñez, el amor) y las inmediatas cuestiones de índole nacional o social (los difíciles problemas de su país, la herencia cultural española, las inquietudes o rebeldías sociales, etc.). Tal recuento basta para dar una sucinta idea del variado orbe poético de Ribera Chevremont, dentro del cual Federico de Onís ha destacado como capitales dos temas básicos: el de la infancia y el de la vocación de infinito. Conforme a su poética, en lo expresivo le han acompañado siempre un gusto por la

expresión clara, de luminosa belleza, y un cómodo ajus-
miento a formas y maneras clásicas, con preferencia el
soneto. Concha Meléndez ha estudiado su obra en el libro
La inquietud sosegada: Poética de Evaristo Ribera Che-
vremont *(San Juan de Puerto Rico, 1946); y ha vuelto*
a ella en el prólogo a la última colección lírica del poeta,
Río volcado *(1968).*

OBRA POÉTICA:

Desfile romántico, s. a. El templo de los alabastros,
1919. *La copa de Hebe,* 1922. *Los almendros del paseo de*
Covadonga, 1928. *La hora del orífice,* 1929. *Pajarera,*
1929. *Tierra y sombra,* 1930. *Color,* 1938. *Tonos y for-*
mas, 1940. *Anclas de oro,* 1945. *Barro,* 1945. *Tú, mar,*
y yo y ella, 1946. *Verbo,* 1947. *Creación,* 1951. *Antolo-*
gía poética (1924-1950) y *La llama pensativa* (sonetos
inéditos), 1950 (prólogo de Benjamín Arbeteta), 1954.
La llama pensativa. Los sonetos de Dios, del Amor y de
la Muerte, 1955. *Antología poética, 1924-1950* (introduc-
ción de Federico de Onís), 1957. *Inefable orilla,* 1961.
Memorial de arena, 1962. *Punto final,* 1963. *El semblan-*
te (prólogo de Concha Meléndez), 1964. *Principio de*
canto, 1965. *Nueva antología,* 1966. *Antología poética*
(1929-1965), 1967. *Río volcado,* 1968.

LA DECIMA CRIOLLA

La décima criolla —jalón del continente,
puntal de lo indohispano— de espíritu se llena.
De autoctonía vasta, de espíritu potente,
corre por nuestras zonas de planta, mar y arena.

Propio es su contenido, propio es su continente.
La décima es caliente, la décima es morena;
y uña de gato y diente de perro juntamente
brinda cuando, con rústicos instrumentos, resuena.

Al cuerpo, que es flexible, la gracia se le anuda.
Pica si se sazona, quema si se desnuda.
Pegando o requiriendo, la décima es de bríos.

Son ácidos y dulces los jugos de su entraña;
y en mi país, vestida de sol y miel, huraña
y amante, se da en sombra de tierras y bohíos.

                                                        (De *Color*)

LOS EUCALIPTOS

Veo los eucaliptos que ocupan la colina,
donde reduce el trópico su bárbara violencia.
Más que la luz, benéfico vapor los ilumina.
Son la agradable forma de la benevolencia.

Sus ramas se estremecen, nutridas por la esencia
que el aire en el espacio profundo disemina.
La tierra generosa, la tierra de excelencia,
sus prodigalidades perennes origina.

¡Y qué esplendor el suyo! Celestemente buenos,
los árboles de zumos y olores están llenos.
Pródigos eucaliptos en la diurna flama.

Recibo su abundancia de zumos y de olores,
y siéntome colmado de todos sus favores.
Bajo los eucaliptos la bondad me reclama.

LA FORMA

Alcánzase el estado de ventura
cuando se cumple la elevada forma,
la cual ha de lucir, en su factura,
tal como el pensamiento que la informa.

Por ímpetus y llamas interiores,
se vuelve cuajo milagroso el brío
de los extracomunes cuidadores
del verbo, de inmancable poderío.

Y es por el pulcro y esencial secreto
de la creación suprema, que el vocablo
es, en silva, en romance o en soneto,
como el Niño divino en el establo.

En los blancos pañales de la rima
se envuelve el nuevo y virginal poema;
y la expresión, que en ritmos se arracima,
es flor y astro, manantial y gema.

(De *Tonos y formas*)

EL NIÑO Y EL FAROL

1

Por el jardín, de flores
de sombra, viene el niño;
un farol muy lustroso
le relumbra en la mano.

Alumbrada, la cara
del niño resplandece.
En su pelo, los años
dulcemente sonríen.

El niño, que levanta
el farol en su mano,
va hurgando los rincones
del jardín, ya sin nadie.

Va en busca de la gracia
de alguna fantasía.
El jardín sigue al niño,
agitadas sus plantas.

2

El niño, a la luz densa
de su farol, descubre
unos troncos negruzcos,
unas blancas paredes.

En las manchas de verde
del jardín, serpentea
el camino dorado
de las viejas ficciones.

El camino que, en sabias
madureces de tiempo,
reaparece, cargado
de sus mágicas lenguas.

Ir por ese camino
es hallarse en la gloria
de un pretérito pródigo
de ilusivas substancias.

3

Bajándolo y subiéndolo,
por el jardín el niño
lleva el farol. Las flores
de sombra se desmayan.

Contra amontonamiento
de masas vegetales,
se ven danzar figuras
de imaginario mundo.

Un chorro de colores
cae al jardín. El niño,
potente en su misterio,
domina esta belleza.

Más allá de las tapias
del jardín, es la noche
un tejido monstruoso
de tinieblas y astros.

4

Nada duerme. Las cosas,
en un vasto desvelo,
quitándose la máscara,
inmensamente arden.

Con el pulso ligero
de un demonio, en las manos
prodigiosas del niño,
el farol bailotea.

El jardín, deshojado
en sus flores de sombra,
hace tierna en el polvo
la pisada del niño.

Errabundo y sonámbulo,
anda el niño. Arco iris
de leyendas y cuentos
le ilumina la frente.

5

Y ahora escucha en los árboles,
que llamean y esplenden,
un rumor conocido
de remotas palabras.

¿Quién le habla? ¿Qué genio,
arrancando raíces
y excitando ramajes,
le desnuda sus voces?

Tierra y madre le tocan,
con sus dedos untados
de ternura, la sangre,
la cual vibra y se inflama.

Otra vida lo mueve;
una vida que media
entre el musgo y el aire,
entre el aire y la nube.

6

Ni juguetes, ni juegos,
ni confites, ni pastas
valen más que este rumbo
de pintado alborozo.

El jardín, todo ojos,
se recrea en el niño,
que, borracho de fábulas,
su gobierno establece.

Agigántase el niño;
el farol agigántase,
y ambos cubren la noche,
de un azul que es de fuego.

Arropadas de estrellas,
se prolongan las calles,
donde vela el silencio
en su mística guarda.

7

En la noche, cruzada
de humedades y olores,
los insectos se agolpan
en su fiebre de música.

Mientras roncan los hombres
con un largo ronquido;
mientras ladran los perros,
vive el niño su noche.

En las manos del niño
el farol bailotea,
derramando un torrente
que es de soles y auroras.

Nunca, nunca la muerte
matará al niño. ¡Nunca!
Su farol milagroso
fulgirá ya por siempre.

LOS HOMBRES DE BLUSAS AZULES

Los hombres de blusas azules
—el barro vestido de cielo—

tienen una cita con lo inesperado.
Son los forjadores de un fuerte destino.

Los hombres de blusas azules
—los dobles reclusos de pena y trabajo—,
roídos de polvo, de sol, de tinieblas,
derraman sus ojos sedientos de islas
por islas de aire, por rutas orladas
de brazos abiertos y libres canciones.
Curvados, los hombres de blusas azules
recuerdan que aman, que hay voces en ellos.

Los hombres de blusas azules
—el barro vestido de cielo—
se rompen las manos picando la piedra.
Los hombres de blusas azules
—el barro vestido de cielo—
dejaron sus alas en charcos de sangre.

Yo los veo puros.
La mayor pureza nace de impurezas.
Cuando caen y sufren los que son pequeños,
se hacen grandes. Son grandes
en la sombra trágica del dolor del mundo.

Los hombres de blusas azules
—el barro vestido de cielo—
son chispas del fuego de la masa rota
de sudor y llanto;
montañas heridas
por filos de estrellas para la blancura
de albas.

Los hombres de blusas azules
—el barro vestido de cielo—
se beben el día para estar más claros
cuando se sumerjan en su vasta noche.

(De *Creación*)

LOS SONETOS DE DIOS

5

Dios me llega en la voz y en el acento.
Dios me llega en la rosa coronada
de luz y estremecida por el viento.
Dios me llega en corriente y marejada.

Dios me llega. Me llega en la mirada.
Dios me llega. Me envuelve con su aliento.
Dios me llega. Con mano desbordada
de mundos, El me imprime movimiento.

Yo soy, desde las cosas exteriores
hasta las interiores, haz de ardores,
de músicas, de impulsos y de aromas.

Y cuando irrumpe el canto que a El me mueve,
el canto alcanza, en su estructura leve,
la belleza de un vuelo de palomas.

7

Yo por el arco iris a Dios llego
y a lo corpóreo el canto no limito,
porque a Dios, en mi canto, yo me entrego,
y hallo en Dios el amor de lo infinito.

Por el mar de la luz, a luz, navego;
y en el mar de la luz, por luz, habito,
gozoso de sentir el sumo fuego
que en la palabra se transforma en grito.

Del arco iris, que es secreta vía,

procede la seráfica armonía.
El color y la luz hacen mi canto.

Mídame el mundo en mi cabal altura;
y vea que, en mi canto a la hermosura,
el solo amor de lo infinito canto.

(De *La llama pensativa*)

ESPUMA

De lo ligero de la madrugada;
de lo sutil en lo fugaz —neblina,
vapor o nube— queda en el mar fina,
fluyente y tremulante pincelada.

De lo que el mar en su extensión afina
—perla en matización, concha irisada—,
queda un halo brillante en la oleada.
Halo que en pulcra irradiación culmina.

Los pétalos del lirio da la tierra
al mar, y el mar los tiene. El mar encierra
gracias, y gracias a sus gracias suma.

Y va mostrando, cuando la aureola
de la belleza ciñe, en mar y ola,
el blancor indecible de la espuma.

(De *Inefable orilla*)

Ricardo E. Molinari

,(*Argentina, 1898*). *Autor de una obra abundante y de acendrado ahondamiento, tal vez sea Molinari uno de los mejores ejemplos en Hispanoamérica de un poeta genuinamente lírico, y, desde luego, el de más unánime reconocimiento en su país. Sus raíces se fijan tenazmente en la tradición clásica española, de la cual se declara consciente heredero, aunque a la vez es un profundo conocedor y asimilador de la poesía contemporánea en los más importantes idiomas foráneos. Ambas filiaciones son fácilmente discernibles dentro de su estilo, por otra parte tan personal y característico. Ello explica su diestro cultivo de las formas cultas y populares de aquella tradición, tanto como del ubérrimo verso libre de sus famosas odas. «Mi poesía es mi mundo: canto lo que no tengo, las cosas que me faltan». De aquí la honda base elegíaca de su registro espiritual: ausencia, soledad, orfandad, melancolía, tristeza, cansancio, hastío... Pero todos estos sentimientos obedecen a una preocupación más definitiva, de signo existencial y metafísico: la aguda conciencia de la transitoriedad del hombre y la irreparable angustia que provoca la imagen del ser recortado sobre la nada y la muerte. Por el lado contrario, los ojos del poeta suelen derramarse también sobre lo que sí ve, pero que tampoco posee: el vasto dominio de la naturaleza, desde los más concretos seres del paisaje argentino hasta los más inasibles y universales elementos: el aire, el viento, las aves. Así, su lirismo, de intenso temblor romántico, se proyecta en un solo acorde, esto es, en un mismo impulso de abertura y ensimismamiento, hacia fuera y hacia dentro, en un tono que tiene tanto de exaltación como de queja. No obstante, le domina siempre un inquebrantable amor a la belleza expresiva, que impide esa violenta fragmentación de la forma a que son proclives los poetas de modulación romántica cercanos al superrealismo. La oda y la elegía vienen, de ese modo, a fundirse entrañablemente y a dar la nota más acusada y distintiva de este poeta mayor de América. Las cuestiones más trascendentes de su poesía han sido tratadas por Julio Arístides en su libro* Ricardo E. Molinari o la agonía del ser en el tiempo *(Buenos Aires, 1966). El propio poeta ha hecho una rigurosa colección antológica de su obra en* Un día, el tiempo y las nubes *(1964), gracias a la cual tenemos hoy acceso a una importantísima labor creadora que andaba dispersa en multitud de* plaquettes *y pequeños volúmenes.*

OBRA POÉTICA:

El imaginero, 1927. El pez y la manzana, 1929. Panegírico de Nuestra Señora de Luján, 1930. Panegírico, 1930. Delta, 1932. Nunca, 1933. Cancionero de Príncipe de Vergara, 1933. Hostería de la rosa y el clavel, 1933. Una rosa para Stefan George, 1934. El desdichado, 1934. El tabernáculo, 1934. Epístola satisfactoria, 1935. La tierra y el héroe, 1936. Nada, 1937. La muerte en la llanura, 1937. Casida de la bailarina, 1937. Elegías de las altas torres, 1937. Cinco canciones antiguas de amigo, 1939. Elegía a Garcilaso, 1939. Cuaderno de la madrugada, 1939. La corona, 1939. Soledades del Poniente, 1939. Oda al amor, 1940. Oda a orillas de un viejo río, 1940. Seis cantares de la memoria, 1941. Mundos de la madrugada, 1943. El alejado, 1943. El huésped y la melancolía, 1946. Sonetos a una camelia cortada, 1949. Esta rosa oscura del aire, 1949. Sonetos portugueses, 1953. Inscripciones y sonetos, 1954. Días donde la tarde es un pájaro, 1954. Cinco canciones a una paloma que es el alma, 1955. Romances de las palmas y los laureles, 1955. Inscripciones, 1955. Elegía a la muerte de un poeta, 1955. Oda a la pampa, 1956. Oda portu-

guesa, 1956. *Unida noche*, 1957. *Poemas a un ramo de la tierra purpúrea*, 1959. *El cielo de las alondras y las gaviotas*, 1963. *Un día, el tiempo, las nubes*, 1964. *Una sombra antigua canta*, 1966.

POEMA DE LA NIÑA VELAZQUEÑA

Ah, si el pueblo fuera tan pequeño
que todas sus calles pasaran por mi puerta.

Yo deseo tener una ventana
que sea el centro del mundo,
y una pena
como la de la flor de la magnolia,
que si la tocan se obscurece.

Por qué no tendrá el pueblo una cintura
amurallada
hasta el día de su muerte,
o un río turbulento que lo rodee
para guardar a la niña velazqueña.

Ah, sus pasos son como los de la paloma,
remansados;
para la amistad yo siempre la pinto sin pareja;
en una de sus manos lleva un globo
de agua,
en el que se ve lo frágil del destino
y lo continuado del vivir.
Su voz
es tan suave, que en su atmósfera convalece
la pena desgraciada,
y como en las coplas:
de su cabellera
nace la noche
y de sus manos el alba.

En qué piedad o dulzura se irán aclimatando
las cosas que ella mira
o le son familiares,
como el incienso,
la goma de limón
y la tardanza
con que siempre la miro.

Por qué no tendrá el pueblo allá
en su fondo,
un acueducto,
para que el paisaje que ven sus ojos
esté húmedo,
y nunca se fatigue de mirarlo.

Yo sé que su bondad
tiene más horas que el día,
y que todos sus pensamientos van entre el alba
y el atardecer
conmoviéndola.
Los días que se van la agrandan.

Qué horizonte estará más cercano
de su corazón,
para encaminar todos mis pasos
hacia él,
aunque se quede descalza la esperanza.

Quién la rescatará de la castidad,
mientras yo sólo anhelo
que en su voz,
algún día, llegue a oírme...

(De *El imaginero*)

HOSTERIA DE LA ROSA Y EL CLAVEL

IV

¡Qué vano es el espacio lleno de nubes, sin una flor que
                                              [lo hiera,
sin un delfín que esté jugando en la soledad!

Tenías que vivir así; de otra manera, no hubieras soñado;
el viento no te habría visto al pie de una escalera
con un junco lleno de barro y agua perdida en las raíces.
(Si yo pudiera recogerme, iría allá donde una tijera
yace con un lazo rojo, en el suelo.
Donde la voz aún debe estar caliente, pegada
en la pared;
donde soltó su cabellera, desesperada,
como un páramo ante un viento húmedo. Allí, donde
                                              [tengo una
                    corona caída
a los pies.

Donde se encuentra la hierba sin crecer,
en ese sitio estará un día que yo viví.

El sur debe quedar más lejos que la herrumbre,
más allá de una cinta agrietada: en el 19 de abril de
                                              [1903.
Esta silla parada en medio de este cuarto,
a orillas del Nansa. Mañana cuando esto sea memoria,
                                              [hemisferio
                    celoso,
paraíso sin cólera;
cuando se haya hundido mi alegría, y mi destino, en su
                                              [prisión,
sienta el cielo como un papel de hielo
sobre las venas,

mi pensamiento volverá a un día, al mar,
a un traje morado,
mientras mis manos se entretengan sosteniendo una flor
[de yeso.

(De *Hostería de la rosa y el clavel*)

CANCIONERO DE PRINCIPE DE VERGARA

1

Dormir. ¡Todos duermen solos,
madre! Penas trae el día,
pero ¡ay! ninguna,
ninguna como la mía.

2

No tengo cielo prestado
ni ojos que vuelvan a mí
por un descanso de flores,
sin dormir.

3

Amigo, qué mal me sienta
el aire solo,
el aire solo, perdido,
de Extremadura. Aire solo.
Piedra muda.

4

Qué bien te pega la sombra
sobre el cabello. La sombra
obscura. Oh, el verde pino

que mira el cielo. El pino,
señora hermosa, en la orilla
del mar portugués. Orilla
de prado, de flor lejana.

5

Nunca más la he de ver.
Aguas llevará el río.
¡Aguas lleva el río Tajo!
Pero mi sed no la consuela el río.

6

Déjame dormir esta noche
sobre tu mano. Dormir,
si pudiera. La adelfa
crece de noche,
como la pena.

7

Envidia le tengo al viento
porque baila entre las hojas,
envidia de prisionero
que se ahoga.
Mándame un brazo de viento
con una siempreviva entre los dedos.

8

Mi dolor tiene los ojos
castigados. Si pudiera
hablarte. Sí, si pudiera
hablar contigo río alto,
paloma fría! Qué triste
anda el aire! Dime, triste
pensamiento, qué sueño
muere a tu lado, perdido.

¡Paloma fría, río alto!
Luna de piedra entre lirios.

(De *Cancionero de Príncipe de Vergara*)

ODA A LA SANGRE

Esta noche en que el corazón me hincha la boca dura-
                                              [mente,
sin pudor, sin nadie, quisiera ver mi sangre corriendo por
    la tierra:
golpeando su cuerpo de flor,
—de soledad perdida e inaguantable—
para quejarme angustiosamente
y poder llorar la huída de otros días,
el color áspero de mis viejas venas.
Si pudiera verla sin agonía
quemar el aire desventurado, impenetrable,
que mueve las tormentas secas de mi garganta
y aprieta mi piel dulce, incomparable;
no, ¡las mareas, las hierbas antiguas,
toda mi vida de eco desatendido!

Quisiera conocerla espléndida, saliendo para vivir fuera
    de mí,
igual que un río partido por el viento,
como por una voluntad que sólo el alma reconoce.
Dentro de mí nadie la esperó. Hacia qué tienda o calor
    ajeno saldrá alguna vez
a mirar deshabitada su memoria sin paraíso,
su luz interminable, suficiente.
Quisiera estar desnudo, solo, alegre,
para quitarme la sombra de la muerte
como una enorme y desdichada nube destruída.

Si un día no fuéramos tan extraños, defendidos,

que oyéramos gemir las hierbas igual que un sediento
                     [hábito peregrino,
limpios del humor sucio, corruptivo,
me cortaría las venas de amor
para que se escuchase su retumbar;
para vestir mi cuerpo solitario
de un larguísimo fuego delicioso.

Pero no ha de llegar nunca ese tiempo mágico,
como no llega la felicidad
donde no vive el olvido, una voz muerta,
apagada voluntariamente.
Ni mar ni cielo ni flor ni mujer: nada;
nadie la ha visto llevar su rosa vulnerable,
su desierto extraviado entre inútiles bocas.
¡Qué duro silencio la cubre!
Ya no sé dónde llega o la distrae la vida
o desea dejarla
desprendida.
Dónde se angosta su piel imposible,
su lento signo enigmático: llama de esencia sin despedida.

A través de la carne va llorando,
metida en su foso sin cielo,
en su noche despreciada,
con su lengua eterna, contenida.
Qué gran tristeza la vuelve a la vida sin cansancio;
al reposo, cerrada.

¡La muerte inmensa vela su sueño sin alborada!

Nadie sabe nada, nunca. Nada.
Todo es eso. ¡Ansiedad vuelta hacia dentro,
sorda, detestable; alejada!

Majestuosa en su mundo obscuro, volverá a su raíz
indefinida, penetrante, sola.

Tal vez un río, una boca inolvidable,
no la recuerden.

(De Un *día, el tiempo, las nubes*)

ODA

¡Quién viene por la tarde tañendo su laúd sobre las nu-
    bes, como dentro de su morada!
¡Quién lo tañe, que vuelve las hojas de los árboles!

He llenado mi corazón con las sombras de las palabras;
con el sueño de algunas voces.
Y suenan en mí, sin consuelo, desprendidas: tú, nadie,
    mañana, espacio, soledad, ternura, aire, vacío, ola,
y nunca. Con ellas entretengo mi ser, la angustia del
    cielo y la soledad durísima
de la sangre.
Lavo mi boca con sus ausencias y me llamo de día y
    de noche,
y las pongo sobre mi cabeza, descubiertas, para nombrar-
    las al olvido, delante y debajo del cenit
de las llanuras.
Sus dioses y cuerpos he asentado entre mis labios para
    siempre, enaltecidos;
delante de mí soportan el aire, ay, y la impenetrable
    altura de la muerte;
nadie las ve como no se ve el hálito que las muda y las
    gobierna duramente.
(Los ángeles andan por el espacio derramados; unos lle-
    van fasces de trigo, otros escogen amapolas rojas,
y los demás traen simientes a unos pájaros entre los
    desnudos árboles.

Nadie los ve; a mí me seca la garganta la luz que es-
    parcen sus antiguas vestiduras.

Los miro llevar la cabeza sin que les lastime el aire, y
   desaparecer rápidos, bañados de claridad, ante el fu-
   ror de la noche.

Ya estoy acostumbrado a verlos, dentro de mí, igual
   que en días cuyo humo se ha disipado
y cuyos reinos tendidos debajo de las cenizas
esperan sin desesperación las azucenas.)

Quisiera sacar de mí mismo la alegría; abrir los ojos,
   inmensamente, que me duelan,
y mirar, mirar el horizonte hasta detrás del vacío de la
   nostalgia, donde mi sombra,
como un árbol, cambia las hojas con el invierno.

¡Amor; tiempo perdido!

ODA A UNA LARGA TRISTEZA

Quisiera cantar una larga tristeza que no olvido,
una dura lengua. Cuántas veces.

En mi país el Otoño nace de una flor seca,
de algunos pájaros; a veces creo que de mi nuca abando-
                                                  [nada
o del vaho penetrante de ciertos ríos de la llanura
cansados de sol, de la gente que a sus orillas
goza una vida sin majestad.

Cuando se llega para vivir entre unos sacos de carbón
                              [y se siente que la piel
se enseñorea de hastío,
de repugnante soledad; que el ser es una isla sin un cla-
                                                  [vel,
se desea el Otoño, el viento que coge a las hojas
igual que a las almas; el viento

que inclina sin pesadez las embriagadas hierbas,
para envolverlas en el consuelo de la muerte.

No; no quisiera volver jamás a la tierra;
me duele toda la carne, y donde ha habido un beso se
[me pudre el aire.
En el Verano florido he visto un caballo azulado y un
[toro transparente
beber en el pecho de los ríos, inocentes, su sangre;
los árboles de las venas, llenos, perdidos en los laberin-
[tos tibios del cuerpo,
en la ansiosa carne oprimida. En el Verano...
Mis días bajaban por la sombra de mi cara
y me cubrían el vientre, la piel pura, rumorosa,
envueltos en la claridad
más dulce.
Como un demente, ensordecido, inagotable,
quebraba la rosa el junco, el agitado seno deslumbrante,
Sin velos, en el vacío descansa indiferente un día sin
[pensamiento,
sin hombre, con un anochecer que llega con una espada.

Un sucio resplandor me quema las flores del cielo,
las grandes llanuras majestuosas.
Quisiera cantar esta larga tristeza desterrada,
pero, ay, siento llegar el mar hasta mi boca.

(De *Odas a orillas de un viejo río*)

ODA AL VIENTO QUE MECE LAS HOJAS
EN EL SUR

Si pudiera olvidarme de que viví, de los hombres de
[otro tiempo,
del ácido de algunos tallos; de la voz, de mi lengua extra-
[viada entre las nubes,

¡de muchos seres que a veces no mueren con la madru-
[gada!

No saber nada. Estar vivo, y volver los abiertos ojos a
[mi país, a sus ciegas llanuras,
a sus ríos sucios, hundidos en la tierra,
donde mojé mi piel sola y la trenza escondida de mis
[antiguos cabellos.

Sí; si pudiera olvidarme para siempre y sin abandono,
hasta las duras e impenetrables penas, hasta un día ho-
[rrible entre otros muchos.
¡Sí, devuelto y terminado!

Pero tú, oh viento majestuoso, sabes de mí igual que
[de las pequeñas hojas salinas
que en el imperioso sur abren sus desesperados paraísos,
por el aroma seco de mi cabeza. (Qué te he buscado por
[las radiantes planicies, en los desiertos melancólicos,
por todo mi cuerpo, como una única y solitaria ternura.)

Quizás no signifique nada para ti —para nadie— y te
[vuelves sin deseo
al ver mis apretados brazos, mi sombra usada sobre la
[tierra,
o alguna hora breve, sin asiento entre todas,
te aflige lo mismo que si estuviera muerto,
destinado sin alegría a un extenso y ofendido desencanto.
Ya no sé dónde ir, a veces quiero volver a la raíz más
[honda,
a los mezclados ríos humanos de la sangre
—a todo el destierro— hasta hacer temblar
las duras lenguas, a la triste gente,
y hallar el trigo naciendo entre soberbias hierbas.
¡El íntimo corazón de la vida!

Y tú sueñas lejos, distraído, meciendo las hojas
finas de los árboles, las cautivas ramas,
o pasas hacia el mar

los insectos cenagosos del verano,
y no puedes verme ni saber que llevo la memoria perdida,
y algunas palabras igual que una llama húmeda
y enloquecida
dentro de la boca. ¡En otro mundo!

Déjame llegar a ti: que me entretenga hablándote
y pueda mirarte, como en los deshechos días,
empujar las hurañas nubes; arriar
los grandes ríos obscuros hacia el inmensurable
        Atlántico, y sentirte
regresar empapado, recubierto de escamas,
ronco hasta el amargo aliento.
¿A dónde huyes —solo— revuelto en tu voz, en tu can-
                                    [sada anchura?

Di, te vuelves al sur a mojar la lengua, a abrir los larguí-
                            [simos ojos; a ociar viendo
los petreles jugar por el vacío; a distraerte
allá, donde la tierra se despeña en otro espacio.
Te vuelves a la soledad, a las profundas bahías,
a los inmensos cielos desnudos; a ti, a unas flores. A las
                            [estrellas que permanecen
ardiendo sobre nuestro país.

Quédate donde yo también quisiera estar dormido
y ver mis días lejanos, entre altas proas aparejados.
Ya no sé ni quiero saber nada; te siento como toda
                            [el alma.
Algunas veces llegas hasta mis oídos igual a una larga
                            [flor del invierno,
o un instante desaparecido de la muerte.

                        (De *Un día, el tiempo, las nubes*)

ELEGIAS

III

Estoy encerrado en mi país y tengo hastío, horror des-
    esperado;
nada me solaza, entretiene, sólo el campo es alto, inmen-
    so, victorioso y leve
como la sombra de las nubes sobre las tejas rojas de
    mi casa.

Crece la muerte y ando distante de mí, soñado, junto
    a unos árboles que el viento ligeramente frío de abril
    hace vacilar,
y en las interminables brumas de la conciencia, las ho-
    rrendas desveladas;
en la pobre lumbre que busca su expurgación por el ardido
    espacio vacío,
que recoge y desmorona y teje el inútil polvo brillante
    en otro, tal vez
sereno o subido.

El otoño arrolla estas hojas movedizas,
y miro la lejana tarde,
el sol en su ahogado y fuerte fuego profundo,
en el ávido y deshecho horizonte, limpio y entrañable.

Canta un pájaro y acucia a la noche, amado y monótono,
en la rama más grande y baja del día.

Y aprieta el otoño.

IV

No miréis, acaso, estas palabras —sus duras urdimbres—,
    son las que tengo y no huyen.

Ellas creen de mí, como mi lengua. Cada día andaré más
    pobre, y las significancias
más arduas. Sólo una no se perderá,
la que llega, levanta y merodea, igual que una hoja
    áspera, arañando el suelo,
por el gran patio del desasimiento.

(De Una sombra antigua canta)

SOLEDADES

De ayer estoy hablando, de las flores,
de la fuerte agua, transparente y fría,
del alma, de la luna abierta, ¡oh mía!,
de un ángel dulce y solo en los albores.

De tantas noches secas y menores,
del perseguido bien sin alegría;
del aire, de la sombra y la agonía,
de lumbres, cielos y arduos pasadores.

De ti, tiempo llegado y desprendido,
que vas en mí y me dejas en velada:
solitario, desierto y sin sentido.

Y encima de ti, vida delicada,
cabello suave, quieto y advertido,
la muerte sueña y mueve su morada.

ODA A UNA NOCHE DE INVIERNO

Cuando el olvido crece como una paloma, te recuerdo,
    y el viento

inacabable grita en los árboles y penetra igual que una
    sorpresa, por la garganta negra
de la chimenea. Arde el fuego, lento, y la soledad sor-
    prendida anda en sus rotas colmenas,
en estas arcanidades nostálgicas, levantada.
El alma busca su calor en los antiguos y remordidos li-
    bros, en el pasar fugitivo por la atrocidad de la tierra;
y tanto te he amado, que hallo dulce el pasado, las llu-
    vias y el frío del tiempo.

Miro mi espantajo conmigo, callado e inhiesto,
y sin miedo acomodo mi pensamiento a estas lumbres,
por si muero velando el fuego, esta noche, la eternidad
    y el misterio mágico
de mis antepasados —yo mismo— parados y desiertos
a mi alrededor.

Y arreglo mis pesados y áridos cabellos, la nube desen-
    tendida y ondulante;
nada en nada más cerrada, y el desear, en querer sin
    deseo,
y pienso en ti, soñado, y amanece.

PEQUEÑA ODA A LA MELANCOLIA

Encima de las anchas y duras hojas frías del tiempo
    llegas manchada
por el huyente sol de las estaciones húmedas en las pla-
    nicies.
Tibia de color y tiritante vienes, y mi corazón siente
    la dicha, la guarda, de una palabra
callada, y el susurrante paso en las hierbas cubre el
    hastío, la lumbre,
de una retenida esencia ahogada y remota.

Derecha y unida, la veste recoges replegada, deshecha
   junto al hueso.
¡Cuánto y hondo del alma quieres para entrar en ti,
   rozarte! Sí, igual que el aire
dentro de la boca abrumada y llameante.
Pasas con las mareas del océano y el brillo empapado
   de los cielos lentos, últimos, que acuden
velados por el sur, donde vuela y anida la avutarda colo-
   rada, y la noche
se vuelve y llama angustiosa debajo de las floridas obs-
   curidades,
nostálgica y esparcida.

Luis Palés Matos

(*Puerto Rico, 1898-1959*). *Es el poeta mayor de su isla y uno de los más destacados cultores de la llamada poesía negra o afroamericana. Dentro de esta tendencia, sus temas principales han sido, en enumeración de Margot Arce de Vázquez, «descripciones de pueblos y de costumbres de negros, evocaciones de la mitología africana, ritos y supersticiones mágicas, visiones de paisaje y de geografía negra, sátira de la aristocracia de Haití, contrastes humorísticos entre la cultura del blanco y la del negro». Y al servicio de todo ello, un poderoso sentido del ritmo y de los procedimientos verbales requeridos para lograrlo. Pero la misma fama y popularidad alcanzada por su poesía negra, ha empañado la más justa imagen de un Palés integral, puertorriqueño y universal a un tiempo, fino registrador de muy variados motivos (el drama social de su país y de las Antillas, el negro en su más genérica dimensión; pero también la presencia del amor, el misterio y la muerte como inquietudes y enigmas del hombre), todos los cuales suele abordar Palés como desde una atmósfera de sueño, de alta sugerencia poética. «El sueño es el estado natural», ha dicho en un texto significativo; y su misma visión de las mestizas Antillas la define como «algo entrevisto o presentido» en su poema «Preludio en boricua» —que aquí se reproduce—. Del mismo modo, no hay en él nada de facilidad y de improvisación; y si bien cultivó temas populares, fue siempre un artista consciente y culto para quien el escribir es «una de las funciones más penosas», según propia declaración. La riqueza y complejidad de su mundo poético la ha resumido certeramente Federico*

*de Onís al señalar cómo se mueve «entre el barroquismo
y el prosaísmo, la emoción y la ironía, lo espiritual y lo
físico, lo soñado y lo real, lo exótico y lo local, todo
lo cual es en él uno y lo mismo». Su poesía negra ha
sido objeto de muy precisos estudios temáticos y esti-
lísticos, así como de interpretaciones con frecuencia par-
ciales o desenfocadas al no tener en cuenta la básica
inclinación estética e imaginativa de Palés. Para una
comprensión sintética y unitaria de su obra total, está el
libro de Miguel Enguídanos* La poesía de Luis Palés
Matos *(Río Piedras, Puerto Rico, 1961).*

OBRA POÉTICA:

Azaleas. Poesías, 1915. *Tuntún de pasa y grifería*
(prólogo de Angel Valbuena Prat), 1937; (nueva edición
con prólogo de Jaime Benítez), 1950. *Poesía 1915-1956*
(introducción de Federico de Onís), 1957; (2.ª edición),
1964.

TOPOGRAFIA

Esta es la tierra estéril y madrastra
en donde brota el cacto.
Salitral blanquecino que atraviesa
roto de sed el pájaro;
con marismas resecas espaciadas
a extensos intervalos,
y un cielo fijo, inalterable y mudo,
cubriendo todo el ámbito.

El sol calienta en las marismas rojas
el agua como un caldo,
y arranca al arenal caliginoso
un brillo seco y áspero.
La noche cierra pronto y en el lúgubre
silencio rompe el sapo

su grita de agua oculta que las sombras
absorben como tragos.

Miedo. Desolación. Asfixia. Todo
duerme aquí sofocado
bajo la línea muerta que recorta
el ras rígido y firme de los campos.
Algunas cabras amarillas medran
en el rastrojo escaso,
y en la distancia un buey rumia su sueño
turbio de soledad y de cansancio.

Esta es la tierra estéril y madrastra.
Cunde un tufo malsano
de cosa descompuesta en la marisma
por el fuego que baja de lo alto;
fermento tenebroso que en la noche
arroja el fuego fatuo,
y da esas largas formas fantasmales
que se arrastran sin ruido sobre el páramo.

Esta es la tierra donde vine al mundo.
—Mi infancia ha ramoneado
como una cabra arisca por el yermo
rencoroso y misántropo—.
Esta es toda mi historia:
sal, aridez, cansancio,
una vaga tristeza indefinible,
una inmóvil fijeza de pantano,
y un grito, allá en el fondo,
como un hongo terrible y obstinado,
cuajándose entre fofas carnaciones
de inútiles deseos apagados.

(De *Canciones de la vida media*)

PUEBLO

¡Piedad, Señor, piedad para mi pobre pueblo
donde mi pobre gente se morirá de nada!
Aquel viejo notario que se pasa los días
en su mínima y lenta preocupación de rata;
este alcalde adiposo de grande abdomen vacuo
chapoteando en su vida tal como en una salsa;
aquel comercio lento, igual, de hace diez siglos;
estas cabras que triscan el resol de la plaza;
algún mendigo, algún caballo que atraviesa
tiñoso, gris y flaco, por estas calles anchas;
la fría y atrofiante modorra del domingo
jugando en los casinos con billar y barajas;
todo, todo el rebaño tedioso de estas vidas
en este pueblo viejo donde no ocurre nada,
todo esto se muere, se cae, se desmorona,
a fuerza de ser cómodo y de estar a sus anchas.

¡Piedad, Señor, piedad para mi pobre pueblo!
Sobre estas almas simples, desata algún canalla
que contra el agua muerta de sus vidas arroje
la piedra redentora de una insólita hazaña...
Algún ladrón que asalte ese Banco en la noche,
algún Don Juan que viole esa doncella casta,
algún tahúr de oficio que se meta en el pueblo
y revuelva estas gentes honorables y mansas.

¡Piedad, Señor, piedad para mi pobre pueblo
donde mi pobre gente se morirá de nada!

PRELUDIO EN BORICUA

Tuntún de pasa y grifería
y otros parejeros tuntunes.
Bochinche de ñañiguería
donde sus cálidos betunes
funde la congada bravía.

Con cacareo de maraca
y sordo gruñido de gongo,
el telón isleño destaca
una aristocracia macaca
a base de funche y mondongo.

Al solemne papalúa haitiano
opone la rumba habanera
sus esguinces de hombro y cadera,
mientras el negrito cubano
doma la mulata cerrera.

De su bachata por las pistas
vuela Cuba, suelto el velamen,
recogiendo en el caderamen
su áureo niágara de turistas.

(Mañana serán accionistas
de cualquier ingenio cañero
y cargarán con el dinero...)

Y hacia un rincón —solar, bahía,
malecón o siembre de cañas—
bebe el negro su pena fría
alelado en la melodía
que le sale de las entrañas.

Jamaica, la gorda mandinga,
reduce su lingo a gandinga.
Santo Domingo se endominga
y en cívico gesto imponente
su numen heroico respinga
con cien odas al Presidente.
Con su batea de ajonjolí
y sus blancos ojos de magia
hacia el mercado viene Haití.
Las antillas barloventeras
pasan tremendas desazones,
espantándose los ciclones
con matamoscas de palmeras.

¿Y Puerto Rico? Mi isla ardiente,
para ti todo ha terminado.
En el yermo de un continente,
Puerto Rico, lúgubremente,
bala como un cabro estofado.

Tuntún de pasa y grifería,
este libro que va a tus manos
con ingredientes antillanos
compuse un día...

... y en resumen, tiempo perdido,
que me acaba en aburrimiento.
Algo entrevisto o presentido,
poco realmente vivido
y mucho de embuste y de cuento.

(De *Tuntún de pasa y grifería*)

DANZA NEGRA

Calabó y bambú.
Bambú y calabó.

El Gran Cocoroco dice: tu-cu-tú.
La Gran Cocoroca dice: to-co-tó.
Es el sol de hierro que arde en Tombuctú.
Es la danza negra de Fernando Póo.
El cerdo en el fango gruñe: pru-pru-prú.
El sapo en la charca sueña: cro-cro-cró.
Calabó y bambú.
Bambú y calabó.

Rompen los junjunes en furiosa ú.
Los gongos trepidan con profunda ó.
Es la raza negra que ondulando va
en el ritmo gordo del mariyandá.
Llegan los botucos a la fiesta ya.
Danza que te danza la negra se da.

Calabó y bambú.
Bambú y calabó.
El Gran Cocoroco dice: tu-cu-tú.
La Gran Cocoroca dice: to-co-tó.

Pasan tierras rojas, islas de betún:
Haití, Martinica, Congo, Camerún;
las papiamentosas antillas del ron
y las patualesas islas del volcán,
que en el grave son
del canto se dan.

Calabó y bambú.
Bambú y calabó.
Es el sol de hierro que arde en Tombuctú.
Es la danza negra de Fernando Póo.
El alma africana que vibrando está
en el ritmo gordo del mariyandá.

Calabó y bambú.
Bambú y calabó.
El Gran Cocoroco dice: tu-cu-tú.
La Gran Cocoroca dice: to-co-tó.

ELEGIA DEL DUQUE DE LA MERMELADA

¡Oh mi fino, mi melado Duque de la Mermelada!
¿Dónde están tus caimanes en el lejano aduar del Pongo,
y la sombra azul y redonda de tus baobabs africanos,
y tus quince mujeres olorosas a selva y a fango?

Ya no comerás el suculento asado de niño,
ni el mono familiar, a la siesta, te matará los piojos,
ni tu ojo dulce rastreará el paso de la jirafa afeminada
a través del silencio plano y caliente de las sabanas.

Se acabaron tus noches con su suelta cabellera de fogatas
y su gotear soñoliento y perenne de tamboriles,
en cuyo fondo te ibas hundiendo como en un lodo tibio
hasta llegar a las márgenes últimas de tu gran bisabuelo.

Ahora, en el molde vistoso de tu casaca francesa,
pasas azucarado de saludos como un cortesano cualquiera,
a despecho de tus pies que desde sus botas ducales
te gritan: —Babilongo, súbete por las cornisas del pa-
                                              [lacio—

¡Qué gentil va mi Duque con la Madama de Cafolé,
todo afelpado y pulcro en la onda azul de los violines,
conteniendo las manos que desde sus guantes de aristó-
                                              [crata
le gritan: —Babilongo, derríbala sobre ese canapé de
                                              [rosa!—

Desde las márgenes últimas de tu gran bisabuelo,
a través del silencio plano y caliente de las sabanas,
¿por qué lloran tus caimanes en el lejano aduar del
                                              [Pongo,
¡oh mi fino, mi melado Duque de la Mermelada!?

PUERTA AL TIEMPO EN TRES VOCES

I

... Del trasfondo de un sueño la escapada
Filí-Melé. La flúida cabellera
fronda crece, de abejas enjambrada;
el tronco —desnudez cristalizada—
es desnudez en luz tan desnudada
que al mirarlo se mira la mirada.

Frutos hay, y la vena despertada
látele azul y en el azul diluye
su pálida tintura derramada,
por donde todo hacia la muerte fluye
en huída tan lueñe y sosegada
que nada en ella en apariencia huye.

Filí-Melé, Filí-Melé, ¿hacia dónde
tú, si no hay tiempo para recogerte
ni espacio donde puedas contenerte?
Filí, la inaprehensible ya atrapada,
Melé, numen y esencia de la muerte.

Y ahora, ¿a qué trasmundo, perseguida
serás, si es que eres? ¿Para qué ribera
huye tu blanca vela distendida
sobre mares oleados de quimera?

II

En sombra de sentido de palabras,
fantasmas de palabras;
en el susto que toma a las palabras
cuando con leve, súbita pisada,

las roza el halo del fulgor del alma;
—rasgo de ala en el agua,
ritmo intentado que no logra acorde,
abortada emoción cohibida de habla—;
en el silencio tan cercano al grito
que recorre las noches estrelladas,
y más lo vemos que lo oímos,
y casi le palpamos la sustancia;
o en el silencio plano y amarillo
de las desiertas playas;
batiendo el mar en su tambor de arena
salado puño de ola y alga,
¿Qué lenguaje te encuentra, con qué idioma
(ojo inmóvil, voz muda, mano laxa)
podré yo asirte, columbrar tu imagen,
la imagen de tu imagen reflejada
muy allá de la música-poesía,
muy atrás de los cantos sin palabras?

Mis palabras, mis sombras de palabras,
a ti, en la punta de sus pies, aupadas.
Mis deseos, mis galgos de deseos,
a ti, ahilados, translúcidos espectros.

Yo, evaporado, diluido, roto,
abierta red en el sinfín sin fondo...
Tú, por ninguna parte de la nada,
¡qué escondida, cuán alta!

III

En lo fugaz, en lo que ya no existe
cuando se piensa,
y apenas deja de pensarse
cobra existencia;
en lo que si se nombra se destruye,
catedral de ceniza, árbol de niebla...
¿Cómo subir tu rama?
¿Cómo tocar tu puerta?

Pienso, Filí-Melé, que en el buscarte
ya te estoy encontrando,
y te vuelvo a perder en el oleaje
donde a cincel de espuma te has formado.
Pienso que de tu pena hasta la mía
se tiende un puente de armonioso llanto
tan quebradizo y frágil, que en la sombra
sólo puede el silencio atravesarlo.
Un gesto, una mirada, bastarían
a fallar sus estribos de aire amargo
como al modo de Weber, que en la noche
nos da, cisne teutón, su último canto.

Canto final donde la acción frustrada
abre al tiempo una puerta sostenida
en tres voces que esperan tu llegada;
tu llegada, aunque sé que eres perdida...
Perdida y ya por siempre conquistada,
fiel fugada Filí-Melé abolida.

(De *Poesía*)

EL LLAMADO

Me llaman desde allá...
larga voz de hoja seca,
mano fugaz de nube
que en el aire de otoño se dispersa.
Por arriba el llamado
tira de mí con tenue hilo de estrella,
abajo, el agua en tránsito,
con sollozo de espuma entre la niebla.
Ha tiempo oigo las voces
y descubro las señas.

Hoy recuerdo: es un día venturoso
de cielo despejado y clara tierra;
golondrinas erráticas
el calmo azul puntean.
Estoy frente a la mar y en lontananza
se va perdiendo el ala de una vela;
va yéndose, esfumándose,
y yo también me voy borrando en ella.
Y cuando al fin retorno
por un leve resquicio de conciencia
¡cuán lejos ya me encuentro de mí mismo!
¡qué mundo tan extraño me rodea!

Ahora, dormida junto a mí, reposa
mi amor sobre la hierba.
El seno palpitante
sube y baja tranquilo en la marea
del ímpetu calmado que diluye
espectrales añiles en su ojera.
Miro esa dulce fábrica rendida,
cuerpo de trampa y presa
cuyo ritmo esencial como jugando
manufactura la caricia aérea,
el arrullo narcótico y el beso
—víspera ardiente de gozosa queja—
y me digo: Ya todo ha terminado...
Mas de pronto, despierta,
y allá en el negro hondón de sus pupilas
que son un despedirse y una ausencia,
algo me invita a su remota margen
y dulcemente, sin querer, me lleva.

Me llaman desde allá...
Mi nave aparejada está dispuesta.
A su redor, en grumos de silencio,
sordamente coagula la tiniebla.
Un mar hueco, sin peces,
agua vacía y negra

sin vena de fulgor que la penetre
ni pisada de brisa que la mueva.
Fondo inmóvil de sombra,
límite gris de piedra...
¡Oh soledad, que a fuerza de andar sola
se siente de sí misma compañera!

Emisario solícito que vienes
con oculto mensaje hasta mi puerta,
sé lo que te propones
y no me engaña tu misión secreta;
me llaman desde allá,
pero el amor dormido aquí en la hierba
es bello todavía
y un júbilo de sol baña la tierra.
¡Déjeme tu implacable poderío
una hora, un minuto más con ella!

(Argentina, 1899). Iniciado en el verso a través de lo que él mismo considerará después «la equivocación ultraísta», Jorge Luis Borges arriba pronto, y desarrolla con los años, a una poesía de gran solidez, complejidad y riqueza tras su aparente sencillez formal. Esa complejidad dimana de las numerosísimas tensiones dialécticas que la definen: el encuentro de lo lírico y lo narrativo, de lo cotidiano y la trascendente, de la pasión y la lucidez, de la especulación reflexiva y el trato íntimo con las cosas, del gusto por la dicción coloquial y la necesidad de un léxico de gran precisión. Pero, sobre todo, porque bajo cualquiera de sus temas (un apunte descriptivo porteño, una evocación personal o familiar, un asunto tomado de la historia o de la cultura, etc.) asoma al punto su «durable inquietud metafísica», esto es, la voluntad de urgar en los enigmas humanos últimos: la unidad y pluralidad del hombre, el drama de la conciencia frente a la realidad, la insalvable dicotomía entre el minuto y la eternidad, el perentorio deseo de anular siquiera ilusoriamente el tiempo, la concepción del tiempo mismo como un proceso cíclico o repetitivo, el intento de descubrir y salvar el ser mediante la creación poética, etc. Lirismo y metafísica se unen, así, de manera entrañable («la metafísica; única finalidad y justificación de todos los temas», ha dicho); pero sin caer nunca en el poema de cerradas abstracciones ni menos en el oscuro o visionario confusionismo verbal de los «vates» de la expresión, de lo cual ha huido siempre. «Sé que los dioses no me conceden más que la alusión o la mención»; y es así, la suya, una poesía del nombrar, cada

*vez más escueto, más despojado y auténtico. De ahí el
inevitable apoyo en un lenguaje hablado, donde la sen-
cillez deviene ya austeridad y pobreza, sostenido en unas
pocas pero permanentes metáforas. Ante esta actitud,
Guillermo Sucre se pregunta si no será ella «una pau-
sada e irónica crítica a los habituales desbordamientos
de la poesía americana y aun española». Aunque su nom-
bre brilla hoy en el campo de la prosa —ensayismo y
ficción— no es arriesgado prever que el tiempo salvará
esencialmente al poeta, y esto lo intuye el propio Bor-
ges: «Creo que no soy más que eso. Un poeta torpe,
pero un poeta, espero.» Entre los numerosísimos acerca-
mientos a su obra, dos recientes se han centrado de modo
específico e iluminador en su actividad poética: el del
citado Guillermo Sucre,* Borges el poeta *(México, 1967),*
y el de Zunilda Gertel,* Borges y su retorno a la poesía
(Nueva York, 1968).

Obra poética:

Fervor de Buenos Aires, 1923. *Luna de enfrente,*
1925. *Cuaderno San Martín,* 1929. *Poemas (1923-1943)*
(antología de los tres libros anteriores, con *Muertes de
Buenos Aires* y *Otros poemas),* 1943. *Antología perso-
nal,* 1961. *Obra poética,* 1963. *Para las seis cuerdas,*
1965. *Obra poética (1923-1967),* 1967. *Elogio de la
sombra,* 1969.

BARRIO RECONQUISTADO

Nadie percibió la belleza
de los habituales caminos
hasta que pavoroso en clamor
y dolorido en contorsión de mártir,
se derrumbó el complejo cielo verdoso,
en desaforado abatimiento de agua y de sombra.
El temporal unánime

golpeó la humillación de las casas
y aborrecible fue a las miradas el mundo,
pero cuando un arco benigno
alumbró con sus colores el cielo
y un olor a tierra mojada
alentó los jardines,
nos echamos a caminar por las calles
como por una recuperada heredad,
y en los cristales hubo generosidades de sol
y en las hojas lucientes que ilustran la arboleda
dijo su trémula inmortalidad el estío.

(De *Fervor de Buenos Aires*)

INSCRIPCION
EN CUALQUIER SEPULCRO

No arriesgue el mármol temerario
gárrulas infracciones al todopoder del olvido,
rememorando con prolijidad
el nombre, la opinión, los acontecimientos, la patria.
Tanto abalorio bien adjudicado está a la tiniebla
y el mármol no hable lo que callan los hombres.
Lo esencial de la vida fenecida
—la trémula esperanza,
el milagro implacable del dolor y el asombro del goce—
siempre perdurará.
Ciegamente reclama duración el alma arbitraria
cuando la tiene asegurada en vidas ajenas,
cuando tú mismo eres la continuación realizada
de quienes no alcanzaron tu tiempo
y otros serán (y son) tu inmortalidad en la tierra.

CASI JUICIO FINAL

Mi callejero *no hacer nada* vive y se suelta por la varie-
      dad de la noche.
La noche es una fiesta larga y sola.
En mi secreto corazón yo me justifico y ensalzo:
He atestiguado el mundo; he confesado la rareza del
      mundo.
He cantado lo eterno: la clara luna volvedora y las me-
      jillas que apetece el querer.
He santificado con versos la ciudad que me ciñe: la
      infinitud del arrabal, los solares.
En pos del horizonte de las calles he soltado mis salmos
      y traen sabor de lejanía.
He dicho asombro de vivir, donde otros dicen solamen-
      te costumbre.
Frente a la canción de los tibios, encendí en ponientes
      mi voz, en todo amor y en el horror de la muerte.
A los antepasados de mi sangre y a los antepasados
      de mi espíritu sacrifiqué con versos.
He sido y soy.
He trabado en fuertes palabras ese mi pensativo sentir,
      que pudo haberse disipado en sola ternura.
El recuerdo de una antigua vileza vuelve a mi corazón.
Como el caballo muerto que la marea inflige a la playa,
      vuelve a mi corazón.
Aún están a mi lado, sin embargo, las calles y la luna.
El agua sigue siendo dulce en mi boca y las estrofas
      no me niegan su gracia.
Siento el pavor de la belleza; ¿quién se atreverá a
      condenarme si esta gran luna de mi soledad me
      perdona?

(De *Luna de enfrente*)

FUNDACION MITICA DE BUENOS AIRES

¿Y fue por este río de sueñera y de barro
que las proas vinieron a fundarme la patria?
Irían a los tumbos los barquitos pintados
entre los camalotes de la corriente zaina.

Pensando bien la cosa, supondremos que el río
era azulejo entonces como oriundo del cielo
con su estrellita roja para marcar el sitio
en que ayunó Juan Díaz y los indios comieron.

Lo cierto es que mil hombres y otros mil arribaron
por un mar que tenía cinco lunas de anchura
y aun estaba poblado de sirenas y endriagos
y de piedras imanes que enloquecen la brújula.

Prendieron unos ranchos trémulos en la costa,
durmieron extrañados. Dicen que en el Riachuelo,
pero son embelecos fraguados en la Boca.
Fue una manzana entera y en mi barrio: en Palermo.

Una manzana entera pero en mitá del campo
presenciada de auroras y lluvias y suestadas.
La manzana pareja que persiste en mi barrio:
Guatemala, Serrano, Paraguay, Gurruchaga.

Un almacén rosado como revés de naipe
brilló y en la trastienda conversaron un truco;
el almacén rosado floreció en un compadre,
ya patrón de la esquina, ya resentido y duro.

El primer organito salvaba el horizonte
con su achacoso porte, su habanera y su gringo.

El corralón seguro ya opinaba: YRIGOYEN,
algún piano mandaba tangos de Saborido.

Una cigarrería sahumó como una rosa
el desierto. La tarde se había ahondado en ayeres,
los hombres compartieron un pasado ilusorio.
Sólo faltó una cosa: la vereda de enfrente.

A mí se me hace cuento que empezó Buenos Aires:
La juzgo tan eterna como el agua y el aire.

(De *Cuaderno San Martín*)

LA NOCHE CICLICA

Lo supieron los arduos alumnos de Pitágoras:
Los astros y los hombres vuelven cíclicamente;
Los átomos fatales repetirán la urgente
Afrodita de oro, los tebanos, las ágoras.

En edades futuras oprimirá el centauro
Con el casco solípedo el pecho del lapita;
Cuando Roma sea polvo, gemirá en la infinita
Noche de su palacio fétido el minotauro.

Volverá toda noche de insomnio: minuciosa.
La mano que esto escribe renacerá del mismo
Vientre. Férreos ejércitos construirán el abismo.
(David Hume de Edimburgo dijo la misma cosa.)

No sé si volveremos en un ciclo segundo
Como vuelven las cifras de una fracción periódica;
Pero sé que una oscura rotación pitagórica
Noche a noche me deja en un lugar del mundo.

Que es de los arrabales. Una esquina remota
Que puede ser del norte, del sur o del oeste,
Pero que tiene siempre una tapia celeste,
Una higuera sombría y una vereda rota.

Ahí está Buenos Aires. El tiempo que a los hombres
Trae el amor o el oro, a mí apenas me deja
Esta rosa apagada, esta vana madeja
De calles que repiten los pretéritos nombres

De mi sangre: Laprida, Cabrera, Soler, Suárez...
Nombres en que retumban (ya secretas) las dianas,
Las repúblicas, los caballos y las mañanas,
Las felices victorias, las muertes militares.

Las plazas agravadas por la noche sin dueño
Son los patios profundos de un árido palacio
Y las calles unánimes que engendran el espacio
Son corredores de vago miedo y de sueño.

Vuelve la noche cóncava que descifró Anaxágoras;
Vuelve a mi carne humana la eternidad constante
Y el recuerdo ¿el proyecto? de un poema incesante:
«Lo supieron los arduos alumnos de Pitágoras...»

(De «El otro, el mismo», en Obra poética)

POEMA CONJETURAL

> *El doctor Francisco Laprida, asesinado el
> día 22 de setiembre de 1829 por los
> montoneros de Aldao, piensa antes de
> morir:*

Zumban las balas en la tarde última.
Hay viento y hay cenizas en el viento,

se dispersan el día y la batalla
deforme, y la victoria es de los otros.
Vencen los bárbaros, los gauchos vencen.
Yo, que estudié las leyes y los cánones,
yo, Francisco Narciso de Laprida,
cuya voz declaró la independencia
de estas crueles provincias, derrotado,
de sangre y de sudor manchado el rostro,
sin esperanza ni temor, perdido,
huyo hacia el Sur por arrabales últimos.

Como aquel capitán del Purgatorio
que, huyendo a pie y ensangrentando el llano,
fue cegado y tumbado por la muerte
donde un oscuro río pierde el nombre,
así habré de caer. Hoy es el término.
La noche lateral de los pantanos
me acecha y me demora. Oigo los cascos
de mi caliente muerte que me busca
con jinetes, con belfos y con lanzas.

Yo que anhelé ser otro, ser un hombre
de sentencias, de libros, de dictámenes,
a cielo abierto yaceré entre ciénagas;
pero me endiosa el pecho inexplicable
un júbilo secreto. Al fin me encuentro
con mi destino sudamericano.
A esta ruinosa tarde me llevaba
el laberinto múltiple de pasos
que mis días tejieron desde un día
de la niñez. Al fin he descubierto
la recóndita clave de mis años,
la suerte de Francisco de Laprida,
la letra que faltaba, la perfecta
forma que supo Dios desde el principio.
En el espejo de esta noche alcanzo
mi insospechado rostro eterno. El círculo
se va a cerrar. Yo aguardo que así sea.

Pisan mis pies la sombra de las lanzas
que me buscan. Las befas de mi muerte,
los jinetes, las crines, los caballos,
se ciernen sobre mí... Ya el primer golpe,
ya el duro hierro que me raja el pecho,
el íntimo cuchillo en la garganta.

POEMA DE LOS DONES

Nadie rebaje a lágrima o reproche
Esta declaración de la maestría
De Dios, que con magnífica ironía
Me dio a la vez los libros y la noche.

De esta ciudad de libros hizo dueños
A unos ojos sin luz, que sólo pueden
Leer en las bibliotecas de los sueños
Los insensatos párrafos que ceden

Las albas a su afán. En vano el día
Les prodiga sus libros infinitos,
Arduos como los arduos manuscritos
Que perecieron en Alejandría.

De hambre y de sed (narra una historia griega)
Muere un rey entre fuentes y jardines;
Yo fatigo sin rumbo los confines
De esta alta y honda biblioteca ciega.

Enciclopedias, atlas, el Oriente
Y el Occidente, siglos, dinastías,
Símbolos, cosmos y cosmogonías
Brindan los muros, pero inútilmente.

Lento en mi sombra, la penumbra hueca
Exploro con el báculo indeciso,
Yo, que me figuraba el Paraíso
Bajo la especie de una biblioteca.

Algo, que ciertamente no se nombra
Con la palabra *azar,* rige estas cosas;
Otro ya recibió en otras borrosas
Tardes los muchos libros y la sombra.

Al errar por las lentas galerías
Suelo sentir con vago horror sagrado
Que soy el otro, el muerto, que habrá dado
Los mismos pasos en los mismos días.

¿Cuál de los dos escribe este poema
De un yo plural y de una sola sombra?
¿Qué importa la palabra que me nombra
Si es indiviso y uno el anatema?

Groussac o Borges, miro este querido
Mundo que se deforma y que se apaga
En una pálida ceniza vaga
Que se parece al sueño y al olvido.

ARTE POETICA

Mirar el río hecho de tiempo y agua
Y recordar que el tiempo es otro río,
Saber que nos perdemos como el río
Y que los rostros pasan como el agua.

Sentir que la vigilia es otro sueño
Que sueña no soñar y que la muerte
Que teme nuestra carne es esa muerte
De cada noche, que se llama sueño.

Ver en el día o en el año un símbolo
De los días del hombre y de sus años,
Convertir el ultraje de los años
En una música, un rumor y un símbolo.

Ver en la muerte el sueño, en el ocaso
Un triste oro, tal es la poesía
Que es inmortal y pobre. La poesía
Vuelve como la aurora y el ocaso.

A veces en las tardes una cara
Nos mira desde el fondo de un espejo;
El arte debe ser como ese espejo
Que nos revela nuestra propia cara.

Cuentan que Ulises, harto de prodigios,
Lloró de amor al divisar su Itaca
Verde y humilde. El arte es esa Itaca
De verde eternidad, no de prodigios.

También es como el río interminable
Que pasa y queda y es cristal de un mismo
Heráclito inconstante, que es el mismo
Y es otro, como el río interminable.

SPINOZA

Las traslúcidas manos del judío
Labran en la penumbra los cristales
Y la tarde que muere es miedo y frío.
(Las tardes a las tardes son iguales.)
Las manos y el espacio de jacinto
Que palidece en el confín del Ghetto
Casi no existen para el hombre quieto
Que está soñando un claro laberinto.
No lo turba la fama, ese reflejo
De sueños en el sueño de otro espejo,
Ni el temeroso amor de las doncellas.
Libre de la metáfora y del mito
Labra un arduo cristal: el infinito
Mapa de Aquél que es todas Sus estrellas.

LIMITES

Hay una línea de Verlaine que no volveré a recordar,
Hay una calle próxima que está vedada a mis pasos,
Hay un espejo que me ha visto por última vez,
Hay una puerta que he cerrado hasta el fin del mundo.
Entre los libros de mi biblioteca (estoy viéndolos)
Hay alguno que ya nunca abriré.
Este verano cumpliré cincuenta años;
La muerte me desgasta, incesante.

(De *Antología personal*)

ELOGIO DE LA SOMBRA

La vejez (tal es el nombre que los otros le dan)
puede ser el tiempo de nuestra dicha.
El animal ha muerto o casi ha muerto.
Vivo entre formas luminosas y vagas
que no son aún la tiniebla.
Buenos Aires,
que antes se desgarraba en arrabales
hacia la llanura incesante,
ha vuelto a ser la Recoleta, el Retiro,
las borrosas calles del Once
y las precarias casas viejas
que aún llamamos el Sur.
Siempre en mi vida fueron demasiadas las cosas;
Demócrito de Abdera se arrancó los ojos para pensar;
el tiempo ha sido mi Demócrito.
Esta penumbra es lenta y no duele;
fluye por un manso declive
y se parece a la eternidad.

Mis amigos no tienen cara,
las mujeres son lo que fueron hace ya tantos años,
las esquinas pueden ser otras,
no hay letras en las páginas de los libros.
Todo esto debería atemorizarme,
pero es una dulzura, un regreso.
De las generaciones de los textos que hay en la tierra
sólo habré leído unos pocos,
los que sigo leyendo en la memoria,
leyendo y transformando.
Del Sur, del Este, del Oeste, del Norte,
convergen los caminos que me han traído
a mi secreto centro.
Esos caminos fueron ecos y pasos,
mujeres, hombres, agonías, resurrecciones,
días y noches,
entresueños y sueños,
cada ínfimo instante del ayer
y de los ayeres del mundo,
la firme espada del danés y la luna del persa,
los actos de los muertos,
el compartido amor, las palabras,
Emerson y la nieve y tantas cosas.
Ahora puedo olvidarlas. Llego a mi centro,
a mi álgebra y mi clave,
a mi espejo.
Pronto sabré quién soy.

(De *Elogio de la sombra*)

EL ORO DE LOS TIGRES

Hasta la hora del ocaso amarillo
Cuántas veces habré mirado
Al poderoso tigre de Bengala
Ir y venir por el predestinado camino
Detrás de los barrotes de hierro,

Sin sospechar que eran su cárcel.
Después vendrían otros tigres,
El tigre de fuego de Blake;
Después vendrían otros oros,
El metal amoroso que era Zeus,
El anillo que cada nueve noches
Engendra nueve anillos, y éstos, nueve,
Y no hay un fin.
Con los años fueron dejándome
Los otros hermosos colores
Y ahora sólo me quedan
La vaga luz, la inextricable sombra
Y el oro del principio.
Oh ponientes, oh tigres, oh fulgores
Del mito y de la épica,
Oh un oro más precioso, tu cabello
Que ansían estas manos.

(De *El oro de los tigres*)

(México, 1899). Relacionado por cronología, amistad y colaboración con el grupo mexicano integrado en torno a la revista Contemporáneos *(1920-1932), Carlos Pellicer se separa radicalmente del solipsista y lúcido ejercicio de introspección a que la mayoría de sus miembros sometió el trabajo del verso. Poeta esencialmente visual, de la mirada y el paisaje, espléndido «cazador de imágenes» como se le ha llamado, gusta del decir sensual y colorista, y se le siente en posesión de un saludable y exuberante temperamento poético que puede lindar en su vitalidad con un franco impulso retórico. Muchas de estas notas han servido para insistir en su tenaz americanidad, que asume en él la forma de un luminoso y abierto tropicalismo. El mismo se definía, en un antológico texto, como «Ayudante de Campo del sol». Pero en una obra tan abundante y variada como la suya, hay dimensiones más profundas que la superficial exaltación de los sentidos. Está allí, entre otras cosas, la experiencia geográfica y humana de América, a propósito de lo cual José Vasconcelos pudo incluirlo en esa «nueva familia internacional que tiene por patria el Continente y por estirpe la gente toda de habla española». Y está también la intimidad del amor, plenamente vivido. Y la constante fe religiosa, ortodoxamente católica, espiritual y estéticamente asumida. En ningún momento, a pesar de los matices de esa evolución, han mermado su franciscano sentimiento fraternal de la naturaleza y su emocionado himno de loa y gratitud al Creador de tanta maravillosa donación. Ha sido siempre el hombre embriagado ante la belleza del mundo, pero ha sabido en todo momento tras-*

cender poéticamente esa embriaguez en un lirismo de sello muy personal. A raíz de la publicación de su voluminoso Material poético *(1918-1961), Luis Rius escribió un certero recorrido por ese material, publicado en la revista* Cuadernos Americanos *(vol. XXI, núm. 5, 1962). Y Frank Dauster ha analizado algunos* «Aspectos del paisaje en la poesía de Carlos Pellicer», *en su libro* Ensayos sobre poesía mexicana. Asedio a los «Contemporáneos» *(México, 1963).*

OBRA POÉTICA:

Colores en el mar y otros poemas, 1921. *Piedra de sacrificios*, 1924. *6, 7 poemas*, 1924. *Oda de junio*, 1924. *Hora y 20*, 1927. *Camino*, 1929. *5 poemas*, 1931. *Esquema para una oda tropical*, 1933. *Hora de junio*, 1937. *Recinto y otras imágenes*, 1941. *Exágonos*, 1941. *Discurso por las flores*, 1946. *Subordinaciones*, 1948. *Práctica de vuelo*, 1956. *Material poético, 1918-1961*, 1962. *Con palabras y fuego*, 1963. *Teotihuacán y 13 de agosto: ruina de Tenochtitlán*, 1965.

ESTUDIO

Jugaré con las casas de Curazao,
pondré el mar a la izquierda
y haré más puentes movedizos.
¡Lo que diga el poeta!
Estamos en Holanda y en América
y es una isla de juguetería,
con decretos de reina
y ventanas y puertas de alegría.
Con las cuerdas de la lira
y los pañuelos del viaje,
haremos velas para los botes
que no van a ninguna parte.
La casa de gobierno es demasiado pequeña

para una familia holandesa.
Por la tarde vendrá Claude Monet
a comer cosas azules y eléctricas.
Y por esa callejuela sospechosa
haremos pasar la *Ronda* de Rembrandt.
... pásame el puerto de Curazao!
    isla de juguetería,
    con decretos de reina
    y ventanas y puertas de alegría.

(De *Colores en el mar y otros poemas*)

DESEOS

Trópico, para qué me diste
las manos llenas de color.
Todo lo que yo toque
se llenará de sol.
En las tardes sutiles de otras tierras
pasaré con mis ruidos de vidrio tornasol.
Déjame un solo instante
dejar de ser grito y color.
Déjame un solo instante
cambiar de clima el corazón,
beber la penumbra de una cosa desierta,
inclinarme en silencio sobre un remoto balcón,
ahondarme en el manto de pliegues finos,
dispersarme en la orilla de una suave devoción,
acariciar dulcemente las cabelleras lacias
y escribir con un lápiz muy fino mi meditación.
¡Oh, dejar de ser un solo instante
el Ayudante de Campo del sol!
¡Trópico, para qué me diste
las manos llenas de color!

(De *6, 7 poemas*)

NOCTURNO

No tengo tiempo de mirar las cosas
como yo lo deseo.
Se me escurren sobre la mirada
y todo lo que veo
son esquinas profundas rotuladas con radio
donde leo la ciudad para no perder tiempo.
Esta obligada prisa que inexorablemente
quiere entregarme el mundo con un dato pequeño.
¡Este mirar urgente y esta voz en sonrisa
para un joven que sabe morir por cada sueño!
No tengo tiempo de mirar las cosas,
casi las adivino.
Una sabiduría ingénita y celosa
me da miradas previas y repentinos trinos.
Vivo en doradas márgenes; ignoro el central gozo
de las cosas. Desdoblo siglos de oro en mi ser.
Y acelerando rachas —quilla o ala de oro—,
repongo el dulce tiempo que nunca he de tener.

ESQUEMAS PARA UNA ODA TROPICAL

La oda tropical a cuatro voces
ha de llegar sentada en la mecida
que amarró la guirnalda de la orquídea.

Vendrá del Sur, del Este y del Oeste,
del Norte avión, del Centro que culmina
la pirámide trunca de mi vida.

Yo quiero arder mis pies en los braseros

de la angustia más sola,
para salir desnudo hacia el poema
con las sandalias de aire que otros poros
inocentes le den.

A la cintura tórrida del día
han de correr los jóvenes aceites
de las noches de luna del pantano.

La esbeltez de ese día
será la fuga de la danza en ella,
la voluntad medida en el instante
del reposo estatuario,
el agua de la sed
rota en el cántaro.
Entonces yo podría
tolerar la epidermis
de la vida espiral de la palmera,
valerme de su sombra que los aires mutilan,
ser fiel a su belleza
sin pedestal, erecta en ella misma,
sola, tan sola que todos los árboles
la miran noche y día.
Así mi voz al centro de las cuatro
voces fundamentales
tendría sobre sus hombros
el peso de las aves del paraíso.
La palabra oceanía
se podría bañar en buches de oro
y en la espuma flotante que se quiebra,
oírse, espuma a espuma, gigantesca.

El deseo del viaje,
siempre deseo sería.
Del fruto verde a los frutos maduros
las distancias maduran en penumbras
que de pronto retoñan en tonos niños.

En la ciudad, entre fuerzas automóviles

los hombres sudorosos beben agua en guanábanas.
Es la bolsa de semen de los trópicos
que huele a azul en carnes madrugadas
en el encanto lóbrego del bosque.
La tortuga terrestre
carga encima un gran trozo
que cayó cuando el sol se hacía lenguas.
Y así huele a guanábana
de los helechos a la ceiba.
Un triángulo divino
macera su quietud entre la selva
del Ganges. Las pasiones
crecen hasta pudrirse. Sube entonces
el tiempo de los lotos y la selva
tiene ya en su poder una sonrisa.
De los tigres al boa
hormiguea la voz de la aventura
espiritual. Y el Himalaya
tomó en sus brazos la quietud nacida
junto a las verdes máquinas del trópico.
Las brisas limoneras
ruedan en el remanso de los ríos.
Y la iguana nostálgica de siglos
en los perfiles largos de su tiempo
fue, es, y será.

Una tarde en Chichén yo estaba en medio
del agua subterránea que un instante
se vuelve cielo. En los muros del pozo
un jardín vertical cerraba el vuelo
de mis ojos. Silencio tras silencio
me anudaron la voz y en cada músculo
sentí mi desnudez hecha de espanto.
Una serpiente, apenas,
desató aquel encanto
y pasó por mi sangre una gran sombra
que ya en el horizonte fue un lucero.
¿Las manos del destino
encendieron la hoguera de mi cuerpo?

En los estanques del Brasil diez hojas
junto a otras diez hojas, junto a otras diez hojas,
de un metro de diámetro
florean en un día, cada año,
una flor sola, blanca al entreabrirse,
que al paso que el gran sol del Amazonas
sube,
se tiñe lentamente de los rosas del rosa
a los rojos que horadan la sangre de la muerte;
y así naufraga cuando el sol acaba
y fecunda pudriéndose la otra primavera.

El trópico entrañable
sostiene en carne viva la belleza
de Dios. La tierra, el agua, el aire, el fuego,
al Sur, al Norte, al Este, y al Oeste
concentran las semillas esenciales,
el cielo de sorpresas,
la desnudez intacta de las horas
y el ruido de las vastas soledades.

La oda tropical a cuatro voces
podrá llegar, palabra por palabra,
a beber en mis labios,
a amarrarse en mis brazos,
a golpear en mi pecho,
a sentarse en mis piernas,
a darme la salud hasta matarme
y a esparcirme en sí misma,
a que yo sea, a vuelta de palabras,
palmera y antílope,
ceiba y caimán, helecho y ave-lira,
tarántula y orquídea, zenzontle y anaconda.
Entonces seré un grito, un solo grito claro
que dirija en mi voz las propias voces
y alce de monte a monte
la voz del mar que arrastra las ciudades.

¡Oh trópico!
Y el grito de la noche que alerta el horizonte.

(De *Hora de junio*)

QUE SE CIERRE ESA PUERTA...

Que se cierre esa puerta
que no me deja estar a solas con tus besos.
Que se cierre esa puerta
por donde campos, sol y rosas quieren vernos.
Esa puerta por donde
la cal azul de los pilares entra
a mirar como niños maliciosos
la timidez de nuestras dos caricias
que no se dan porque la puerta, abierta...

Por razones serenas
pasamos largo tiempo a puerta abierta.
Y arriesgado es besarse
y oprimirse las manos, ni siquiera
mirarse demasiado, ni siquiera
callar en buena lid...

Pero en la noche
la puerta se echa encima de sí misma
y se cierra tan ciega y claramente
que nos sentimos ya, tú y yo, en campo abierto,
escogiendo caricias como joyas
ocultas en la noche con jardines
puestos en las rodillas de los montes,
pero solos tú y yo.
La mórbida penumbra
enlaza nuestros cuerpos y saquea
mi inédita ternura,
la fuerza de mis brazos que te agobian

tan dulcemente, el gran beso insaciable
que se bebe a sí mismo
y en su espacio redime
lo pequeño de ilímites distancias...

Dichosa puerta que nos acompañas
cerrada, en nuestra dicha. Tu obstrucción
es la liberación de estas dos cárceles;
la escapatoria de las dos pisadas
idénticas que saltan a la nube
de la que se regresa en la mañana.

(De *Recinto y otras imágenes*)

SONETOS POSTREROS

Mi voluntad de ser no tiene cielo;
sólo mira hacia abajo y sin mirada.
¿Luz de la tarde o de la madrugada?
Mi voluntad de ser no tiene cielo.

Ni la penumbra de un hermoso duelo
ennoblece mi carne afortunada.
Vida de estatua, muerte inhabitada
sin la jardinería de un anhelo.

Un dormir sin soñar calla y sombrea
el prodigioso imperio de mis ojos
reducido a los grises de una aldea.

Sin la ausencia presente de un pañuelo
se van los días en pobres manojos.
Mi voluntad de ser no tiene cielo.

* * *

Nada hay aquí, la tumba está vacía.
La muerte vive. Es. Toma el espejo
y mírala en el fondo, en el reflejo
con que en tus ojos claramente espía.

Ella es misteriosa garantía
de todo lo que nace. Nada es viejo
ni joven para Ella. En su cortejo
pasa un aire frugal de simetría.

Cuéntale la ilusión de que tú ignoras
dónde está, y en los años que incorporas
junto a su paso escucharás el tuyo.

Alza los ojos a los cielos, siente
lo que hay de Dios en ti, cuál es lo suyo,
y empezarás a ser, eternamente.

(De *Práctica de vuelo*)

(Argentina, 1900). Representa Bernárdez, tal vez mejor que cualquier otro poeta hispanoamericano y de más sostenida manera, ese retorno a los clásicos que marcó una de las formas de superación de la iconoclasia vanguardista, a la cual había contribuido también en sus primeros libros. Preguntado en 1950 qué dirección seguía su obra poética, Bernárdez contestó: «Continúo una línea tradicional. Mi verdadera preocupación es de orden religioso más que de orden estético. Quiero ser fiel a mí mismo. He querido remozar, y creo que lo he logrado, esa corriente que arrancó de Garcilaso de la Vega, que pasó por Fray Luis de León y llega a su plenitud en Lope. He querido continuar en la idea de que en el pensamiento no hay ornamentos.» He ahí resumidas las filiaciones espirituales y poéticas más importantes de su obra, a las que puede añadirse la de San Juan de la Cruz. Militante católico, perteneció a un grupo bonaerense de orientación neotomista (Cuadrivio), y tal circunstancia debió haber influido no sólo en la temática, sino en algunos rasgos estilísticos notables de su verso. Poesía definitoria y de celebración, como la ha calificado Juan Carlos Ghiano, son muy naturales en ella ciertos procedimientos, como la enumeración, las definiciones y las contraposiciones, que Bernárdez ha convertido en tenaces maneras de su hacer poético. Esto, unido a su amor por la claridad que alcanza a veces una precisión ya lógica y al gusto por el rigor silogístico de la construcción, hace que por momentos lo intuitivo poético tienda a diluirse en la armazón discursiva del texto. Para el desarrollo de sus teorías de signo plenamente confesional ha

*preferido el poema largo y de trabada arquitectura ale-
górica* (El buque, El ruiseñor, La flor), *muy difíciles de
fragmentar a los efectos antológicos. Pero la misma vi-
bración espiritual y religiosa domina el tratamiento de
los demás temas de su canto: el del amor, y el de la
exaltación ante el misterio de los elementos de la natu-
raleza, entre otros. Su poesía ha merecido varios estu-
dios de interés: el recogido por José M. Alonso Gamo
en su libro* Tres poetas argentinos *(Madrid, 1951); el de
Rogelio Barufaldi,* Francisco Luis Bernárdez *(Buenos
Aires, 1964); y el de Angélica B. Lacunza,* La obra
poética de Francisco Luis Bernárdez. A través de cuatro
momentos de la poesía argentina contemporánea *(Buenos
Aires, 1964).*

Obra poética:

Orto, *1922.* Bazar *(prólogo de Ramón Gómez de la
Serna), 1922.* Kindergarten. Poemas ingenuos, *1923.*
Alcándara. Imágenes, *1925.* El buque, *1935.* Cielo de
tierra, *1937.* La ciudad sin Laura, *1938.* Poemas ele-
mentales, *1942.* Poemas de carne y hueso, *1943.* El rui-
señor, *1945.* Antología poética, *1946.* Las estrellas,
1947. El ángel de la guarda, *1949.* Poemas nacionales,
1950. La flor, *1951.* El arca, *1953.* Los mejores versos
de Francisco Luis Bernárdez, *1956.* La copa de agua,
1963. Poemas de cada día, *1964.*

ORACION POR EL ALMA DE UN NIÑO
MONTAÑES

Perdónalo, Señor: era inocente
como la santidad de la campana,
como la travesura de la fuente,
como la timidez de la mañana.

Fue pobrecito como la estameña,

como un arroyo de su serranía,
como su sombra que, de tan pequeña,
casi tampoco le pertenecía.

Fue honrado porque supo la enseñanza
del honrado camino pordiosero
que, cuando pisa tierra de labranza,
deja de ser camino y es sendero.

Fue su alegría tan consoladora
que, si tocaba su flautín minúsculo,
convertía el crepúsculo en aurora
para engañar la pena del crepúsculo.

De aquella vida el último latido
despertó la campana, una mañana,
como si el corazón de la campana
fuera su corazón reflorecido.

El silencio del mundo era tremendo,
y ni el mismo silencio comprendía
si era porque un espíritu nacía
o porque el día estaba amaneciendo.

Murió con su mirada de reproche,
como si presintiera su mirada
que debía quedarse con la noche
para dejarnos toda la alborada.

Murió con la mirada enrojecida,
temblando como un pájaro cobarde,
como la despedida de la tarde
o la tarde de alguna despedida.

(Heredero de toda su ternura,
el Angelus labriego, desde entonces,
es su rebaño, trémulo de bronces,
que nostálgico sube en su procura.)

Se conformó porque adivinaría
lo que a los inocentes se promete:
un ataúd chiquito de juguete
y un crucifijo de juguetería.

Como el agua obediente se conforma
a la imperfecta realidad del vaso,
así su espíritu llenó la forma
del ánfora encendida del ocaso.

Esa conformidad es la consigna
que hasta la sepultura lo acompaña,
pues quien quería toda la montaña
con un puñado suyo se resigna.

Perdónalo, Señor: desde la tierra
ya convivía en amistad contigo,
porque el cielo cercano es un amigo
para los habitantes de la sierra.

Señor: concédele tu amor sin tasa,
y si no quieres concederle otros,
concédele este cielo de mi casa
para que mire siempre por nosotros.

(De *Cielo de tierra*)

SONETO DE LA ENCARNACION

Para que el alma viva en armonía,
con la materia consuetudinaria
y, pagando la deuda originaria,
la noche humana se convierta en día;

para que a la pobreza tuya y mía
suceda una riqueza extraordinaria

y para que la muerte necesaria
se vuelva sempiterna lozanía,

lo que no tiene iniciación empieza,
lo que no tiene espacio se limita,
el día se transforma en noche oscura,

se convierte en pobreza la riqueza,
el modelo de todo nos imita,
el Creador se vuelve criatura.

SONETO DEL AMOR VICTORIOSO

Ni el tiempo que al pasar me repetía
que no tendría fin mi desventura
será capaz con su palabra obscura
de resistir la luz de mi alegría,

ni el espacio que un día y otro día
convertía distancia en amargura
me apartará de la persona pura
que se confunde con mi poesía.

Porque para el Amor que se prolonga
por encima de cada sepultura
no existe tiempo donde el sol se ponga.

Porque para el Amor omnipotente,
que todo lo transforma y transfigura,
no existe espacio que no esté presente.

(De *La ciudad sin Laura*)

ESTAR ENAMORADO

Estar enamorado, amigos, es encontrar el nombre justo
de la vida.
Es dar al fin con la palabra que para hacer frente a la
muerte se precisa.
Es recobrar la llave oculta que abre la cárcel en que el
alma está cautiva.
Es levantarse de la tierra con una fuerza que reclama
desde arriba.
Es respirar el ancho viento que por encima de la carne
se respira.
Es contemplar desde la cumbre de la persona la razón
de las heridas.
Es advertir en unos ojos una mirada verdadera que nos
mira.
Es escuchar en una boca la propia voz profundamente
repetida.
Es sorprender en unas manos ese calor de la perfecta
compañía.
Es sospechar que, para siempre, la soledad de nuestra
sombra está vencida.

Estar enamorado, amigos, es descubrir dónde se juntan
cuerpo y alma.
Es percibir en el desierto la cristalina voz de un río que
nos llama.
Es ver el mar desde la torre donde ha quedado prisio-
nera nuestra infancia.
Es apoyar los ojos tristes en un paisaje de cigüeñas y
campanas.
Es ocupar un territorio donde conviven los perfumes
y las armas.
Es dar la ley a cada rosa y al mismo tiempo recibirla
de su espada.

Es confundir el sentimiento con una hoguera que del
   pecho se levanta.
Es gobernar la luz del fuego y al mismo tiempo ser
   esclavo de la llama.
Es entender la pensativa conversación del corazón y la
   distancia.
Es encontrar el derrotero que lleva al reino de la mú-
   sica sin tasa.

Estar enamorado, amigos, es adueñarse de las noches
   y los días.
Es olvidar entre los dedos emocionados la cabeza dis-
   traída.
Es recordar a Garcilaso cuando se siente la canción de
   una herrería.
Es ir leyendo lo que escriben en el espacio las primeras
   golondrinas.
Es ver la estrella de la tarde por la ventana de una
   casa campesina.
Es contemplar un tren que pasa por la montaña con las
   luces encendidas.
Es comprender perfectamente que no hay fronteras en-
   tre el sueño y la vigilia.
Es ignorar en qué consiste la diferencia entre la pena
   y la alegría.
Es escuchar a medianoche la vagabunda confesión de la
   llovizna.
Es divisar en las tinieblas del corazón una pequeña lu-
   cecita.

Estar enamorado, amigos, es padecer espacio y tiempo
   con dulzura.
Es depertarse una mañana con el secreto de las flores
   y las frutas.
Es libertarse de sí mismo y estar unido con las otras
   criaturas.
Es no saber si son ajenas o si son propias las lejanas
   amarguras.

Es remontar hasta la fuente las aguas turbias del torren-
te de la angustia.
Es compartir la luz del mundo y al mismo tiempo com-
partir su noche obscura.
Es asombrarse y alegrarse de que la luna todavía sea
luna.
Es comprobar en cuerpo y alma que la tarea de ser
hombre es menos dura.
Es empezar a decir *siempre* y en adelante no volver a
decir *nunca*.
Y es además, amigos míos, estar seguro de tener las
manos puras.

EL MAR

El mar sin tiempo y sin espacio nos acaricia con sus olas
comprensivas.
Su soledad es tan inmensa que se confunde con sus aguas
infinitas.
Nadie lo habita, ni lo surca; nadie lo llama, ni lo escu-
cha, ni lo mira.
Vive desnudo como el alma, con su profunda inmen-
sidad por compañía.
No hay bienvenidas en sus puertos; ni en sus obscuros
malecones despedidas.
Tanto las playas que desea como las playas que aban-
dona están vacías.
Mudas están sus caracolas, y ya no alumbran sus estre-
llas submarinas.
De los veleros que lo amaron apenas hay reminiscencias
imprecisas.
La tierra ignora nuestras dudas y el firmamento nues-
tras largas agonías.
Sólo este mar que nos comprende puede medir la so-
ledad de nuestras vidas.

El mar inunda nuestros ojos con la ternura temblorosa
de sus aguas.
Y nos contempla largamente con la dulzura elemental
de su mirada.
El poderoso sentimiento del mar sin fin tiene un mo-
mento forma humana.
Y entre las aguas invasoras nuestra emoción es más
profunda y más amarga.
Para el dolor alternativo de las mareas nuestro ser es
una playa.
De nuestras venas son las olas que se suceden en las
costas más lejanas.
Algo más grande que nosotros está despierto en nuestra
voz abandonada.
Una pasión de carne y hueso tiembla en el pulso de las
olas solitarias.
Manos de viento nos golpean el corazón y nos oprimen
la garganta.
Sólo este mar que nos contempla sabe medir la soledad
de nuestras lágrimas.

El mar escucha sin descanso la silenciosa confesión de
los recuerdos.
Una emoción incontenible, pero sin voz, sube del fondo
de su pecho.
Donde las aguas son profundas como la muerte y el
amor, hay un velero.
Bajo las olas pensativas el gran navío de la infancia
está durmiendo.
En el abismo es su dulzura como un violín abandonado
en un desierto.
Nido en el bosque tenebroso, llanto infantil en un ca-
mino solo y negro.
Su cuerpo mudo y solitario vive la vida de las flores
y los ciegos.
Por lo callado y por lo solo parece un alma ensimisma-
da en vez de un cuerpo.

Para su amor interminable todos los puertos de la tie-
rra son pequeños.
Sólo este mar que nos escucha puede medir la soledad
de nuestros sueños.

El mar pregunta por nosotros en el lenguaje de sus olas
más obscuras.
(De tan sombrías, ni siquiera tienen la gracia luminosa
de la espuma.)
Profundos son sus ojos negros, pero su voz es todavía
más profunda.
Es necesario haber sufrido sin compasión para saber lo
que murmura.
Las olas vienen de muy lejos a descansar en nuestro ser,
una por una.
Vienen sin restos de naufragios y bajo cielos sin estre-
llas y sin luna.
No vieron islas encantadas, ni blancas velas, ni gaviotas
vagabundas.
Desierto igual es imposible fuera del ser por quien sus-
piran y preguntan.
Sobre las olas desoladas el firmamento está distante
como nunca.
Sólo este mar que nos invoca puede medir la soledad
de nuestra angustia.

El mar sin rumbo y sin amparo busca refugio silencioso
en nuestra frente.
Y el movimiento de las olas infatigables se apacigua
lentamente.
Sobre las aguas angustiosas una quietud espiritual dicta
sus leyes.
La eternidad las tranquiliza con la virtud maravillosa
de su aceite.
En las tinieblas infinitas un gran misterio abre las alas
para siempre.
Y en el abismo solitario todas las formas del olvido
están presentes.

En vez de voces hay silencio, y aterradora soledad en
vez de seres.

Donde hubo pájaros hay viento, y obscuridad y obscu-
ridad donde hubo peces.

Nuestro dolor y el de las aguas están unidos en la paz
de las rompientes.

Sólo este mar que nos conoce puede medir la soledad
de nuestra muerte.

(De *Poemas elementales*)

Leopoldo Marechal

(Argentina, 1900-1970). Se inició en la vida literaria a través de la generación «martinfierrista», así llamada por la revista que les servía de tribuna, y la cual es denominación que · el propio Marechal prefiere a la de «ultraísta», con que también se suele designar a aquel grupo juvenil que en los comienzos de los años veinte abría en la Argentina los nuevos horizontes de la época. A su inicial contribución vanguardista (libertad y opulencia verbales, gusto por la metáfora brillante) le sucedieron, como a la mayoría de los autores de entreguerras, varias llamadas al orden (que el poeta define como un ejercicio de «mortificación literaria»), las cuales le orientaron hacia el rigor y la disciplina, el encauzamiento del espíritu sostenido por un idealismo estético inquebrantable, la preferencia por el símbolo de gran eficacia plástica y un amor sostenido a la perfección de la forma. Su poesía tomó entonces rumbos meditativos (el amor, la muerte, el triunfo del espíritu sobre la sensualidad, el interés en la definitiva sabiduría, etc.), siempre con un definido temblor religioso; o se proyectó sobre el paisaje real de su país y sus elementos autóctonos, pero trascendiendo en todo momento lo meditado y lo contemplado a niveles que correspondían de fiel manera a su madura profesión idealista. El mismo ha resumido esa fe en su libro Descenso y ascenso del alma por la belleza, *de clara filiación agustiniana y neoplatónica, que es indispensable para el cabal conocimiento de su mundo poético. De ese modo, lo lírico y lo trascendente se hermanan en la obra definitiva de quien ha manifestado expresamente su convicción de que «en to-*

das las auténticas tradiciones, la poesía es el idioma natural de lo metafísico». Por ello ha sido natural que de común se le señalen sus relaciones con la poesía religiosa española de los Siglos de Oro, perteneciendo también a lo más genuino de la tradición hispánica la mayoría de las formas estróficas a las que ha buscado someter su canto. En el terreno novelístico dio una avanzada importante y temprana de la nueva novela de creación hispanoamericana con su Adán Buenosayres *(1948); y recientemente ha confirmado su maestría en el género con* El banquete de Severo Arcángelo *(1965), que tan unánime aceptación ha merecido.*

Obra poética:

   Los aguiluchos, 1922. *Días como flechas,* 1926. *Odas para el hombre y la mujer,* 1929. *Laberinto de amor,* 1936. *Cinco poemas australes,* 1937. *El centauro,* 1940. *Sonetos a Sophia y otros poemas,* 1940. *La rosa en la balanza: «Odas para el hombre y la mujer» y «Laberinto de amor»,* 1944. *El viaje de la primavera,* 1945. *Antología poética* (prólogo de Juan Carlos Ghiano), 1950. *El canto de San Martín,* 1952. *Pequeña antología,* 1954. *La patria,* 1961. *El poema del robot,* 1966. *Heptamerón,* 1966.

DE LA ADOLESCENTE

Entre mujeres alta ya, la niña
   quiere llamarse Viento.
Y el mundo es una rama que se dobla
   casi junto a sus manos,
   y la niña quisiera
   tener filos de viento.

Pero no es hora, y ríe
ya entre mujeres alta:

sus dedos no soltaron todavía
    el nudo de la guerra
ni su palabra inauguró en las vivas
regiones de dolor, campos de gozo.
    Su boca está cerrada
    junto a las grandes aguas.

    Y dicen los varones:
«Elogios impacientes la maduran:
    cuando se llame Viento
    nos tocará su mano
    repleta de castigos.»

Y las mujeres dicen:
    «Nadie quebró su risa:
maneras de rayar le enseñaron los días.»

La niña entre alabanzas amanece:
    cantado es su verdor,
    increíble su muerte.

                    (De *Odas para el hombre y la mujer*)

A UN DOMADOR DE CABALLOS

I

Cuatro elementos de guerra
    forman el caballo salvaje.
Domar un potro es ordenar la fuerza
    y el peso y la medida:
Es abatir la vertical del fuego
    y enaltecer la horizontal del agua;
Poner un freno al aire,
    dos alas a la tierra.
¡Buen domador el que armoniza y tañe
    las cuatro cuerdas del caballo!

(Cuatro sonidos en guerra
  forman el potro salvaje.)
Y el que levanta manos de músico y las pone
  sobre la caja del furor
Puede mirar de frente a la Armonía
  que ha nacido recién
  y en pañales de llanto.
Porque domar un potro
  es como templar una guitarra.

II

¡Domador de caballos y amigo que no pone
  fronteras de amistad,
Y hombre dado al silencio
  como a un vino precioso!
¿Por qué vendrás a mí con el sabor
  de los días antiguos,
De los antiguos días abiertos y cerrados
  a manera de flores?

¿Vienes a reclamar el nacimiento
  de un prometido elogio,
  domador de caballos?

(Cordajes que yo daba por muertos resucitan:
Recobran en mi mano el peligroso
  desvelo de la música.)

III

Simple como un metal, metal de hombre,
  con el sonido puro
  de un hombre y un metal;
Oscuro y humillado,
  pero visible todavía el oro
  de una nobleza original que dura
  sobre tu frente;

Hombre sin ciencia, mas escrito
  de la cabeza hasta los pies con leyes
  y números, a modo
  de un barro fiel;
Y sabio en la medida
  de tu fidelidad;
Así vienes, amigo sin fronteras,
  así te vemos en el Sur:
Y traes la prudencia ceñida a tus riñones.
Y la benevolencia,
  como una flor de sal, en tu mirada
  se abre para nosotros, domador.

IV

¡Edificada tarde!
Su inmensa curva de animal celeste
  nos da la tierra:
Somos dos hombres y un domador de caballos,
  puestos en un oficio musical.
Hombre dado al silencio como a un vino precioso,
  te adelantas ahora:
En tu frente la noble costumbre de la guerra
  se ha dibujado como un signo,
Y la sagacidad en tu palabra
  que no deshoja el viento.

V

¿Qué forma oscura tiembla y se resuelve
  delante de nosotros?
¿Qué gavilla de cólera recoge
  tu mano, domador?
(Cuatro sonidos en guerra
  forman el potro salvaje.)
Somos dos hombres y un domador de caballos,
  puestos en un oficio musical.
Y el caballo es hermoso: su piel relampagueante
  como la noche;

Con el pulso del mar, con la graciosa
   turbulencia del mar;
Amigo en el origen, y entregado a nosotros
   en el día más puro de su origen;
Hecho a la traslación, a la batalla
   y a la fatiga: nuestro signo.

El caballo es hermoso como un viento
   que se hiciera visible;
Pero domar el viento es más hermoso,
   ¡Y el domador lo sabe!
Y así lo vemos en el Sur: jinete
   del río y de la llama;
Sentado en la tormenta
   del animal que sube como el fuego,
   que se dispersa como el agua viva;
Sus dedos musicales afirmados
   en la caja sonora
Y puesta su atención en la Armonía
   que nace de la guerra, flor de guerra.

VI

Así lo vimos en el Sur. Y cuando
   vencedor y sin gloria,
Hubo estampado en el metal caliente
   de la bestia su sello y nuestras armas,
¡Amigo sin riberas!, lo hemos visto
   regresar al silencio,
Oscuro y humillado,
   pero visible todavía el oro
   de una realeza antigua que no sabe
   morir sobre su frente.
Su nombre: Domador de Caballos, al Sur.
Domador de caballos,
   no es otra su alabanza.

                              (De *Cinco poemas australes*)

CORTEJO

Vestida y adornada como para sus bodas
    la Muerta va: dos niños
    la conducen, llorando.
Y es en el mismo carro de llevar las espigas
    maduras en diciembre.

El cuerpo va tendido sobre lanas brillantes,
    ejes y ruedas cantan
    su antigua servidumbre.
Clavado en la pradera como una lanza de oro
    fulgura el mediodía.

(Mi hermano va en un potro de color de la noche,
    yo en una yegua blanca
    sin herrar todavía.)

La Muerta va en el carro de los trigos maduros:
    su cara vuelta al sol
    tiene un brillo de níquel.
Se adivina la forma del silencio en sus labios,
    una forma de llave.

Ha cerrado los ojos a la calma visible
    del día y a su juego
    de números cantores;
Y se aferran sus manos a la Cruz en un gesto
    de invisible naufragio.

Y mientras el cortejo se adelanta entre flores
    y linos que cecean
    el idioma del viento,
la cabeza yacente, sacudida en el viaje,
    traza el signo de ¡no!

Dos niños la conducen: en sus frentes nubladas
  el enigma despunta.
¿Por qué la Muerta va con su traje de bodas?
  ¿Por qué en el mismo carro
  de llevar las espigas?

(Mi hermano va en un potro del color de la noche,
  yo en una yegua blanca
  sin herrar todavía.)

DEL ADIOS A LA GUERRA

¡No ya la guerra de brillantes ojos,
La que aventando plumas y corceles
Dejó un escalofrío de broqueles
En los frutales mediodías rojos!

Si el orgullo velaba sus despojos
Y el corazón dormía entre laureles,
¡Mal pude, Amor, llegarme a tus canceles,
Tocar aldabas y abolir cerrojos!

¡Armaduras de sol, carros triunfales,
Otros dirán la guerra y sus metales!
Yo he desertado y cruzo la frontera

Detrás de mi señora pensativa,
Porque, a la sombra de la verde oliva,
Su bandera de amor es mi bandera.

(De *Sonetos a Sophia*)

DEL AMOR NAVEGANTE

Porque no está el Amado en el Amante
Ni el Amante reposa en el Amado,
Tiende Amor su velamen castigado
Y afronta el ceño de la mar tonante.

Llora el Amor en su navío errante
Y a la tormenta libra su cuidado,
Porque son dos: Amante desterrado
Y Amado con perfil de navegante.

Si fuesen uno, Amor, no existiría
Ni llanto ni bajel ni lejanía,
Sino la beatitud de la azucena.

¡Oh amor sin remo, en la Unidad gozosa!
¡Oh círculo apretado de la rosa!
Con el número Dos nace la pena.

DE LA CORDURA

Con pie de pluma recorrí tu esfera,
Mundo gracioso del esparcimiento;
Y no fue raro que jugara el viento
Con la mentira de mi primavera.

Dormido el corazón, extraño fuera
Que hubiese dado lumbre y aposento
Al suplicante Amor, cuyo lamento
Llama de noche al corazón y espera.

Si, fría el alma y agobiado el lomo,
Llegué a tu soledad reveladora
Con pie de pluma y corazón de plomo,

¡Deja que un arte más feliz asuma,
Gracioso mundo, y que te busque ahora
Con pie de plomo y corazón de pluma!

1.ª CANCION ELBITENSE

¿Cómo no amarte, corazón de viento?
   ¡Que la noche lo diga
   con lengua numerosa!
¿Cómo no amarte, corazón de viento,
si en tu mano derecha está la rosa
y en tu izquierda la espiga?

¿Cómo no amarte, cielo dolorido?
   ¡Que lo explique tu amiga,
   la noche silenciosa!
¿Cómo no amarte, cielo dolorido,
si en tu mano derecha está la rosa
y en tu izquierda la espiga?

Rosa o espiga, cielo dolorido,
sobre tu mano floreció el olvido.
Y espiga o rosa, corazón de viento,
sobre tu mano está el amor sediento.

(De «Otros poemas», en *Antología poética*)

José Gorostiza

(*México, 1901-1973*). *Frente a la natural exaltación nacionalista de la literatura mexicana post-revolucionaria, el grupo de los «Contemporáneos» trató, hacia la década de los años veinte, y aun después, de rescatar para la poesía su sentido más profundo, trascendente y universal. De los miembros de aquel grupo, tal vez ninguno sirviera con mayor escrupulosidad a ese propósito que Gorostiza. La brevedad tanto como la densidad de su obra se comprenden fácilmente a partir de este juicio de su compañero de generación Xavier Villaurrutia: «José Gorostiza es, entre todos, el de más fina emoción. Sus poesías acusan, en vez de espontaneidad, pureza y perfección definitivas, elaboriosa decantación.» Y unas declaraciones del propio autor ilustrarán impecablemente su poética: «La poesía, para mí, es una investigación de ciertas esencias —el amor, la vida, la muerte, Dios— que se produce en un esfuerzo por quebrantar el lenguaje de tal manera que, haciéndolo más transparente, se pueda ver a través de esas esencias.» Tal vocación de esencialidad y su amor por las palabras «luminosas, exactas y palpitantes» informan su disentimiento crítico respecto a otras formas poéticas coetáneas: el superficial vanguardismo, la poesía pura, la social, o la sostenida en los puros efectos sensoriales. Y su actitud intelectual explica también el gusto por la construcción poemática y su defensa de las formas rigurosas (el soneto, por ejemplo) y de los poemas largos («la suma de treinta momentos musicales no hará nunca el efecto de una sinfonía», ha dicho al respecto). En esta última línea es autor de* Muerte sin fin, *uno de los textos que*

con Altazor, *de Huidobro, y* Piedra de sol, *de Octavio
Paz, integra la trilogía de grandes poemas extensos de
la lírica hispanoamericana contemporánea.* Muerte sin fin
*desarrolla, en un lenguaje de ardua belleza (como «res-
plandeciente, escultórico y abstracto» ha calificado el
propio Paz ese lenguaje) la dialéctica insalvable, conde-
nada a la aniquilación, entre la materia y la forma; la
cual, diversificándose en múltiples niveles, lo es tam-
bién entre la existencia y la inteligencia, el lenguaje y
la expresión, la vida y la muerte. La parca pero incisiva
obra de Gorostiza, tan rica de matices y hallazgos, ha
sido por ello mismo centro de continuo interés crítico.
Frank Dauster le ha dedicado un capítulo en sus* Ensa-
yos sobre poesía mexicana. Asedio a los «Contemporá-
neos» *(México, 1963); Andrew P. Debicki, el libro* La
poesía de José Gorostiza *(México, 1962); y Mordecai
S. Rubin otro, titulado* Una poética moderna. «Muerte
sin fin», de José Gorostiza. Análisis y comentario
(México, 1966).

Obra poética:

Canciones para cantar en las barcas, 1925. Muerte sin
fin, *1939 (2.ª ed., con prólogo de Octavio Paz), 1952.*
Poesía, *1964.*

LA ORILLA DEL MAR

No es agua ni arena
la orilla del mar.

El agua sonora
de espuma sencilla,
el agua no puede
formarse la orilla.
Y porque descanse
en muelle lugar,

no es agua ni arena
la orilla del mar.

Las cosas discretas,
amables, sencillas;
las cosas se juntan
como las orillas.

Lo mismo los labios,
si quieren besar.
No es agua ni arena
la orilla del mar.

Yo sólo me miro
por cosa de muerto;
solo, desolado,
como en un desierto.

A mí venga el lloro,
pues debo penar.
No es agua ni arena
la orilla del mar.

(De *Canciones para cantar en las barcas*)

PAUSAS II

No canta el grillo. Ritma
la música
de una estrella.

Mide
las pausas luminosas
con su reloj de arena.

Traza

sus órbitas de oro
en la desolación etérea.

La buena gente piensa
—sin embargo—
que canta una cajita
de música en la hierba.

DIBUJOS SOBRE UN PUERTO

3. *Nocturno*

El silencio por nadie se quebranta,
y nadie lo deplora.
Sólo se canta
la puesta del sol, desde la aurora.
Mas la luna, con ser
de luz a nuestro simple parecer,
nos parece sonora
cuando derraman sus manos ligeras
las ágiles sombras de las palmeras.

ESPEJO NO

Espejo no: marea luminosa,
marea blanca.

Conforme en todo al movimiento
con que respira el agua

¡cómo se inflama en su delgada prisa,
marea alta

y alumbra —qué pureza de contornos,
qué piel de flor— la distancia,

desnuda ya de peso,
ya de eminente claridad helada!

Conforme en todo a la molicie
con que reposa el agua,

¡cómo se vuelve hondura, hondura,
marea baja,

y más cristal que luz, más ojo,
intenta una mirada

en la que —espectros de color— las formas,
las claras, bellas, mal heridas, sangran!

(De «Del poema frustrado», en *Poesía*)

PRESENCIA Y FUGA

II

Te contienes, oh Forma, en el suntuoso
muro que opones de encarnada espuma,
al oscuro apetito de la bruma
y al tacto que te erige luminoso.

Dueña así de un dinámico reposo,
marchas igual a tu perfecta suma,
ay, como un sol, sin que el andar consuma
ni el eco mismo de tu pie moroso.

¡Isla del cielo, viva, en las mortales

congojas de tus bellos litorales!
Igual a ti, si fiel a tu diseño,

colmas el cauce de tu ausencia fría;
igual, si emanas de otra tú, la mía,
que nace a sus insomnios en mi sueño.

III

Tu destrucción se gesta en la codicia
de esta sed, toda tacto, asoladora,
que deshecha, no viva, te atesora
en el nimio caudal de la noticia.

Te miro ya morir en la caricia
de tus ecos; en esa ardiente flora
que, nacida en tu ausencia, la devora
para mentir la luz de tu delicia.

Pues no eres tú, fluente, a ti anudada.
Es belleza, no más, desgobernada
que en ti porque la asumes se consuma.

Es tu muerte, no más, que se adelanta,
que al habitar tu huella te suplanta
con audaces resúmenes de espuma.

MUERTE SIN FIN

(Fragmentos)

I

Lleno de mí, sitiado en mi epidermis,
por un dios inasible que me ahoga,
mentido acaso

por su radiante atmósfera de luces
que oculta mi conciencia derramada,
mis alas rotas en esquirlas de aire,
mi torpe andar a tientas por el lodo;
lleno de mí —ahíto— me descubro
en la imagen atónita del agua,
que tan sólo es un tumbo inmarcesible,
un desplome de ángeles caídos
a la delicia intacta de su peso,
que nada tiene
sino la cara en blanco
hundida a medias, ya, como una risa agónica,
en las tenues holandas de la nube
y en los funestos cánticos del mar
—más resabio de sal o albor de cúmulo
que sola prisa de acosada espuma.
No obstante —oh paradoja— constreñida
por el rigor del vaso que la aclara,
el agua toma forma.
En él se asienta, ahonda y edifica,
cumple una edad amarga de silencios
y un reposo gentil de muerte niña,
sonriente, que desflora
un más allá de pájaros
en desbandada.
En la red de cristal que la estrangula,
allí, como en el agua de un espejo,
se reconoce;
atada allí, gota con gota,
marchito el tropo de espuma en la garganta
¡qué desnudez de agua tan intensa,
qué agua tan agua,
está en su orbe tornasol soñando,
cantando ya una sed de hielo justo!
¡Mas qué vaso— también— más providente
éste que así se hinche
como una estrella en grano,
que así, en heroica promisión, se enciende
como un seno habitado por la dicha,

y rinde así, puntual,
una rotunda flor
de transparencia al agua,
un ojo proyectil que cobra alturas
y una ventana a gritos luminosos
sobre esa libertad enardecida
que se agobia de cándidas prisiones!

IV

¡Oh inteligencia, soledad en llamas,
que todo lo concibe sin crearlo!
Finge el calor del lodo,
su emoción de substancia adolorida,
el iracundo amor que lo embellece
y lo encumbra más allá de las alas
a donde sólo el ritmo
de los luceros llora,
mas no le infunde el soplo que lo pone en pie
y permanece recreándose en sí misma,
única en El, inmaculada, sola en El,
reticencia indecible,
amoroso temor de la materia,
angélico egoísmo que se escapa
como un grito de júbilo sobre la muerte
—¡oh inteligencia, páramo de espejos!—
helada emanación de rosas pétreas
en la cumbre de un tiempo paralítico;
pulso sellado;
como una red de arterias temblorosas,
hermético sistema de eslabones
que apenas se apresura o se retarda
según la intensidad de su deleite;
abstinencia angustiosa
que presume el dolor y no lo crea,
que escucha ya en la estepa de sus tímpanos
retumbar el gemido del lenguaje
y no lo emite;
que nada más absorbe las esencias

y se mantiene así, rencor sañudo,
una, exquisita, con su dios estéril,
sin alzar entre ambos
la sorda pesadumbre de la carne,
sin admitir en su unidad perfecta
el escarnio brutal de esa discordia
que nutren vida y muerte inconciliables,
siguiéndose una a otra
como el día y la noche,
una y otra acampadas en la célula
como en un tardo tiempo de crepúsculo,
ay, una nada más, estéril, agria,
con El, conmigo, con nosotros tres:
como el vaso y el agua, sólo una
que reconcentra su silencio blanco
en la orilla letal de la palabra
y en la inminencia misma de la sangre.
                ¡ALELUYA, ALELUYA!

                        IX

En la red de cristal que la estrangula,
el agua toma forma,
la bebe, sí, en el módulo del vaso,
para que éste también se transfigure
con el temblor del agua estrangulada
que sigue allí, sin voz, marcando el pulso
glacial de la corriente.
Pero el vaso
—a su vez—
cede a la informe condición del agua
a fin de que —a su vez— la forma misma,
la forma en sí, que está en el duro vaso
sosteniendo el rencor de su dureza
y está en el agua de aguijada espuma
como presagio cierto de reposo,
se pueda sustraer al vaso de agua;
un instante, no más,
no más que el mínimo

perpetuo instante del quebranto,
cuando la forma en sí, la pura forma,
se abandona al designio de su muerte
y se deja arrastrar, nubes arriba,
para ese atormentado remolino
en que los seres todos se repliegan
hacia el sopor primero,
a construir el escenario de la nada.
Las estrellas entonces ennegrecen.
Han vuelto el dardo insomne
a la noche perfecta de su aljaba.

X

¡Tan-Tan! ¿Quién es? Es el Diablo,
es una espesa fatiga,
un ansia de trasponer
estas lindes enemigas,
este morir incesante,
tenaz, esta muerte viva,
¡oh Dios! que te está matando
en tus hechuras estrictas,
en las rosas y en las piedras,
en las estrellas ariscas
y en la carne que se gasta
como una hoguera encendida,
por el canto, por el sueño,
por el color de la vista.

¡Tan-Tan! ¿Quién es? Es el Diablo,
ay, una ciega alegría,
un hambre de consumir
el aire que se respira,
la boca, el ojo, la mano;
estas pungentes cosquillas
de disfrutarnos enteros
en sólo un golpe de risa,
ay, esta muerte insultante,
procaz, que nos asesina

a distancia, desde el gusto
que tomamos en morirla,
por una taza de té,
por una apenas caricia.

¡Tan-Tan! ¿Quién es? Es el Diablo,
es una muerte de hormigas
incansables, que pululan,
¡oh Dios! sobre tus astillas;
que acaso te han muerto allá,
siglos de edades arriba,
sin advertirlo nosotros,
migajas, borra, cenizas
de ti, que sigues presente
como una estrella mentida
por su sola luz, por una
luz sin estrella, vacía,
que llega al mundo escondiendo
su catástrofe infinita.

[BAILE]

Desde mis ojos insomnes
mi muerte me está acechando,
me acecha, sí, me enamora
con su ojo lánguido.
¡Anda, putilla del rubor helado,
anda, vámonos al diablo!

(De *Muerte sin fin*)

, (Ecuador, 1902). *Acostumbrados a ver en Jorge Ca-*
rrera Andrade al poeta del paisaje, los viajes, la geogra-
fía y el regreso, hay que superar en él la imagen de un
artista complacido superficialmente en un exterior «re-
gistro del mundo» —título de uno de sus libros más sig-
nificativos. Ese registro es cierto si por mundo se entien-
de la realidad total, desde la exultante presencia física de
las cosas hasta las inquietudes sociales de una época do-
minada por una aguda crisis y el angustioso vacío exis-
tencial del hombre contemporáneo. Lo original de su vi-
sión poética, como anota Enrique Ojeda, radica en la
entereza de su esfuerzo por encontrar un asidero de sal-
vación frente a la angustia, y en su voluntad de restable-
cer la rota unión del hombre con la naturaleza. Y todo
ello, siempre, a través de una palabra esencialmente líri-
ca, la cual ha conservado intacta a lo largo de los años
el gusto por la fresca expresión metafórica, audaz y sor-
predente, pero no críptica, que es una de las notas más
características de su estilo. Pero el ejercicio del verso ha
sido para Carrera Andrade algo más profundo: un inten-
to por descubrir ese «país secreto», sin mapa, que es el
ser humano total de nuestro tiempo, en su soledad, pero
también en su integración solidaria con el otro, con los
otros. Al efecto, ha defendido la poesía lírica «como la
única que ha dado libertad al hombre, ayudándole a co-
nocerse a sí mismo». No ha sido un poeta esteticista;
pero cuenta entre los que más han respetado la dignidad
estética de la poesía y su independencia de credos y con-
signas. Objeto de tesis doctorales y numerosos estudios,
entre estos últimos son de mencionar el de Pedro Salinas

titulado «Registro de Jorge Carrera Andrade», recogido en su libro Ensayos de literatura hispánica *(Madrid: Aguilar, 1961), y del citado Enrique Ojeda su prólogo a la reciente colección de Carrera Andrade,* Poesía última *(New York, 1968).*

OBRA POÉTICA:

El estanque inefable, 1922. La guirnalda del silencio, 1926. Boletines de mar y tierra, 1930. Rol de la manzana, 1935. El tiempo manual, 1935. Biografía para uso de los pájaros, 1937. La hora de las ventanas iluminadas, 1937. País secreto, 1940. Registro del mundo, 1940 (2.ª edición con prólogo de Pedro Salinas), 1945. Microgramas, 1940. Canto al puente de Oakland, 1941. Aquí yace la espuma, 1950. Lugar de origen, 1951. Dictado por el agua. Dicté par l'eau (traducción al francés por Claude Couffon), 1951. Familia de la noche, 1954. Edades poéticas (1922-1956) (edición difinitiva, corregida por el autor), 1958. Hombre planetario, 1959. Floresta de los guacamayos, 1964. Crónica de las Indias, 1965. Poesía última, 1968.

EL HOMBRE DEL ECUADOR BAJO LA TORRE EIFFEL

Te vuelves vegetal a la orilla del tiempo.
Con tu copa de cielo redondo
y abierta por los túneles del tráfico,
eres la ceiba máxima del Globo.

Suben los ojos pintores
por tu escalera de tijera hasta el azul.

Alargas sobre una tropa de tejados
tu cuello de llama del Perú.

Arropada en los pliegues de los vientos,
con tu peineta de constelaciones,
te asomas al circo
de los horizontes.

Mástil de una aventura sobre el tiempo.
Orgullo de quinientos treinta codos.

Pértiga de la tienda que han alzado los hombres
en una esquina de la historia.
Con sus luces gaseosas
copia la vía láctea tu dibujo en la noche.

Primera letra de un Abecedario cósmico,
apuntada en la dirección del cielo;
esperanza parada en zancos;
glorificación del esqueleto.

Hierro para marcar el rebaño de nubes
o mudo centinela de la edad industrial.
La marea del cielo
mina en silencio tu pilar.

(De *Boletines de mar y tierra*)

VERSION DE LA TIERRA

Bienvenido, nuevo día:
Los colores, las formas
vuelven al taller de la retina.

He aquí el vasto mundo
con su envoltura de maravilla:
La virilidad del árbol.
La condescendencia de la brisa.

El mecanismo de la rosa.
La arquitectura de la espiga.

Su vello verde la tierra
sin cesar cría.

La savia, invisible constructora,
en andamios de aire edifica
y sube los peldaños de la luz
en volúmenes verdes convertida.

El río agrimensor hace
el inventario de la campiña.
Sus lomos oscuros lava en el cielo
la orografía.
He aquí el mundo de pilares vegetales
y de rutas líquidas,
de mecanismos y arquitecturas
que un soplo misterioso anima.
Luego, las formas y los colores amaestrados,
el aire y la luz viva
sumados en la Obra del hombre,
vertical en el día.

HISTORIA CONTEMPORANEA

Desde las seis está despierto el humo
que no cesa de señalar con su brazo la dirección del
                                                    [viento.
Los bancos conservan el sueño congelado de los vaga-
                                                    [bundos
y las vidrieras de los restaurantes aprisionan la calle
y la venden entre sus frutas, botellas y mariscos.
Un pájaro nuevo silba en las poleas
y en los andamios que cuelgan su columpio de los hom-
                                    [bros de los edificios.

Los chicos suman panes y luceros en sus pizarras de luto
y los automóviles corren sin saber
que una piedra espera en una curva la señal del destino.

Ametralladora de palabras,
la máquina de escribir dispara contra el centinela invisi-
                                        [ble de la campanilla.
Los yunques fragmentan un sueño sonoro de herraduras
y las máquinas de coser aceleran su taquicardia de solte-
                                        [ronas
entre el oleaje giratorio de las telas.

La tarde conduce un fardo de sol en un tranvía.

Obreros desocupados ven el cielo como una cesta de man-
                                        [zanas.
Regimientos de frío
dispersan los grupos de vagabundos y mendigos.

El vendedor de pescado, los voceadores de periódicos
y el hombre que muele el cielo en su organillo
se dan la mano a la hora de la cena
en las cloacas y bajo la axila de los puentes
donde juegan al jardín los desperdicios
y sacan la lengua las latas de conserva.
Sus sombras crecen más allá de los tejados puntiagudos
y van cubriendo la ciudad, los caminos y los campos pró-
                                        [ximos
hasta ahogar en su pecho el relieve del mundo.

                                        (De *El tiempo manual*)

EL OBJETO Y SU SOMBRA

Arquitectura fiel del mundo.
Realidad, más cabal que el sueño.

La abstracción muere en un segundo:
sólo basta un fruncir del ceño.

Las cosas. O sea la vida.
Todo el universo es presencia.
La sombra al objeto adherida
¿acaso transforma su esencia?

Limpiad el mundo —ésta es la clave—
de fantasmas del pensamiento.
Que el ojo apareje su nave
para un nuevo descubrimiento.

(De *Noticias del cielo*)

BIOGRAFIA PARA USO DE LOS PAJAROS

Nací en el siglo de la defunción de la rosa
cuando el motor ya había ahuyentado a los ángeles.
Quito veía andar la última diligencia
y a su paso corrían en buen orden los árboles,
las cercas y las casas de las nuevas parroquias,
en el umbral del campo
donde las lentas vacas rumiaban el silencio
y el viento espoleaba sus ligeros caballos.

Mi madre, revestida de poniente,
guardó su juventud en una honda guitarra
y sólo algunas tardes la mostraba a sus hijos
envuelta entre la música, la luz y las palabras.
Yo amaba la hidrografía de la lluvia,
las amarillas pulgas del manzano
y los sapos que hacían sonar dos o tres veces
su gordo cascabel de palo.

Sin cesar maniobraba la gran vela del aire.
Era la cordillera un litoral del cielo.

La tempestad venía, y al batir del tambor
cargaban sus mojados regimientos;
mas, luego el sol con sus patrullas de oro
restauraba la paz agraria y transparente.
Yo veía a los hombres abrazar la cebada,
sumergirse en el cielo unos jinetes
y bajar a la costa olorosa de mangos
los vagones cargados de mugidores bueyes.

El valle estaba allá con sus haciendas
donde prendía el alba su reguero de gallos
y al oeste la tierra donde ondeaba la caña
de azúcar su pacífico banderín, y el cacao
guardaba en un estuche su fortuna secreta,
y ceñían, la piña su coraza de olor,
la banana desnuda su túnica de seda.

Todo ha pasado ya, en sucesivo oleaje,
como las vanas cifras de la espuma.
Los años van sin prisa enredando sus líquenes
y el recuerdo es apenas un nenúfar
que asoma entre dos aguas
su rostro de ahogado.
La guitarra es tan sólo ataúd de canciones
y se lamenta herido en la cabeza el gallo.
Han emigrado todos los ángeles terrestres,
hasta el ángel moreno del cacao.

(De *Biografía para uso de los pájaros*)

JUAN SIN CIELO

Juan me llamo, Juan Todos, habitante
de la tierra, más bien su prisionero,
sombra vestida, polvo caminante,
el igual a los otros, Juan Cordero.

Sólo mi mano para cada cosa
—mover la rueda, hallar hondos metales—
mi servidora para asir la rosa
y hacer girar las llaves terrenales.

Mi propiedad labrada en pleno cielo
—un gran lote de nubes era mío—
me pagaba en azul, en paz, en vuelo
y ese cielo en añicos: el rocío.

Mi hacienda era el espacio sin linderos
—oh territorio azul siempre sembrado
de maizales cargados de luceros—
y el rebaño de nubes, mi ganado.

Labradores los pájaros; el día
mi granero de par en par abierto
con mieses y naranjas de alegría.
Maduraba el poniente como un huerto.

Mercaderes de espejos, cazadores
de ángeles llegaron con su espada
y, a cambio de mi hacienda —mar de flores—
me dieron abalorios, humo, nada...

Los verdugos de cisnes, monederos
falsos de las palabras, enlutados,
saquearon mis trojes de luceros,
escombros hoy de luna congelados.

Perdí mi granja azul, perdí la altura
—reses de nubes, luz recién sembrada—
¡toda una celestial agricultura
en el vacío espacio sepultada!

Del oro del poniente perdí el plano
—Juan es mi nombre, Juan Desposeído—.

En lugar del rocío hallé el gusano
¡un tesoro de siglos he perdido!

Es sólo un peso azul lo que ha quedado
sobre mis hombros, cúpula de hielo...
Soy Juan y nada más, el desolado
herido universal, soy Juan sin Cielo.

(De *Aquí yace la espuma*)

HOMBRE PLANETARIO

(*Fragmentos*)

II

Camino, mas no avanzo.
Mis pasos me conducen a la nada
por una calle, tumba de hojas secas
o sucesión de puertas condenadas.
¿Soy esa sombra sola
que aparece de pronto sobre el vidrio
de los escaparates?
¿O aquel hombre que pasa
y que entra siempre por la misma puerta?
Me reconozco en todos, pero nunca
me encuentro en donde estoy. No voy conmigo
sino muy pocas veces, a escondidas.
Me busco casi siempre sin hallarme,
y mis monedas cuento a medianoche.
¿Malbaraté el caudal de mi existencia?
¿Dilapidé mi oro? Nada importa:
se pasa sin pagar al fin del viaje
la invisible frontera.

V

Eternidad, te busco en cada cosa:
en la piedra quemada por los siglos,
en el árbol que muere y que renace,
en el río que corre
sin volver atrás nunca.
Eternidad, te busco en el espacio,
en el cielo nocturno donde boga
el luminoso enjambre,
en el alba que vuelve
todos los días a la misma hora.
Eternidad, te busco en el minuto
disfrazado de pájaro,
pero que es gota de agua permanente
que cae y se renueva
sin agotarse nunca.
Eternidad, tus signos me rodean,
mas yo soy transitorio:
un simple pasajero del planeta.

VII

Amor es más que la sabiduría:
es la resurrección, vida segunda.
El ser que ama revive
o vive doblemente.
El amor es resumen de la tierra,
es luz, música, sueño
y fruta material
que gustamos con todos los sentidos.
¡Oh mujer que penetras en mis venas
como el cielo en los ríos!
Tu cuerpo es un país de leche y miel
que recorro sediento.
Me abrevo en tu semblante de agua fresca,
de arroyo primigenio

en mi jornada ardiente hacia el origen
del manantial perdido.
Minero del amor, cavo sin tregua
hasta hallar el filón del infinito.

XVI

Soy hombre, mineral y planta a un tiempo,
relieve del planeta, pez del aire,
un ser terrestre en suma.
Arbol del Amazonas mis arterias,
mi frente de París, ojos del trópico,
mi lengua americana y española,
hombros de Nueva York y de Moscú,
pero fija, invisible,
mi raíz en el suelo equinoccial,
nutriéndose del agua de los ríos
y de la sangre verde que circula
por el frágil, alado cuerpecillo
del loro, profesor de ortología,
del saltamontes y del colibrí,
mis ínfimos aliados naturales.

XIX

Vendrá un día más puro que los otros:
estallará la paz sobre la tierra
como un sol de cristal. Un fulgor nuevo
envolverá las cosas.
Los hombres cantarán en los caminos,
libres ya de la muerte solapada.
El trigo crecerá sobre los restos
de las armas destruidas
y nadie verterá
la sangre de su hermano.
El mundo será entonces de las fuentes
y las espigas, que impondrán su imperio
de abundancia y frescura sin fronteras.

Los ancianos tan sólo, en el domingo
de su vida apacible,
esperarán la muerte,
la muerte natural, fin de jornada,
paisaje más hermoso que el poniente.

(De *Hombre planetario*)

(Cuba, 1902). En tres direcciones, y en todas ellas cón innegable maestría, se ha movido la obra de Nicolás Guillén: la de la poesía negra (que él prefiere llamar «mulata»), la de la poesía social y la neopopularista de raíz folklórica, limpia ya de un definido color racial. Aunque en principio cultivó todos los matices temáticos del tema negro (desde superficiales estampas callejeras hasta las más dramáticas recreaciones de los oscuros ritos y creencias de la raza), en un proceso de depuración y universalización paralelo al desarrollo de sus radicales convicciones políticas, tuvo que precipitarse muy pronto en el doloroso costado social del problema negro y, por aquí, en la precaria situación moral, política y económica de su país, de las Antillas y de todo el continente americano, tan urgido de justas reivindicaciones. Por ello ha podido afirmar Ezequiel Martínez Estrada que su poesía «más que racial es social, proletaria, humana, rebelde». Hábil domador de los poderes musicales y mágicos de la palabra oral, en la que el pueblo se expresa espontáneamente (su principal aportación técnica es el poema-son, inspirado en este motivo de la música popular cubana), sus textos parecen destinados más bien a la lectura en voz alta, donde el ritmo vivo se percibe como un travieso latiguillo, como un conjuro mágico o como denuncia restallante. Con igual fortuna domina el verso de largo aliento y las formas métricas y estróficas de la tradición hispánica culta, ofreciendo así, en un nivel de gran dignidad artística, la genuina asimilación de las dos culturas, española y negra, que en el mestizo antillano se cruzan. No ha

podido librarse, con frecuencia, de las trampas antipoéti-
cas que a la poesía tiende la propaganda (y esto, lamen-
tablemente, más de lo necesario, sobre todo en su poesía
última). Pero tales caídas no pueden oscurecer la mere-
cida fama de ese secreto captador de las más firmes esen-
cias populares que es el autor de El son entero. *Sobre su*
vida y obra ha escrito Angel Augier un documentadí-
simo libro: Nicolás Guillén. Notas para un estudio bio-
gráfico-crítico *(Santa Clara, Cuba; vol. 1, 1963; vol. 2,*
1964). Y el mencionado Martínez Estrada, una más per-
sonal interpretación: La poesía afrocubana de Nicolás
Guillén *(Montevideo, 1966).*

OBRA POÉTICA:

Motivos de son, 1930. *Sóngoro Cosongo,* 1931. *West*
Indies, Ltd., 1934. *España (Poema en cuatro angustias*
y una esperanza), 1937. *Cantos para soldados y sones*
para turistas (prólogo de Juan Marinello), 1937. *Sóngoro*
Cosongo y otros poemas (con una carta de don Miguel de
Unamuno), 1942. *El son entero,* 1947. *Elegía a Jacques*
Roumain en el cielo de Haití, 1948. *Elegía a Jesús Me-*
néndez, 1951. *La paloma de vuelo popular. Elegías,* 1958.
Balada, 1962. *Tengo,* 1964. *Poemas de amor* (prólogo de
Angel Augier), 1964. *Antología mayor,* 1964. *El gran*
Zoo, 1968.

LLEGADA

¡Aquí estamos!
La palabra nos viene húmeda de los bosques,
y un sol enérgico nos amanece entre las venas.

El puño es fuerte, y tiene el remo.

En el ojo profundo duermen palmeras exorbitantes,
y el grito se nos sale como una gota de oro virgen.

Nuestro pie,
duro y ancho,
aplasta el polvo en los caminos abandonados
y estrechos para nuestras filas.
Sabemos dónde nacen las aguas,
y las amamos porque empujaron nuestras canoas bajo los
                                        [cielos rojos.
Nuestro canto
es como un músculo bajo la piel del alma,
nuestro sencillo canto.

Traemos el humo en la mañana,
y el fuego sobre la noche,
y el cuchillo, como un duro pedazo de luna,
apto para las pieles bárbaras;
traemos los caimanes en el fango,
y el arco que dispara nuestras ansias,
y el cinturón del trópico,
y el espíritu limpio.

¡Eh, compañeros, aquí estamos!
La ciudad nos espera con sus palacios, tenues
como panales de abejas silvestres;
sus calles están secas como los ríos cuando no llueve en
                                        [la montaña,
y sus casas nos miran con los ojos pávidos de las venta-
                                        [nas.
Los hombres antiguos nos darán leche y miel.
y nos coronarán de hojas verdes.

¡Eh, compañeros, aquí estamos!
Bajo el sol
nuestra piel sudorosa reflejará los rostros húmedos de los
                                        [vencidos,
y en la noche, mientras los astros ardan en la punta de
                                        [nuestras llamas,
nuestra risa madrugará sobre los ríos y los pájaros.

(De *Sóngoro Cosongo*)

BALADA DE LOS DOS ABUELOS

Sombras que sólo yo veo,
me escoltan mis dos abuelos.

Lanza con punta de hueso,
tambor de cuero y madera:
mi abuelo negro.
Gorguera en el cuello ancho,
gris armadura guerrera:
mi abuelo blanco.

Africa de selvas húmedas
y de gordos gongos sordos...
—¡Me muero!
(Dice mi abuelo negro.)
Aguaprieta de caimanes,
verdes mañanas de cocos...
—¡Me canso!
(Dice mi abuelo blanco.)
Oh velas de amargo viento,
galeón ardiendo en oro...
—¡Me muero!
(Dice mi abuelo negro.)
¡Oh costas de cuello virgen
engañadas de abalorios...
—¡Me canso!
(Dice mi abuelo blanco.)
¡Oh puro sol repujado,
preso en el aro del trópico;
oh luna redonda y limpia
sobre el sueño de los monos!

¡Qué de barcos, qué de barcos!
¡Qué de negros, qué de negros!

¡Qué largo fulgor de cañas!
¡Qué látigo el del negrero!
Piedra de llanto y de sangre,
venas y ojos entreabiertos,
y madrugadas vacías,
y atardeceres de ingenio,
y una gran voz, fuerte voz
despedazando el silencio.
¡Qué de barcos, qué de barcos,
qué de negros!

Sombras que sólo yo veo,
me escoltan mis dos abuelos.

Don Federico me grita,
y Taita Facundo calla;
los dos en la noche sueñan,
y andan, andan.
Yo los junto.
            —¡Federico!
¡Facundo! Los dos se abrazan.
Los dos suspiran. Los dos
las fuertes cabezas alzan;
los dos del mismo tamaño,
bajo las estrellas altas;
los dos del mismo tamaño,
ansia negra y ansia blanca;
los dos del mismo tamaño,
gritan, sueñan, lloran, cantan.
Sueñan, lloran, cantan.
Lloran, cantan.
¡Cantan!

(De *West Indies, Ltd.*)

SENSEMAYA
(Canto para matar a una culebra)

¡Mayombe-bombe-mayombé!
¡Mayombe-bombe-mayombé!
¡Mayombe-bombe-mayombé!

La culebra tiene los ojos de vidrio;
la culebra viene, y se enreda en un palo;
con sus ojos de vidrio en un palo,
con sus ojos de vidrio.
La culebra camina sin patas;
la culebra se esconde en la yerba;
caminando se esconde en la yerba,
caminando sin patas!

¡Mayombe-bombe-mayombé!
¡Mayombe-bombe-mayombé!
¡Mayombe-bombe-mayombé!

Tú le das con el hacha, y se muere:
¡dale ya!
¡No le des con el pie, que te muerde,
no le des con el pie, que se va!

Sensemayá, la culebra,
sensemayá.
Sensemayá, con sus ojos,
sensemayá.
Sensemayá con su lengua,
sensemayá.
Sensemayá con su boca,
sensemayá!

La culebra muerta no puede comer;

la culebra muerta no puede silbar:
no puede caminar,
no puede correr!
La culebra muerta no puede mirar;
la culebra muerta no puede beber,
no puede respirar,
no puede morder!

¡Mayombe-bombe-mayombé!
Sensemayá, la culebra...
¡Mayombe-bombe-mayombé!
Sensemayá, no se mueve...
¡Mayombe-bombe-mayombé!
Sensemayá, la culebra...
¡Mayombe-bombe-mayombé!
¡Sensemayá, se murió!

FUSILAMIENTO

1

Van a fusilar
a un hombre que tiene los brazos atados;
hay cuatro soldados
para disparar.
Son cuatro soldados
callados,
que están amarrados,
lo mismo que el hombre amarrado que van a matar.

2

—¿Puedes escapar?
—¡No puedo correr!
—¡Ya van a tirar!
—¡Qué vamos a hacer!

—Quizá los rifles no estén cargados...
—¡Seis balas tienen de fiero plomo!
—¡Quizá no tiren esos soldados!
—¡Eres un tonto de tomo y lomo!

3

Tiraron.
(¿Cómo fue que pudieron tirar?)
Mataron.
(¿Cómo fue que pudieron matar?)
Eran cuatro soldados
callados,
y les hizo una seña, bajando su sable, un señor oficial;
eran cuatro soldados
atados,
lo mismo que el hombre que fueron los cuatro a matar!

(De *Cantos para soldados y sones para turistas*)

NO SE POR QUE PIENSAS TU...

No sé por qué piensas tú,
soldado, que te odio yo,
si somos la misma cosa,
yo,
tú.

Tú eres pobre, lo soy yo;
soy de abajo, lo eres tú:
¿de dónde has sacado tú,
soldado, que te odio yo?

Me duele que a veces tú
te olvides de quién soy yo;
caramba, si yo soy tú,
lo mismo que tú eres yo.

Pero no por eso yo
he de malquererte, tú:
si somos la misma cosa,
yo,
tú,
no sé por qué piensas tú,
soldado, que te odio yo.

Ya nos veremos yo y tú,
juntos en la misma calle,
hombro con hombro, tú y yo,
sin odios ni yo ni tú,
pero sabiendo tú y yo,
a dónde vamos yo y tú...
¡No sé por qué piensas tú,
soldado, que te odio yo!

GUITARRA

Tendida en la madrugada,
la firme guitarra espera:
voz de profunda madera
desesperada.

Su clamorosa cintura,
en la que el pueblo suspira,
preñada de son, estira
la carne dura.

Arde la guitarra sola,
mientras la luna se acaba;
arde libre de su esclava
bata de cola.

Dejó al borracho en su coche,

dejó el cabaret sombrío,
donde se muere de frío,
noche tras noche,

y alzó la cabeza fina,
universal y cubana,
sin opio, ni mariguana,
ni cocaína.

¡Venga la guitarra vieja,
nueva otra vez al castigo
con que la espera el amigo,
que no la deja!

Alta siempre, no caída,
traiga su risa y su llanto,
clave las uñas de amianto
sobre la vida.

Cógela tú, guitarrero,
límpiale de alcol la boca,
y en esa guitarra, toca
tu son entero.

El son del querer maduro,
tu son entero;
el del abierto futuro,
tu son entero;
el del pie por sobre el muro,
tu son entero...

Cógela tú, guitarrero,
límpiale de alcol la boca,
y en esa guitarra, toca
tu son entero.

(De *El son entero*)

SON NUMERO 6

Yoruba soy, lloro en yoruba
lucumí.
Como soy un yoruba de Cuba,
quiero que hasta Cuba suba mi llanto yoruba;
que suba el alegre llanto yoruba
que sale de mí.

Yoruba soy,
cantando voy,
llorando estoy,
y cuando no soy yoruba,
soy congo, mandinga, carabalí.
Atiendan, amigos, mi son, que empieza así:

> Adivinanza
> de la esperanza:
> lo mío es tuyo,
> lo tuyo es mío;
> toda la sangre
> formando un río.

La seiba seiba con su penacho;
el padre padre con su muchacho;
la jicotea en su carapacho.
¡Que rompa el son caliente,
y que lo baile la gente,
pecho con pecho,
vaso con vaso,
y agua con agua con aguardiente!
Yoruba soy, soy lucumí,
mandinga, congo, carabalí.
Atiendan, amigos, mi son, que sigue así:

Estamos juntos desde muy lejos,
jóvenes, viejos,
negros y blancos, todo mezclado;
uno mandando y otro mandado,
todo mezclado;
San Berenito y otro mandado,
todo mezclado;
negros y blancos desde muy lejos,
todo mezclado;
Santa María y uno mandado,
todo mezclado;
todo mezclado, Santa María,
San Berenito, todo mezclado,
todo mezclado, San Berenito,
San Berenito, Santa María,
Santa María, San Berenito,
¡todo mezclado!

Yoruba soy, soy lucumí,
mandinga, congo, carabalí.
Atiendan, amigos, mi son, que acaba así:

Salga el mulato,
suelte el zapato,
díganle al blanco que no se va:
de aquí no hay nadie que se separe;
mire y no pare,
oiga y no pare,
beba y no pare,
coma y no pare,
viva y no pare,
¡que el son de todos no va a parar!

IBA YO POR UN CAMINO...

Iba yor por un camino,
cuando con la Muerte di.

—¡Amigo!—gritó la Muerte,
pero no le respondí,
pero no le respondí;
miré no más a la Muerte,
pero no le respondí.

Llevaba yo un lirio blanco,
cuando con la Muerte di.
Me pidió el lirio la Muerte,
pero no le respondí,
pero no le respondí;
miré no más a la Muerte,
pero no le respondí.

Ay, Muerte
si otra vez volviera a verte,
iba a platicar contigo
como un amigo:
mi lirio, sobre tu pecho,
como un amigo;
mi beso, sobre tu mano,
como un amigo;
yo, detenido y sonriente,
como un amigo.

LA MURALLA

Para hacer esta muralla,
tráiganme todas las manos:
los negros sus manos negras,
los blancos, sus blancas manos.
Ay,
una muralla que vaya
desde la playa hasta el monte,
desde el monte hasta la playa, bien,
allá sobre el horizonte.

—¡Tun, tun!
—¿Quién es?
—Una rosa y un clavel...
—¡Abre la muralla!

—¡Tun, tun!
—¿Quién es?
—El sable del coronel...
—¡Cierra la muralla!

—¡Tun, tun!
—¿Quién es?
—La paloma y el laurel...
—¡Abre la muralla!

—¡Tun, tun!
—¿Quién es?
—El alacrán y el ciempiés...
—¡Cierra la muralla!

Al corazón del amigo,
abre la muralla;
al veneno y al puñal,
cierra la muralla;
al mirto y la yerbabuena,
abre la muralla;
al diente de la serpiente,
cierra la muralla;
al ruiseñor en la flor,
abre la muralla...

Alcemos una muralla
juntando todas las manos;
los negros, sus manos negras,
los blancos, sus blancas manos.
Una muralla que vaya
desde la playa hasta el monte,

desde el monte hasta la playa, bien,
allá sobre el horizonte...

(De *La paloma de vuelo popular*)

PROBLEMAS DEL SUBDESARROLLO

Monsieur Dupont te llama inculto,
porque ignoras cuál era el nieto
preferido de Víctor Hugo.

Herr Müller se ha puesto a gritar,
porque no sabes el día
(exacto) en que murió Bismarck.

Tu amigo Mr. Smith,
inglés o yanqui, yo no lo sé,
se subleva cuando escribes *shell*.
(Parece que ahorras una ele,
y que además pronuncias *chel*.)

Bueno ¿y qué?
Cuando te toque a ti,
mándales decir cacarajícara,
y que dónde está el Aconcagua,
y que quién era Sucre.
y que en qué lugar de este planeta
murió Martí.

Un favor:
que te hablen siempre en español.

(De *La rueda dentada*)

Eugenio Florit

(Cuba, 1903). La obra poética de Eugenio Florit, vista en su totalidad, describe la curva general de la poesía en lengua española que, desprendida de los asépticos ejercicios vanguardistas de los años veinte, va a recorrer las inevitables estaciones sucesivas y dialécticas que son bien conocidas: neogongorismo, poesía pura, superrealismo, neoclasicismo, poesía testimonial, etc. Y, en consecuencia, aparecerán los más variados acentos expresivos: deleite en la imagen y la sintaxis aprendidas, no copiadas, de Góngora; «fijeza deleitable intelectual» (la caracterización es de Juan Ramón Jiménez, a propósito de la línea más depurada de Florit); fluencia cercana al automatismo pero en absoluto coincidente a él; rigor y contención clásicos; y, al fin, tono libre, discursivo y conversacional. Mas, en todo momento, un freno poético interior y un seguro buen gusto han confirmado a la larga aquel juicio del propio Juan Ramón cuando, pensando más bien en su poesía pura, afirmaba que «Eugenio Florit pule su vida y su obra como un ágata serena». Sus temas más constantes, después del inicial paisajismo de Trópico («naturaleza reducida a geometría», le llamó Alfonso Reyes), han sido por lo común de naturaleza elegíaca: la soledad, los recuerdos y las evocaciones, el amor perdido o no encontrado, el anhelo de serenidad, los impulsos trascendentes o religiosos. Florit gusta de cerrar sus colecciones y antologías con un breve poema, «La poesía», que contiene en síntesis el núcleo de su poética. En ese texto define a aquélla como «hecha de dulce resonar y de amoroso pensamiento», declarando así su gusto por la dicción armoniosa, libre de asperezas,

y la actitud suavemente contemplativa de su vena líri-
ca. El crítico cubano Cintio Vitier considera Doble acen-
to, *el libro central de Florit, como una de las cosechas*
más granadas de su generación, altamente representativa
de aquella zona de la poesía de entreguerras que se aco-
gió a los ideales de belleza y lucidez, tan característicos
de este poeta. Y el realizador de esta antología ha estu-
diado con cierta extensión el conjunto de su obra, inclui-
da la testimonial y más abierta de los útimos años, en
el prólogo a su Antología penúltima *(Madrid, 1970).*

OBRA POÉTICA:

32 poemas breves, 1927. Trópico, 1930. Doble acen-
to, 1930-36 (pról. de Juan Ramón Jiménez), 1937. Rei-
no, 1938. Cuatro poemas, 1940. Poema mío, 1920-1944,
1947. Conversación a mi padre, 1949. Asonante final,
1950. Asonante final y otros poemas, 1955. Antología
poética (1930-1955) (prólogo de Andrés Iduarte), 1956.
Hábito de esperanza, 1965. Antología penúltima, 1970.

CAMPO

1

Por el sueño hay tibias voces
que, persistente llamada,
fingen sonrisa dorada
en los minutos veloces.
Trinos de pechos precoces
inquietos al despertar,
ponen en alto el cantar
dorado de sus auroras,
en tanto que voladoras
brisas le salen al mar.

7

Vi desde un pico de sierra
—con mi soledad estaba—
cómo el cielo se aprestaba
a caer sobre la tierra.
Nubes de color de guerra
con fuegos en las entrañas
hundían manos extrañas
en las ceibas corpulentas
y la brisa andaba a tientas
rodando por las montañas.

MAR

1

Tendrás el beso partido
por voluble tantas veces
como ya dentro floreces
en escamas. Encendido
más por el cielo caído
en regular geometría.
El alma tuya —tan fría—
no más, por el beso, muerta.
Alegre, al fin, a la cierta
siembra de luces del día.

12

Náufrago suspiro tanto
íbase en ondas ya lejos:
múltiples tenues espejos
para mi total quebranto.
Llanto risueño, y el llanto
medroso de lejanías,

navegaban en las frías
rutas, a quedar ausentes
de mí, por alados puentes,
en la fuga de mis días.

(De *Trópico*)

SONETO

Habréis de conocer que estuve vivo
por una sombra que tendrá mi frente.
Sólo en mi frente la inquietud presente
que hoy guardo en mí, de mi dolor cautivo.

Blanca la faz, sin el ardor lascivo,
sin el sueño prendiéndose a la mente.
Ya sobre mí, callado eternamente,
la rosa de papel y el verde olivo.

Qué sueño sin ensueños torcedores,
abierta el alma a trémulas caricias
y sobre el corazón fijas las manos. .

Qué lejana la voz de los amores.
Con qué sabor la boca a las delicias
de todos los serenos océanos.

(De *Doble acento*)

MARTIRIO DE SAN SEBASTIAN

Sí, venid a mis brazos, palomitas de hierro;
palomitas de hierro, a mi vientre desnudo.
Qué dolor de caricias agudas.
Sí, venid a morderme la sangre,

a este pecho, a estas piernas, a la ardiente mejilla.
Venid, que ya os recibe el alma entre los labios.
Sí, para que tengáis nido de carne
y semillas de huesos ateridos;
para que hundáis el pico rojo
en el haz de mis músculos.
Venid a mis ojos, que puedan ver la luz;
a mis manos, que toquen forma imperecedera;
a mis oídos, que se abran a las aéreas músicas;
a mi boca, que guste las mieles infinitas;
a mi nariz, para el perfume de las eternas rosas.
Venid, sí, duros ángeles de fuego,
pequeños querubines de alas tensas.
Sí, venid a soltarme las amarras
para lanzarme al viaje sin orillas.
¡Ay! qué acero feliz, qué piadoso martirio.
¡Ay! punta de coral, águila, lirio
de estremecidos pétalos. Sí. Tengo
para vosotras, flechas, el corazón ardiente,
pulso de anhelo, sienes indefensas.
Venid, que está mi frente
ya limpia de metal para vuestra caricia.
Ya, qué río de tibias agujas celestiales.
Qué nieves me deslumbran el espíritu.
Venid. Una tan sólo de vosotras, palomas,
para que anide dentro de mi pecho
y me atraviese el alma con sus alas...
Señor, ya voy, por cauce de saetas.
Sólo una más, y quedaré dormido.
Este largo morir despedazado
cómo me ausenta del dolor. Ya apenas
el pico de estos buitres me lo siento.
Qué poco falta ya, Señor, para mirarte.
Y miraré con ojos que vencieron las flechas;
y escucharé tu voz con oídos eternos;
y al olor de tus rosas me estaré como en éxtasis;
y tocaré con manos que nutrieron estas fieras palomas;
y gustaré tus mieles con los labios del alma.
Ya voy, Señor. ¡Ay! qué sueño de soles,

qué camino de estrellas en mi sueño.
Ya sé que llega mi última paloma...
¡Ay! Ya está bien, Señor, que te la llevo
hundida en un rincón de las entrañas!

ESTROFAS A UNA ESTATUA

Monumento ceñido
de un tiempo tan lejano de tu muerte.
Así te estás inmóvil a la orilla
de este sol que se fuga en mariposas.

Tú, estatua blanca, rosa de alabastro,
naciste para estar pura en la tierra
con un dosel de ramas olorosas
y la pupila ciega bajo el cielo.

No has de sentir cómo la luz se muere
sino por el color que en ti resbala
y el frío que se prende a tus rodillas
húmedas del silencio de la tarde.

Cuando en piedra moría la sonrisa
quebró sus alas la dorada abeja
y en el espacio eterno lleva el alma
con recuerdo de mieles y de bocas.

Ya tu perfecta geometría sabe
que es vano el aire y tímido el rocío;
y cómo viene el mar sobre esa arena
con el eco de tántos caracoles.

Beso de estrella, luz para tu frente
desnuda de memorias y de lágrimas;
qué firme superficie de alabastro
donde ya no se sueña.

Por la rama caída hasta tus hombros
bajó el canto de un pájaro a besarte.
Qué serena ilusión tienes, estatua,
de eternidad bajo la clara noche.

(De *Doble acento*)

NOCTURNO II

Porque te miro y no sé de qué esquina del cielo me
    llegan las palomas,
se adormece la luz y se hunde el recuerdo más allá de la
    arena donde duermen los barcos asfixiados;
y si alza palabras de tu boca el ensueño distante
es como si la lluvia me cayese en un fondo amarillo de
    soledades muertas.

Con aquel palpitar de mariposas encendidas de ocaso
me suben desde el fondo del sueño tus manos con una
    esencia de violetas de nieve;
y todo el sabor inquieto que destiló tu boca
está aquí, más ardiente, en el vaso de vino rojo y en el
    remordimiento de tu partida inútil.

Porque estaba desnudo el cielo y sorda la pulsación de
    las orillas
cuando me sentí como un niño, solo en mitad de la sel-
    va caliente;
y si echaba a rodar mi grito fuera de lágrimas y miedos
lo veía tornar a mí, rotas las alas, a hundir el pico en
    mi garganta.

Fuerza, fuerza para responder a cada luz con un gusano
    pequeñito;
fuerza también la que me obliga a verte con un suspiro
    exangüe entre las manos;

y más fuerza para decir que las estrellas están aún vivas,
cuando se sabe que ya no hay otra cosa que esperar más
    que la muerte de los árboles.

Se dormía la voz, inútil ya como los lirios de los muertos;
a cada atardecer pasaba sin razón la sombra inquieta de
    las golondrinas.
Cuánto adiós despedazado, cuánto esperar por los balco-
    nes interiores
frente a un sol de fantasmas y restos de suspiros y ma-
    nos enlazadas.

No me imagino el mundo sino después de haber sentido
    entre los dedos los esqueletos de las hojas
cuando se ponen a llorar bajo la luna por la caricia de
    los pájaros;
ni me duelen tampoco estos clavos de anhelos
que se hunden para viajar entre los ríos de mi sangre.
Así me espanta la claridad que va llegando
si me encuentra sin más ocasión de gritar que la que
    duerme al pie de las estatuas indefensas;
y este horror de estar vivo, lejos de aquellas rosas,
y este miedo tenaz de sentirme apagar entre los yelos
    de tu olvido.

Por el camino caminar sin ver qué nubes cantan la au-
    sencia de la luz;
porque hasta ayer nada más tenía el mundo un destino
    de morir en tus ojos,
y toda la blancura de los cisnes se ha puesto a arder
    estremecida
con esa triste claridad que llega al cielo
cuando aún no se pintaron de azul las vestiduras de los
    ángeles.

Todo este sueño que está volando ciego
no sabe cuándo se aquietarán las aguas que llegan a
    buscar los caracoles desmarados.
Y aún más: como me duelen tanto las espinas del alba,

se echa a cantar tu vida lejos de mí para que se alimen-
ten mis oídos con el recuerdo de tus senos.

Pero no quiero saber la pobre fiesta de canciones des-
nudas;
no, no quiero tu engaño desde el mar ni la compasión
de tantas azucenas
cuando estoy aquí solo, con el olvido de las lágrimas,
hundido tu recuerdo entre las manos para sembrarlo
lejos de mí, por las auroras infinitas.

EL ALTO GRIS

Que está más alto Dios lo sabes
tú por el fervoroso pensamiento,
aquí, vacío de palabras
y casi ya vacío de recuerdos.

Alma de paz que al cielo de la tarde
subes en brazos del silencio
cuando se asoma débil entre nubes
un sol amarillento.

Más alto Dios en ti. Más firme,
más verdadero
que tú mismo, hilo de humo
con el amor dormido dentro.

Que bien lo sabes. Porque está la noche
en la Ciudad cayendo
y todo en ti se pone gris
con el opaco gris del cielo.

Y con el gris de la callada altura
se van iluminando los ensueños

—gotas de luz que se abrirán más tarde
en unas flores de brillantes pétalos.

Tú lo sabes. Que Dios
abre su rosa de invisible fuego
ahora cuando, reina de la altura,
sube tu alma en brazos del silencio.

LA COMPAÑERA

A veces se la encuentra
en mitad del camino de la vida
y ya todo está bien. No importa nada.
No importa el ruido, ni la ciudad, ni la máquina.
No te importa. La llevas de la mano
—compañera tan fiel como la muerte—
y así va con el tren como el paisaje,
en el aire de abril como la primavera,
como la mar junto a los pinos,
junto a la loma como está la palma,
o el chopo junto al río,
o aquellos arrayanes junto al agua.
No importa. Como todo lo que une
y completa. Junto a la sed el agua,
y al dolor, el olvido. El fuego con la fragua,
la flor y la hoja verde,
y el mar azul y la espuma blanca.
La niña pequeñita
con el brazo de amor que la llevaba,
y el ciego con su perro lazarillo,
y el Tormes junto a Salamanca.
Lo uno con lo otro tan cerrado
que se completa la mitad que falta.
Y el cielo con la tierra.
Y el cuerpo con el alma.

Y tú, por fin, para decirlo pronto,
mi soledad, en Dios transfigurada.

(De *Asonante final*)

ANSIA DE DIOSES

Ansia de dioses es el homenaje
para vivir su eternidad contentos.
Sube el amor, que los ampara,
como sube el incienso.

¿Qué el otro pobre dios mortal
necesita por aire, de alimento,
sino saber que alguien detiene
la mirada en sus versos,
y por amor, con el amor
va buscándolos, dentro,
para encontrar la luz que tengan,
y la poca memoria de su cielo
—del que perdió una vez— y cada día
el pobre dios está perdiendo?

¿Qué otra cosa que ese amor
necesita el poeta en su destierro?
¿Y qué poco —qué mucho— ¡cuánto mucho!
para poder seguirse siendo?

(De *Hábito de esperanza*)

EL AIRE TRISTE

Nadie sabe por qué. Nadie lo sabe.
Y yo menos que nadie.

Pero hay un aire triste por el mundo.
¿Será el aliento de los muertos
que sube desde donde la ceniza
quiebra su gris oscuro por la tierra?
¿Será el pecado de los asesinos,
más sucio que ese humo
que se desprende de las chimeneas?
¿O el terror de los hombres solitarios
al caminar de noche por las calles?
¿La mirada que sale sin destino
de amor, sin esperanza
de la otra mirada que la encuentre?
Todo en el aire, todo como revolando
sobre un mundo intranquilo y desvelado.
Porque hay un aire triste por el mundo
que nadie sabe bien qué es, pero que existe
para apagar el fuego de las almas
que quisieran vivir a pesar de la muerte.

(De *De tiempo y agonía*)

Xavier Villaurrutia

(*México, 1903-1950*). *Con José Gorostiza, es Villau-rrutia una de las voces de mayor interés en el grupo de los «Contemporáneos», de tanta importancia en la historia lírica de su país. El sentido de autenticidad y trascendencia que al quehacer poético demanda Villau-rrutia se evidencia fielmente en estas palabras suyas: «La gran preocupación de la poesía debe ser la expresión del drama del hombre, y este drama ha de ser verdadero. Toda la poesía no es sino un intento para el conocimien-to del hombre.» Pertenece, pues, a esa categoría rilkea-na de poetas para quienes su trabajo ha de ser un acto de necesariedad o inevitabilidad; y por esto sólo dos te-mas muy definitivos, aunque realmente enlazados ambos de íntimo modo, pudieron imponérsele como capitales: el de la angustia y el de la muerte. Este último, sobre todo, adquiere gigantesca estatura en su obra; y ello es-pecialmente por su manera de asumirla: «La muerte no es, para mí, ni un fin, ni un puente tendido hacia otra vida, sino una constante presencia, un vivirla y palparla segundo a segundo..., presencia que sorprendo en el placer y en el dolor.» Precisamente en esta concepción de la muerte como algo «cultivable», como el único fondo nutricio o vital de que dispone el hombre, encuentra el mexicano Octavio Paz «las virtudes que lo hacen (a Vi-llaurrutia) figurar en esta exigua y exigente tradición de los heterodoxos, de los clásicos heroicos de nuestra patria». Gustó de situar sus oscuras intuiciones líricas en el clima de la noche, y ha pasado a la historia literaria de Hispanoamérica como el poeta de los «nocturnos». Sin haber sido un superrealista mecánico o al uso, algu-*

nos de esos nocturnos, tal vez los más intensos, están tocados de surrealismo, movimiento al que no consideraba una moda pasada, sino una posibilidad valedera a la finalidad última de la poesía: «la expresión del hombre, el desconocido y el esencial». Poeta de honda emoción, y acaso romántico en fin de cuentas, el rigor intelectual de su grupo y de su momento le libró, sin embargo, de toda peligrosa efusión sentimental, aunque no apagó la inmediata palpitación de humana verdad que desprende su poesía. Así, supo colocarse en ese difícil punto medio entre un genuino calor vital, de angustiado signo, y la alquitarada contención estética de su verso. Una breve pero inteligente introducción a la labor literaria de Villaurrutia es la suministrada por Alí Chumacero en el prólogo a la edición más completa de las Obras *de este autor (2.ª edición, México, 1966).*

Obra poética:

Primeros poemas (recogidos en el libro *Ocho poetas*), 1923. *Nocturnos,* 1933. *Nostalgia de la muerte,* 1938; 2.ª ed., aumentada y definitiva, 1946. *Décima muerte y otros poemas no coleccionados,* 1941. *Canto a la primavera y otros poemas,* 1948. *Poesía y teatro completos* (prólogo de Alí Chumacero), 1953. *Obras* (poesía, teatro, prosas varias, crítica), 1966.

NOCTURNO DE LA ESTATUA

Soñar, soñar la noche, la calle, la escalera
y el grito de la estatua desdoblando la esquina.
Correr hacia la estatua y encontrar sólo el grito,
querer tocar el grito y sólo hallar el eco,
querer asir el eco y encontrar sólo el muro
y correr hacia el muro y tocar un espejo.
Hallar en el espejo la estatua asesinada,
sacarla de la sangre de su sombra,

vestirla en un cerrar de ojos,
acariciarla como a una hermana imprevista
y jugar con las fichas de sus dedos
y contar a su oreja cien veces cien cien veces
hasta oírla decir: «estoy muerta de miedo».

(De *Nostalgia de la muerte*)

NOCTURNO EN QUE NADA SE OYE

En medio de un silencio desierto como la calle antes del
   crimen
sin respirar siquiera para que nada turbe mi muerte
en esta soledad sin paredes
al tiempo que huyeron los ángulos
en la tumba del lecho dejo mi estatua sin sangre
para salir en un momento tan lento
en un interminable descenso
sin brazos que tender
sin dedos para alcanzar la escala que cae de un piano
   invisible
sin más que una mirada y una voz
que no recuerdan haber salido de ojos y labios
¿qué son labios? ¿qué son miradas que son labios?
y mi voz ya no es mía
dentro del agua que no moja
dentro del aire de vidrio
dentro del fuego lívido que corta como el grito
Y en el juego angustioso de un espejo frente a otro
cae mi voz
y mi voz que madura
y mi voz quemadura
y mi bosque madura
y mi voz quema dura
como el hielo de vidrio
como el grito de hielo

aquí en el caracol de la oreja
el latido de un mar en el que no sé nada
en el que no se nada
porque he dejado pies y brazos en la orilla
siento caer fuera de mí la red de mis nervios
mas huye todo como el pez que se da cuenta
hasta ciento en el pulso de mis sienes
muda telegrafía a la que nadie responde
porque el sueño y la muerte nada tienen ya que decirse.

NOCTURNO AMOR

El que nada se oye en esta alberca de sombra
no sé cómo mis brazos no se hieren
en tu respiración sigo la angustia del crimen
y caes en la red que tiende el sueño
Guardas el nombre de tu cómplice en los ojos
pero encuentro tus párpados más duros que el silencio
y antes que compartirlo mataría el goce
de entregarte en el sueño con los ojos cerrados
sufro al sentir la dicha con que tu cuerpo busca
el cuerpo que te vence más que el sueño
y comparo la fiebre de tus manos
con mis manos de hielo
y el temblor de tus sienes con mi pulso perdido
y el yeso de mis muslos con la piel de los tuyos
que la sombra corroe con su lepra incurable
Ya sé cuál es el sexo de tu boca
y lo que guarda la avaricia de tu axila
y maldigo el rumor que inunda el laberinto de tu oreja
sobre la almohada de espuma
sobre la dura página de nieve
No la sangre que huyó de mí como del arco huye la
    flecha
sino la cólera circula por mis arterias
amarilla de incendio en mitad de la noche

y todas las palabras en la prisión de la boca
y una sed que en el agua del espejo
sacia su sed con una sed idéntica
De qué noche despierto a esta desnuda
noche larga y cruel noche que ya no es noche
junto a tu cuerpo más muerto que muerto
que no es tu cuerpo ya sino su hueco
porque la ausencia de tu sueño ha matado a la muerte
y es tan grande mi frío que con un calor nuevo
abre mis ojos donde la sombra es más dura
y más clara y más luz que la luz misma
y resucita en mí lo que no ha sido
y es un dolor inesperado y aún más frío y más fuego
no ser sino la estatua que despierta
en la alcoba de un mundo en el que todo ha muerto.

NOCTURNO MUERTO

Primero un aire tibio y lento que me ciña
Como la venda al brazo enfermo de un enfermo
y que me invada luego como el silencio frío
al cuerpo desvalido y muerto de algún muerto.

Después un ruido sordo, azul y numeroso,
preso en el caracol de mi oreja dormida
y mi voz que se ahogue en ese mar de miedo
cada vez más delgada y más enardecida.

¿Quién medirá el espacio, quién me dirá el momento
en que se funda el hielo de mi cuerpo y consuma
el corazón inmóvil como la llama fría?

La tierra hecha impalpable silencioso silencio,
la soledad opaca y la sombra ceniza
caerán sobre mis ojos y afrentarán mi frente.

NOCTURNO ROSA

Yo también hablo de la rosa.
Pero mi rosa no es la rosa fría
ni la de piel de niño,
ni la rosa que gira
tan lentamente que su movimiento
es una misteriosa forma de la quietud.

No es la rosa sedienta,
ni la sangrante llaga,
ni la rosa coronada de espinas,
ni la rosa de la resurrección.

No es la rosa de pétalos desnudos,
ni la rosa encerada,
ni la llama de seda,
ni tampoco la rosa llamarada.

No es la rosa veleta,
ni la úlcera secreta,
ni la rosa puntual que da la hora,
ni la brújula rosa marinera.

No, no es la rosa rosa
sino la rosa increada,
la sumergida rosa,
la nocturna,
la rosa inmaterial,
la rosa hueca.

Es la rosa del tacto en las tinieblas,
es la rosa que avanza enardecida,
la rosa de rosadas uñas,
la rosa yema de los dedos ávidos,

la rosa digital
la rosa ciega.

Es la rosa moldura del oído,
la rosa oreja,
la espiral del ruido,
la rosa concha siempre abandonada
en la más alta espuma de la almohada.

Es la rosa encarnada de la boca,
la rosa que habla despierta
como si estuviera dormida.
Es la rosa entreabierta
de la que mana sombra,
la rosa entraña
que se pliega y expande
evocada, invocada, abocada,
es la rosa labial,
la rosa herida.

Es la rosa que abre los párpados,
la rosa vigilante, desvelada,
la rosa del insomnio desojada.

Es la rosa del humo,
la rosa de ceniza,
la negra rosa de carbón diamante
que silenciosa horada las tinieblas
y no ocupa lugar en el espacio.

INVENTAR LA VERDAD

Pongo el oído atento al pecho,
como, en la orilla, el caracol al mar.
Oigo mi corazón latir sangrando
y siempre y nunca igual.

Sé por qué late así, pero no puedo
decir por qué será.

Si empezara a decirlo con fantasmas
de palabras y engaños al azar,
llegaría, temblando de sorpresa,
a inventar la verdad:
¡Cuando fingí quererte, no sabía
que te quería ya!

(De *Canto a la primavera y otros poemas*)

Pablo Neruda

(Chile, 1904-1973). *Es el poeta de máxima importancia de su generación y uno de los de mayor influencia en el ámbito general de la poesía hispánica contemporánea. Como muy bien ha advertido la crítica, es Neruda un poeta de libros, dotados siempre de una clara unidad interior, tanto como de ciclos o fases coherentes —aunque éstas, en su sucesión, acaben por dibujar una dinámica dialéctica y aun excluyente entre sí—. A su iniciación, en que predominó una dicción posmodernista de acento neorromántico (que cuaja principalmente en sus populares* Veinte poemas de amor), *siguió la etapa de mayor interés estrictamente poético y de mayor fuerza y originalidad, la de* Residencia en la tierra, *el gran libro profundo, turbio y poderoso de Neruda. Allí cantaba, o aullaba, un poeta vinculado al superrealismo y al expresionismo, sin que tales catalogaciones cubran totalmente su personalísima voz, sostenida por una visión del mundo como caos, ruina y desintegración, y portadora de los consecuentes sentimientos de pesimismo y angustia —que el propio poeta calificará después de «atroces»—. Frente al enrarecimiento de la poesía pura, tan en boga entonces, Neruda quiere acoger libremente en su verso todas las impurezas —las realidades— del vivir humano, aunque no para quedarse literalmente en ellas. Por el contrario, entendía el ejercicio poético como una exploración del ser, especialmente «de la oscuridad del ser que va paso a paso encontrando obstáculos para con ellos elaborar su camino». Empero, a raíz de la guerra civil española, de la que fue testigo presencial, sale de su ensimismamiento para abrirse a la dolorosa realidad*

298

colectiva y al consiguiente sentimiento de solidaridad humana. De esta conversión, poética y política (se adherirá después al partido comunista), surge una poesía de aliento épico, ideológicamente comprometida, teñida de consignas, aunque dignificada por su gran amor a España, a América y al hombre universal. Canto general es el libro más importante de esta zona: un magno esfuerzo donde, en medio de cumbres de auténtico lirismo, el poeta se anega continuamente en las movedizas arenas del prosaísmo, la arenga, la retórica, el tópico y la antipoesía. La misma base estética, ceñida en fin de cuentas al realismo socialista que ya practica reconocidamente, informa el siguiente período: el del poeta «elemental», aunque aquí con ese propósito de mayor limpidez expresiva de sus sucesivas series de odas elementales. Neruda quiere entonces cantar afirmativamente las realidades primarias del mundo, con modulación sencilla y para oídos sencillos. Dirá entonces: «Hablar con sencillez. América o la claridad deben ser un solo nombre equivalente.» Y ya, al cabo de tan matizada evolución, un retorno al lirismo personal, pero sin irrupciones angustiosas ni imágenes oscuras. Más desasido de trabas y de trampas, es el poeta que puede incluso volver a escuchar las llamadas del misterio (por ejemplo, en su hermoso libro Estravagario), o que va a ofrecer una lírica crónica fragmentaria de su total realidad biográfica (humana, literaria, política) en los cinco volúmenes de Memorial de Isla Negra. Centro de numerosísimas aproximaciones críticas, hay sobre Neruda dos libros fundamentales. Para la comprensión de su más difícil poesía de las Residencias es indispensable, de Amado Alonso, el paciente y penetrante libro Poesía y estilo de Pablo Neruda. Interpretación de una poesía hermética (2.ª edición, Buenos Aires, 1951). Y para una visión más amplia y puesta al día, el muy documentado de Emir Rodríguez Monegal, El viajero inmóvil. Introducción a Pablo Neruda (Buenos Aires, 1966).

Obra poética:

La canción de la fiesta, 1921. *Crepusculario,* 1923. *Veinte poemas y una canción desesperada,* 1924. *Tentativa del hombre infinito,* 1925. *El hondero entusiasta,* 1933. *Residencia en la tierra (1925-1931),* 1933. *Residencia en la tierra (1925-1935),* 1935. *España en el corazón,* 1937. *Tercera residencia,* 1947. *Canto general,* 1950. *Los versos del capitán,* 1952. *Odas elementales,* 1954. *Las uvas y el viento,* 1954. *Nuevas odas elementales,* 1955. *Tercer libro de odas,* 1957. *Estravagario,* 1958. *Cien sonetos de amor,* 1959. *Navegaciones y regresos,* 1959. *Canción de gesta,* 1960. *Las piedras de Chile,* 1961. *Cantos ceremoniales,* 1961. *Plenos poderes,* 1962. *Memorial de Isla Negra* (5 vols.: I. *Donde nace la lluvia;* II. *La luna en el laberinto;* III. *El fuego cruel;* IV. *El cazador de raíces;* V. *Sonata crítica*), 1964. *Una casa en la arena,* 1967. *Las manos del día,* 1968. *Fin de mundo,* 1969.

POEMA V

Para que tú me oigas
mis palabras
se adelgazan a veces
como las huellas de las gaviotas en las playas.

Collar, cascabel ebrio
para tus manos suaves como las uvas.

Y las miro lejanas mis palabras.
Más que mías son tuyas.
Van trepando en mi viejo dolor como las yedras.
Ellas trepan así por las paredes húmedas.
Eres tú la culpable de este juego sangriento.

Ellas están huyendo de mi guarida obscura.
Todo lo llenas tú, todo lo llenas.

Antes que tú poblaron la soledad que ocupas,
y están acostumbradas más que tú a mi tristeza.

Ahora quiero que digan lo que quiero decirte
para que tú oigas como quiero que me oigas.
El viento de la angustia aún las suele arrastrar.
Huracanes de sueños aún a veces las tumban.

Escuchas otras voces en mi voz dolorida.
Llanto de viejas bocas, sangre de viejas súplicas.
Amame, compañera. No me abandones. Sígueme.
Sígueme, compañera, en esa ola de angustia.

Pero se van tiñendo con tu amor mis palabras.
Todo lo ocupas, tú, todo lo ocupas.

Voy haciendo de todas un collar infinito
para tus blancas manos, suaves como las uvas.

(De *Veinte poemas de amor y una canción desesperada*)

POEMA XX

Puedo escribir los versos más tristes esta noche.

Escribir, por ejemplo: «La noche está estrellada,
y tiritan, azules, los astros, a lo lejos.»

El viento de la noche gira en el cielo y canta.

Puedo escribir los versos más tristes esta noche.
Yo la quise, y a veces ella también me quiso.

En las noches como ésta la tuve entre mis brazos.
La besé tantas veces bajo el cielo infinito.

Ella me quiso, a veces yo también la quería.
¡Cómo no haber amado sus grandes ojos fijos!

Puedo escribir los versos más tristes esta noche.
Pensar que no la tengo. Sentir que la he perdido.

Oír la noche inmensa, más inmensa sin ella.
Y el verso cae al alma como al pasto el rocío.

¡Qué importa que mi amor no pudiera guardarla!
La noche está estrellada y ella no está conmigo.

Eso es todo. A lo lejos alguien canta. A lo lejos.
Mi alma no se contenta con haberla perdido.

Como para acercarla mi mirada la busca.
Mi corazón la busca, y ella no está conmigo.

La misma noche que hace blanquear los mismos árboles.
Nosotros, los de entonces, ya no somos los mismos.

Ya no la quiero, es cierto, pero cuánto la quise.
Mi voz buscaba al viento para tocar su oído.

De otro. Será de otro. Como antes de mis besos.
Su voz, su cuerpo claro. Sus ojos infinitos.

Ya no la quiero, es cierto, pero cuánto la quise.
Es tan corto el amor, y es tan largo el olvido.

Porque en noches como ésta la tuve entre mis brazos,
mi alma no se contenta con haberla perdido.

Aunque éste sea el último dolor que ella me causa,
y éstos sean los últimos versos que yo le escribo.

DEBIL DEL ALBA

El día de los desventurados, el día pálido se asoma
con un desgarrador olor frío, con sus fuerzas en gris,
sin cascabeles, goteando el alba por todas partes:
es un naufragio en el vacío, con un alrededor de llanto.

Porque se fue de tantos sitios la sombra húmeda, callada,
de tantas cavilaciones en vano, de tantos parajes te-
                                                    [rrestres
en donde debió ocupar hasta el designio de las raíces,
de tanta forma aguda que se defendía.

Yo lloro en medio de lo invadido, entre lo confuso,
entre el sabor creciente, poniendo el oído
en la pura circulación, en el aumento,
cediendo sin rumbo el paso a lo que arriba,
a lo que surge vestido de cadenas y claveles,
yo sueño, sobrellevando mis vestigios morales.

Nada hay de precipitado, ni de alegre, ni de forma or-
                                                    [gullosa,
todo aparece haciéndose con evidente pobreza,
la luz de la tierra sale de sus párpados
no como la campanada, sino más bien como las lágrimas:
el tejido del día, su lienzo débil,
sirve para una venda de enfermos, sirve para hacer señas
en una despedida, detrás de la ausencia:
es el color que sólo quiere reemplazar,
cubrir, tragar, vencer, hacer distancias.

Estoy solo entre materias desvencijadas,
la lluvia cae sobre mí, y se me parece,

se me parece con su desvarío, solitaria en el mundo
[muerto,
rechazada al caer, y sin forma obstinada.

(De *Residencia en la tierra,* I)

ARTE POETICA

Entre sombra y espacio, entre guarniciones y. doncellas,
dotado de corazón singular y sueños funestos,
precipitadamente pálido, marchito en la frente,
y con luto de viudo furioso por cada día de mi vida,
ay, para cada agua invisible que bebo soñolientamente
y de todo sonido que acojo temblando,
tengo la misma sed ausente y la misma fiebre fría,
un oído que nace, una angustia indirecta,
como si llegaran ladrones o fantasmas,
y en una cáscara de extensión fija y profunda,
como un camarero humillado, como una campana un
[poca ronca,
como un espejo viejo, como un olor de casa sola
en la que los huéspedes entran de noche perdidamente
[ebrios,
y hay un olor de ropa tirada al suelo, y una ausencia
[de flores,
—posiblemente de otro modo aún menos melancólico—,
pero, la verdad, de pronto, el viento que azota mi pecho,
las noches de sustancia infinita caídas en mi dormitorio,
el ruido de un día que arde con sacrificio
me piden lo profético que hay en mí, con melancolía
y un golpe de objetos que llaman sin ser respondidos
hay, y un movimiento sin tregua, y un nombre confuso.

SOLO LA MUERTE

Hay cementerios solos,
tumbas llenas de huesos sin sonido,
el corazón pasando un túnel
oscuro, oscuro, oscuro,
como un naufragio hacia adentro nos morimos,
como ahogarnos en el corazón,
como irnos cayendo desde la piel al alma.

Hay cadáveres,
hay pies de pegajosa losa fría,
hay muerte en los huesos,
como un sonido puro,
como un ladrido sin perro,
saliendo de ciertas campanas, de ciertas tumbas
creciendo en la humedad como el llanto o la lluvia.

Yo veo, solo, a veces,
ataúdes a vela
zarpar con difuntos pálidos, con mujeres de trenzas muer-
[tas,
con panaderos blancos como ángeles,
con niñas pensativas casadas con notarios,
ataúdes subiendo el río vertical de los muertos,
el río morado,
hacia arriba, con las velas hinchadas por el sonido de la
[muerte,
hinchadas por el sonido silencioso de la muerte.

A lo sonoro llega la muerte
como un zapato sin pie, como un traje sin hombre,
llega a golpear con un anillo sin piedra y sin dedo,
llega a gritar sin boca, sin lengua, sin garganta.

Sin embargo sus pasos suenan
y su vestido suena, callado, como un árbol.

Yo no sé, yo conozco poco, yo apenas veo,
pero creo que su canto tiene color de violetas húmedas,
de violetas acostumbradas a la tierra,
porque la cara de la muerte es verde,
y la mirada de la muerte es verde,
con la aguda humedad de una hoja de violeta
y su grave color de invierno exasperado.

Pero la muerte va también por el mundo vestida de
[escoba,
lame el suelo buscando difuntos,
la muerte está en la escoba,
es la lengua de la muerte buscando muertos,
es la aguja de la muerte buscando hilo.
La muerte está en los catres:
en los colchones lentos, en las frazadas negras
vive tendida, y de repente sopla:
sopla un sonido oscuro que hincha sábanas,
y hay camas navegando a un puerto
en donde está esperando, vestida de almirante.

(De *Residencia en la tierra*, II)

BARCAROLA

Si solamente me tocaras el corazón,
si solamente pusieras tu boca en mi corazón,
tu fina boca, tus dientes,
si pusieras tu lengua como una flecha roja
allí donde mi corazón polvoriento golpea,
si soplaras en mi corazón, cerca del mar, llorando,
sonaría con un ruido oscuro; con sonido de ruedas de
[tren con sueño,

como aguas vacilantes,
como el otoño en hojas,
como sangre,
con un ruido de llamas húmedas quemando el cielo,
sonando como sueños o ramas o lluvias,
o ·bocinas de puerto triste;
si tú soplaras en mi corazón, cerca del mar,
como un fantasma blanco,
al borde de la espuma,
en mitad del viento,
como un fantasma desencadenado, a la orilla del mar,
                                              [llorando.

Como ausencia extendida, como campana súbita,
el mar reparte el sonido del corazón,
lloviendo, atardeciendo, en una costa sola,
la noche cae sin duda,
y su lúgubre azul de estandarte en naufragio
se puebla de planetas de plata enronquecida.

Y suena el corazón como un caracol agrio,
llama, oh mar, oh lamento, oh derretido espanto
esparcido en desgracias y olas desvencijadas:
de lo sonoro el mar acusa
sus sombras recostadas, sus amapolas verdes.

Si existieras de pronto, en una costa lúgubre,
rodeada por el día muerto,
frente a una nueva noche,
llena de olas,
y soplaras en mi corazón de miedo frío,
soplaras en su movimiento de paloma con llamas,
sonarían sus negras sílabas de sangre,
crecerían sus incesantes aguas rojas,
y sonaría, sonaría a sombras,
sonaría como la muerte,
llamaría como un tubo lleno de viento o llanto
o una botella echando espanto a borbotones.

Así es, y los relámpagos cubrirían tus trenzas
y la lluvia entraría por tus ojos abiertos

a preparar el llanto que sordamente encierras,
y las alas negras del mar girarían en torno
de ti, con grandes garras, y graznidos, y vuelos.

¿Quieres ser fantasma que sople, solitario,
cerca del mar su estéril, triste instrumento?
Si solamente llamaras,
su prolongado són, su maléfico pito,
su orden de olas heridas,
alguien vendría acaso,
alguien vendría,
desde las cimas de las islas, desde el fondo rojo
del mar,
alguien vendría, alguien vendría.

Alguien vendría, sopla con furia,
que suene como sirena de barco roto,
como lamento,
como un relincho en medio de la espuma y la sangre,
como un agua feroz mordiéndose y sonando.

En la estación marina
su caracol de sombra circula como un grito,
los pájaros del mar lo desestiman y huyen,
sus listas de sonido, sus lúgubres barrotes
se levantan a orillas del océano solo.

WALKING AROUND

Sucede que me canso de ser hombre.
Sucede que entro en las sastrerías y en los cines
marchito, impenetrable, como un cisne de fieltro
navegando en un agua de origen y ceniza.

El olor de las peluquerías me hace llorar a gritos.
Sólo quiero un descanso de piedras o de lana,

sólo quiero no ver establecimientos ni jardines,
ni mercaderías, ni anteojos, ni ascensores.

Sucede que me canso de mis pies y mis uñas
y mi pelo y mi sombra.
Sucede que me canso de ser hombre.

Sin embargo sería delicioso
asustar a un notario con un lirio cortado
o dar muerte a una monja con un golpe de oreja.
Sería bello
ir por las calles con un cuchillo verde
y dando gritos hasta morir de frío.

No quiero seguir siendo raíz en las tinieblas,
vacilante, extendido, tiritando de sueño,
hacia abajo, en las tapias mojadas de la tierra,
absorbiendo y pensando, comiendo cada día.

No quiero para mí tantas desgracias.
No quiero continuar de raíz y de tumba,
de subterráneo solo, de bodega con muertos,
aterido, muriéndome de pena.

Por eso el día lunes arde como el petróleo
cuando me ve llegar con mi cara de cárcel,
y aúlla en su transcurso como una rueda herida,
y da pasos de sangre caliente hacia la noche.

Y me empuja a ciertos rincones, a ciertas casas húmedas,
a hospitales donde los huesos salen por la ventana,
a ciertas zapaterías con olor a vinagre,
a calles espantosas como grietas.

Hay pájaros de color de azufre y horribles intestinos
colgando de las puertas de las casas que odio,
hay dentaduras olvidadas en una cafetera,
hay espejos

que debieran haber llorado de vergüenza y espanto,
hay paraguas en todas partes, y venenos, y ombligos.

Yo paseo con calma, con ojos, con zapatos,
con furia, con olvido,
paso, cruzo oficinas y tiendas de ortopedia,
y patios donde hay ropas colgadas de un alambre:
calzoncillos, toallas y camisas que lloran
lentas lágrimas sucias.

REUNION BAJO LAS NUEVAS BANDERAS

Quién ha mentido? El pie de la azucena
roto, insondable, oscurecido, todo
lleno de herida y resplandor oscuro!
Todo, la norma de ola en ola en ola,
el impreciso túmulo del ámbar
y las ásperas gotas de la espiga!
Fundé mi pecho en esto, escuché toda
la sal funesta, de noche
fui a plantar mis raíces:
averigüé lo amargo de la tierra:
todo fue para mí noche o relámpago:
cera secreta cupo en mi cabeza
y derramó cenizas en mis huellas.

Y para quién busqué este pulso frío
sino para una muerte?
Y qué instrumento perdí en las tinieblas
desamparadas, donde nadie me oye?
No,
        ya era tiempo, huid,
sombras de sangre,
hielos de estrella, retroceded al paso de los pasos hu-
                                        [manos
y alejad de mis pies la negra sombra!

Yo de los hombres tengo la misma mano herida,
yo sostengo la misma copa roja
e igual asombro enfurecido:
                              un día
palpitante de sueños
humanos, un salvaje
corcel ha llegado
a mi devoradora noche
para que junte mis pasos de lobo
a los pasos del hombre.
                    Y así, reunido,
duramente central, no busco asilo
en los huecos del llanto: muestro
la cepa de la abeja: pan radiante
para el hijo del hombre: en el misterio el azul se prepara
para mirar un trigo lejano de la sangre.

Dónde está tu sitio en la rosa?
En dónde está tu párpado de estrella?
Olvidaste esos dedos de sudor que enloquecen
por alcanzar la arena?
                    Paz para ti, sol sombrío,
paz para ti, frente ciega,
hay un quemante sitio para ti en los caminos,
hay piedras sin misterio en los caminos,
hay silencios de cárcel con una estrella loca,
desnuda, desbocada, contemplando el infierno.

Juntos frente al sollozo!
                    Es la hora
alta de tierra y de perfume, mirad este rostro
recién salido de la sal terrible,
mirad esta boca amarga que sonríe,
mirad este nuevo corazón que os saluda
con su flor desbordante, determinada y áurea.

                              (De *Tercera residencia*)

ALTURAS DE MACCHU PICCHU

(Fragmentos)

VI

Entonces en la escala de la tierra he subido
entre la atroz maraña de las selvas perdidas
hasta ti, Macchu Picchu.

Alta ciudad de piedras escalares,
por fin morada del que lo terrestre
no escondió en las dormidas vestiduras.
En ti, como dos líneas paralelas,
la cuna del relámpago y del hombre
se mecían en un viento de espinas.

Madre de piedra, espuma de los cóndores.

Alto arrecife de la aurora humana.

Pala perdida en la primera arena.

Esta fue la morada, éste es el sitio;
aquí los anchos granos del maíz ascendieron
y bajaron de nuevo como granizo rojo.

Aquí la hebra dorada salió de la vicuña
a vestir los amores, los túmulos, las madres,
el rey, las oraciones, los guerreros.

Aquí los pies del hombre descansaron de noche
junto a los pies del águila, en las altas guaridas
carniceras, y en la aurora
pisaron con los pies del trueno la niebla enrarecida,

y tocaron las tierras y las piedras
hasta reconocerlas en la noche o la muerte.

Miro las vestiduras y las manos
el vestigio del agua en la oquedad sonora,
la pared suavizada por el tacto de un rostro
que miró con mis ojos las lámparas terrestres,
que aceitó con mis manos las desaparecidas
maderas: porque todo: ropaje, piel, vasijas,
palabras, vino, panes,
se fue, cayó a la tierra.

Y el aire entró con dedos
de azahar sobre todos los dormidos:
mil años de aire, meses, semanas de aire,
de viento azul, de cordillera férrea,
que fueron como suaves huracanes de pasos
lustrando el solitario recinto de la piedra.

XII

Sube a nacer conmigo, hermano.

Dame la mano desde la profunda
zona de tu dolor diseminado.
No volverás al fondo de las rocas.
No volverás del tiempo subterráneo.
No volverá tu voz endurecida.
No volverán tus ojos taladrados.
Mírame desde el fondo de la tierra,
labrador, tejedor, pastor callado:
domador de guanacos tutelares:
albañil del andamio desafiado:
aguador de las lágrimas andinas:
joyero de los dedos machacados:
agricultor temblando en la semilla:
alfarero en tu greda derramado:
traed a la copa de esta nueva vida
vuestros viejos dolores enterrados.

Mostradme vuestra sangre y vuestro surco,
decidme: aquí fui castigado,
porque la joya no brilló o la tierra
no entregó a tiempo la piedra o el grano:
señaladme la piedra en que caísteis
y la madera en que os crucificaron,
encendedme los viejos pedernales,
las viejas lámparas, los látigos pegados
a través de los siglos en las llagas
y las hachas de brillo ensangrentado.
Yo vengo a hablar por vuestra boca muerta.
A través de la tierra juntad todos
los silenciosos labios derramados
y desde el fondo habladme toda esta larga noche,
como si yo estuviera con vosotros anclado,
contadme todo, cadena a cadena,
eslabón a eslabón, y paso a paso,
afilad los cuchillos que guardasteis,
ponedlos en mi pecho y en mi mano,
como un río de rayos amarillos,
como un río de tigres enterrados,
y dejadme llorar, horas, días, años,
edades ciegas, siglos estelares.
Dadme el silencio, el agua, la esperanza.
Dadme la lucha, el hierro, los volcanes.
Apegadme los cuerpos como imanes.
Acudid a mis venas y a mi boca.

Hablad por mis palabras y mi sangre.

(De *Canto general*)

LOS POETAS CELESTES

Qué hicisteis vosotros gidistas,
intelectualistas, rilkistas,

misterizantes, falsos brujos
existenciales, amapolas
surrealistas encendidas
en una tumba, europeizados
cadáveres de la moda,
pálidas lombrices del queso
capitalista, qué hicisteis
ante el reinado de la angustia,
frente a este oscuro ser humano,
a esta pateada compostura,
a esta cabeza sumergida
en el estiércol, a esta esencia
de ásperas vidas pisoteadas?

No hicisteis nada sino la fuga:
vendisteis hacinado detritus,
buscasteis cabellos celestes,
plantas cobardes, uñas rotas,
«Belleza pura», «sortilegio»,
obra de pobres asustados
para evadir los ojos, para
enmarañar las delicadas
pupilas, para subsistir
con el plato de restos sucios
que os arrojaron los señores,
sin vender la piedra en agonía,
sin defender, sin conquistar,
más ciegos que las coronas
del cementerio, cuando cae
la lluvia sobre las inmóviles
flores podridas de las tumbas.

QUE DESPIERTE EL LEÑADOR

(Fragmento)

V

Que nada de esto pase.
Que despierte el Leñador.
Que venga Abraham con su hacha
y con su plato de madera
a comer con los campesinos.
Que su cabeza de corteza,
sus ojos vistos en las tablas,
en las arrugas de la encina,
vuelvan a mirar el mundo
subiendo sobre los follajes,
más altos que las sequoias.
Que entre a comprar en las farmacias,
que tome un autobús a Tampa,
que muerda una manzana amarilla,
que entre en un cine, que converse
con toda la gente sencilla.

Que despierte el Leñador.

Que venga Abraham, que hinche
su vieja levadura la tierra
dorada y verde de Illinois,
y levante el hacha en su pueblo
contra los nuevos esclavistas,
contra el látigo del esclavo,
contra el veneno de la imprenta,
contra la mercadería
sangrienta que quieren vender.
Que marchen cantando y sonriendo

el joven blanco, el joven negro,
contra las paredes de oro,
contra el fabricante de odio,
contra el mercader de su sangre,
cantando, sonriendo y venciendo.

Que despierte el Leñador.

LA VIDA

Que otro se preocupe de los osarios...
                                    El mundo
tiene un color desnudo de manzana: los ríos
arrastran un caudal de medallas silvestres
y en todas partes vive Rosalía la dulce
y Juan el compañero...
                                    Asperas piedras hacen
el castillo, y el barro más suave que las uvas
con los restos del trigo hizo mi casa.
Anchas tierras, amor, campanas lentas,
combates reservados a la aurora,
cabelleras de amor que me esperaron,
depósitos dormidos de turquesa:
casas, caminos, olas que construyen
una estatua barrida por los sueños,
panaderías en la madrugada,
relojes educados en la arena,
amapolas del trigo circulante,
y estas manos oscuras que amasaron
los materiales de mi propia vida:
hacia vivir se encienden las naranjas
sobre la multitud de los destinos!
Que los sepultureros escarben las materias
aciagas: que levanten
los fragmentos sin luz de la ceniza,
y hablen en el idioma del gusano.

Yo tengo frente a mí sólo semillas,
desarrollos radiantes y dulzura.

ODA AL TIEMPO

Dentro de ti tu edad
'creciendo,
dentro de mí mi edad
andando.
El tiempo es decidido,
no suena su campana,
se acrecienta, camina,
por dentro de nosotros,
aparece
como un agua profunda
en la mirada
y junto a las castañas
quemadas de tus ojos
una brizna, la huella
de un minúsculo río,
una estrellita seca
ascendiendo a tu boca.
Sube el tiempo
sus hilos
a tu pelo,
pero en mi corazón
como una madreselva
es tu fragancia,
viviente como el fuego.
Es bello
como lo que vivimos
envejecer viviendo.
Cada día
fue piedra transparente,
cada noche
para nosotros fue una rosa negra,

y este surco en tu rostro o en el mío
son piedra o flor,
recuerdo de un relámpago.
Mis ojos se han gastado en tu hermosura.
pero tú eres mis ojos.
Yo fatigué tal vez bajo mis besos
tu pecho duplicado,
pero todos han visto en mi alegría
tu resplandor secreto.
Amor, qué importa
que el tiempo,
el mismo que elevó como dos llamas
o espigas paralelas
mi cuerpo y tu dulzura,
mañana los mantenga
o los desgrane
y con sus mismos dedos invisibles
borre la identidad que nos separa
dándonos la victoria
de un solo ser final bajo la tierra.

(De *Odas elementales*)

ODA A LOS CALCETINES

Me trajo Maru Mori
un par
de calcetines
que tejió con sus manos
de pastora,
dos calcetines suaves
como liebres.
En ellos
metí los pies
como en
dos

estuches
tejidos
con hebras del
crepúsculo
y pellejo de ovejas.

Violentos calcetines,
mis pies fueron
dos pescados
de lana,
dos largos tiburones
de azul ultramarino
atravesados
por una trenza de oro,
dos gigantescos mirlos,
dos cañones:
mis pies
fueron honrados
de este modo
por
estos
celestiales
calcetines.
Eran
tan hermosos
que por primera vez
mis pies me parecieron
inaceptables
como dos decrépitos
bomberos, bomberos
indignos
de aquel fuego
bordado,
de aquellos luminosos
calcetines.

Sin embargo
resistí
la tentación aguda

de guardarlos
como los colegiales
preservan
las luciérnagas,
como los eruditos
coleccionan
documentos sagrados,
resistí
el impulso furioso
de ponerlos
en una jaula
de oro
y darles cada día
alpiste
y pulpa de melón rosado.
Como descubridores
que en la selva
entregan el rarísimo
venado verde
al asador
y se lo comen
con remordimiento,
estiré
los pies
y me enfundé
los
bellos
calcetines
y
luego los zapatos.
Y es ésta
la moral de mi oda:
dos veces es belleza
la belleza
y lo que es bueno es doblemente
bueno
cuando se trata de dos calcetines

de lana
en el invierno.

(De *Nuevas odas elementales*)

ESTACION INMOVIL

Quiero no saber ni soñar.
Quién puede enseñarme a no ser,
a vivir sin seguir viviendo?

Cómo continúa el agua?
Cuál es el cielo de las piedras?

Inmóvil, hasta que detengan
las migraciones su apogeo
y luego vuelen con sus flechas
hacia el archipiélago frío.

Inmóvil, con secreta vida
como una ciudad subterránea
para que resbalen los días
como gotas inabarcables:
nada se gasta ni se muere
hasta nuestra resurrección,
hasta regresar con los pasos
de la primavera enterrada,
de lo que yacía perdido,
inacabablemente inmóvil
y que ahora sube desde no ser
a ser una rama florida.

(De *Estravagario*)

LA VERDAD

Os amo idealismo y realismo,
como agua y piedra
sois
partes del mundo,
luz y raíz del árbol de la vida.

No me cierren los ojos
aun después de muerto,
los necesitaré aún para aprender,
para mirar y comprender mi muerte.

Necesita mi boca
para cantar después, cuando no exista.
Y mi alma y mis manos y mi cuerpo
para seguirte amando, amada mía.

Sé que no puede ser, pero esto quise.

Amo lo que no tiene sino sueños.

Tengo un jardín de flores que no existen.

Soy decididamente triangular.

Aún echo de menos mis orejas.
pero las enrollé para dejarlas
en un puerto fluvial del interior
de la República de Malagueta.

No puedo más con la razón al hombro.

Quiero inventar el mar de cada día.

Vino una vez a verme
un gran pintor que pintaba soldados.
Todos eran heroicos y el buen hombre
los pintaba en el campo de batalla
muriéndose de gusto.

También pintaba vacas realistas
y eran tan extremadamente vacas
que uno se iba poniendo melancólico
'y dispuesto a rumiar eternamente.

Execración y horror! Leí novelas
interminablemente bondadosas
y tantos versos sobre
el Primero de Mayo
que ahora escribo sólo sobre el 2 de ese mes.

Parece ser que el hombre
atropella el paisaje
y ya la carretera que antes tenía cielo
ahora nos agobia
con su empecinamiento comercial.

Así suele pasar con la belleza
como si no quisiéramos comprarla
y la empaquetan a su gusto y modo.

Hay que dejar que baile la belleza
con los galanes más inaceptables,
entre el día y la noche:
no la obliguemos a tomar la píldora
de la verdad como una medicina.

Y lo real? También, sin duda alguna,
pero que nos aumente,
que nos alargue, que nos haga fríos,
que nos redacte
tanto el orden del pan como el del alma.

A susurrar! ordeno
al bosque puro,
a que diga en secreto su secreto
y a la verdad: No te detengas tanto
que te endurezĉas hasta la mentira.

No soy rector de nada, no dirijo,
y por eso atesoro
las equivocaciones de mi canto.

(De *Memorial de Isla Negra*)

Salvador Novo

(*México, 1904-1974*). *Cultivador brillante de la prosa
ensayística y del teatro, su más constante vocación, Salva-
dor Novo es otro miembro destacado del importante gru-
po mexicano de los «Contemporáneos». En su poesía pu-
blicada ha trazado una evolución que comienza en ceñidos
apuntes expresionistas y sintéticas evocaciones de infan-
cia para desembocar al fin en el personal acento elegía-
co —amor, dolor, soledad, tiempo, recuerdo— de su
poesía más honda, y en la aguda decepción con que con-
templa tanto la caída de los ideales revolucionarios de
su patria como, en general, el espectáculo del hombre
moderno aprisionado en un mundo mecánico y absurdo.
La unidad, dentro de tan matizada trayectoria, resulta
de los elementos que el mismo Novo considera defini-
dores de su lirismo más auténtico: la circunstancia, el
humorismo y la desolación. Mejor que humorismo, y sin
negarlo, se podría hablar de ironía, ese gesto supremo
de la inteligencia con que siempre se encubren los más
implacables sentimientos de dolor y vacío: el casi-cinis-
mo, la casi-piedad con que caracteriza Octavio Paz la
«desesperación lúcida» de este poeta. La expresión ha
sabido ajustarse a los diversos matices espirituales de
cada instante: traviesa metáfora vanguardista, dicción
más sobria y marcada por la tristeza o por un pudoroso
temblor, y, en fin, franco prosaísmo y penetrante pun-
zón satírico. Esa calidad proteica de su trabajo lírico,
que revela una muy despierta sensibilidad, la ha resu-
mido con certera precisión el propio autor en los siguien-
tes términos: «Fuga, realización en plenitud, canto de
jubiloso amor, escudo y arma innoble; todo eso ha sido*

para mí la poesía». El crítico norteamericano Frank Dauster ha analizado la obra en verso de Salvador Novo en un estudio recogido en su libro Ensayos sobre poesía mexicana. Asedio a los «Contemporáneos» *(México, 1963).*

Obra poética:

XX poemas, 1925. *Espejo*, 1933. *Nuevo amor*, 1933. *Poesías escogidas*, 1938. *Dueño mío*, 1944. *Florido laude*, 1945. *Poesía* (Recopilación), 1955. *Poesía* (Recopilación), 1961.

ALMANAQUE

II

La guadaña del minutero
hizo centro de su compás
en el centro de nuestro vientre.
Para los buzones de la vida
necesitábamos certificado.

Address your mail to street and number.
Y estamos en la poste restante
sin hallar en diciembre ni en marzo
la plegadera de una sonrisa.

¡Nuestro ombligo
va a ser para los filatelistas!
y seremos devueltos al remitente
ajados, con cicatrices
y llenos de noticias atrasadas.

(De *XX poemas*)

DILUVIO

Espaciosa sala de baile
alma y cerebro
dos orquestas, dos,
baile de trajes
las palabras iban entrando
las vocales daban el brazo a las consonantes.
Señoritas acompañadas de caballeros
y tenían trajes de la Edad Media
y de muchísimo antes
y ladrillos cuneiformes
papiros, tablas,
gama, delta, ómicron,
peplos, vestes, togas, armaduras,
y las pieles bárbaras sobre las pieles ásperas
y el gran manto morado de la cuaresma
y el color de infierno de la vestidura de Dante
y todo el alfalfar Castellano,
las pelucas de muchas Julietas rubias
las cabezas de Iokanaanes y Marías Antonietas
sin corazón ni vientre
y el Príncipe Esplendor
vestido con briznas de brisa
y una princesa monosilábica
que no era ciertamente Madame Butterfly
y un negro elástico de goma
con ojos blancos como incrustaciones de marfil.
Danzaban todos en mí
cogidos de las manos frías
en un antiguo perfume apagado
tenían todos trajes diversos
y distintas fechas
y hablaban lenguas diferentes.
Y yo lloré inconsolablemente

porque en mi gran sala de baile
estaban todas las vidas
de todos los rumbos
bailando la danza de todos los siglos
y era sin embargo tan triste
esa mascarada!
Entonces prendí fuego a mi corazón
y las vocales y las consonantes
flamearon un segundo su penacho
y era lástima ver el turbante del gran Visir
tronar los rubíes como castañas
y aquellos preciosos trajes Watteau
y todo el estrado Queen Victoria
de damas con altos peinados.
También debo decir
que se incendiaron todas las monjas
B.C. y C.O.D.
y que muchos héroes esperaron
estoicamente la muerte
y otros bebían sus sortijas envenenadas.
Y duró mucho el incendio
mas vi al fin en mi corazón únicamente
el confetti de todas las cenizas
y al removerlo
encontré
una criatura sin nombre
enteramente, enteramente desnuda,
sin edad, muda, eterna,
y ¡oh! Nunca, nunca sabrá que existen las parras
y las manzanas se han trasladado a California
y ella no sabrá nunca que hay trenes!

Se ha clausurado mi Sala de Baile
mi corazón no tiene ya la música de todas las playas
de hoy más tendrá el silencio de todos los siglos.

RETRATO DE NIÑO

En este retrato
hay un niño mirándome con ojos grandes;
este niño soy yo
y hay la fecha: 1906.

Es la primera vez que me miré atentamente.
Por supuesto que yo hubiera querido
que ese niño hubiera sido más serio,
con esa mano más serena,
con esa sonrisa más fotográfica.

Esta retrospección no remedia, empero,
lo que el fotógrafo, el cumpleaños,
mi mamá, yo y hasta tal vez la fisiología
dimos por resultado en 1906.

(De *Espejo*)

LA HISTORIA

¡Mueran los gachupines!
Mi padre es gachupín,
el profesor me mira con odio
y nos cuenta la Guerra de Independencia
y cómo los españoles eran malos y crueles
con los indios —él es indio—,
y todos los muchachos gritan que mueran los gachupines.

Pero yo me rebelo
y pienso que son muy estúpidos:

Eso dice la historia
pero ¿cómo lo vamos a saber nosotros?

LA RENOVADA MUERTE DE LA NOCHE...

La renovada muerte de la noche
en que ya no nos queda sino la breve luz de la conciencia
y tendernos al lado de los libros
de donde las palabras escaparon sin fuga, crucificadas en
[mi mano,
y en esta cripta de familia
en la que existe en cada espejo y en cada sitio la eviden-
[cia del crimen
y en cuyos roperos dejamos la crisálida de los adioses
[irremediables
con que hemos de embalsamar el futuro
y en los ahorcados que penden de cada lámpara
y en el veneno de cada vaso que apuramos
y en esa silla eléctrica en que hemos abandonado nuestros
[disfraces
para ocultarnos bajo los solitarios sudarios
mi corazón ya no sabe sino marcar el paso
y dar vueltas como un tigre de circo
inmediato a una libertad inasible.
Todos hemos ido llegando a nuestras tumbas
a buena hora, a la hora debida,
en ambulancias de cómodo precio
o bien de suicidio natural y premeditado.
Y yo no puedo seguir trazando un escenario perfecto
en que la luna habría de jugar un papel importante
porque en estos momentos
hay trenes por encima de toda la tierra
que lanzan unos dolorosos suspiros
y que parten
y la luna no tiene nada que ver
con las breves luciérnagas que nos vigilan

desde un azul cercano y desconocido
lleno de estrellas polígotas e innumerables.

(De *Nuevo amor*)

JUNTO A TU CUERPO TOTALMENTE
ENTREGADO AL MIO...

Junto a tu cuerpo totalmente entregado al mío
junto a tus hombros tersos de que nacen las rutas de tu
                                            [abrazo,
de que nacen tu voz y tus miradas, claras y remotas,
sentí de pronto el infinito vacío de su ausencia.
Si todos estos años que me falta
como una planta trepadora que se coge del viento
he sentido que llega o que regresa en cada contacto
y ávidamente rasgo todos los días un mensaje que nada
                                      [contiene sino una fecha
y su nombre se agranda y vibra cada vez más profunda-
                                                   [mente
porque su voz no era más que para mi oído,
porque cegó mis ojos cuando apartó los suyos
y mi alma es como un gran templo deshabitado.
Pero este cuerpo tuyo es un dios extraño
forjado en mis recuerdos, reflejo de mí mismo,
suave de mi tersura, grande por mis deseos,
máscara
estatua que he erigido a su memoria.

ELEGIA

Los que tenemos unas manos que no nos pertenecen,
grotescas para la caricia, inútiles para el taller o la azada,

largas y fláccidas como una flor privada de simiente
o como un reptil que entrega su veneno
porque no tiene nada más que ofrecer.

Los que tenemos una mirada culpable y amarga
por donde mira la Muerte no lograda del mundo
y fulge una sonrisa que se congela frente a las estatuas
                                                    [desnudas
porque no podrá nunca cerrarse sobre los anillos de oro
ni entregarse como una antorcha sobre los horizontes del
                                                    [Tiempo
en una noche cuya aurora es solamente este mediodía
que nos flagela la carne por instantes arrancados a la
                                                    [eternidad.

Los que hemos rodado por los siglos como una roca des-
                                          [prendida del Génesis
sobre la hierba o entre la maleza en desenfrenada carrera
para no detenernos nunca ni volver a ser lo que fuimos
mientras los hombres van trabajosamente ascendiendo
y brotan otras manos de sus manos para torcer el rumbo
                                              [de los vientos
o para tiernamente enlazarse.

Los que vestimos cuerpos como trajes envejecidos
a quienes basta el hurto o la limosna de una migaja que
                              [es todo el pan y la única hostia
hemos llegado al litoral de los siglos que pesan sobre
                          [nuestros corazones angustiados
y no veremos nunca con nuestros ojos limpios
otro día que este día en que toda la música del universo
se cifra en una voz que no escucha nadie entre las pala-
                                              [bras vacías
y en el sueño sin agua ni palabras en la lengua de la ar-
                                          [cilla y del humo.

DEL PASADO REMOTO...

(Fragmentos)

Revolución, Revolución,
siguen los héroes vestidos de marionetas,
vestidos con palabras signaléticas,
el usurpador Huerta
y la Revolución triunfante,
don Venustiano disfrazado con barbas y anteojos
como en una novela policíaca primitiva
y la Revolución Constitucionalista,
Obregón, que tiró la piedra y escondió la mano
y la Revolución triunfante de nuevo,
la Era de las Instituciones,
el Mensaje a la Nación,
las enseñanzas agrarias del nuevo caudillo suriano,
el Jefe Máximo de la Revolución,
y el Instituto Político de la Revolución,
los Postulados de la Revolución,
los intereses colectivos,
la clase laborante y el proletariado organizado,
la ideología clasista,
los intelectuales revolucionarios,
los pensadores al servicio del proletariado,
el campesinaje mexicano,
la Villa Alvaro Obregón, con su monumento,
y el Monumento a la Revolución.

La literatura de la Revolución,
la poesía revolucionaria
alrededor de tres o cuatro anécdotas de Villa
y el florecimiento de los maussers,
las rúbricas del lazo, la soldadera,
las cartucheras y las mazorcas,

la hoz y el Sol, hermano pintor proletario,
los corridos y las canciones del campesino
y el overol azul del cielo,
la sirena estrangulada de la fábrica
y el ritmo nuevo de los martillos
de los hermanos obreros
y los parches verdes de los ejidos
de que los hermanos campesinos
han echado al espantapájaros del cura.

Los folletos de propaganda revolucionaria,
el Gobierno al servicio del proletariado,
los intelectuales proletarios al servicio del Gobierno
los radios al servicio de los intelectuales proletarios
al servicio del Gobierno de la Revolución
para repetir incesantemente sus postulados
hasta que se graben en las mentes de los proletarios
—de los proletarios que tengan radio y los escuchen.

Crece el tiempo en silencio,
hojas de hierba, polvo de las tumbas
que agita apenas la palabra.

(De *Poemas proletarios*)

(Nicaragua, 1906). *Fue la mente rectora del movimiento que hacia 1925 (y sobre todo desde la revista* Vanguardia, *fundada en 1928) limpió el paisaje poético de su país de un trasnochado rubenismo, por otra parte muy natural en la patria del gran poeta. La gestión de aquel grupo significó la apertura de Nicaragua a la nueva sensibilidad de la época, y tiene por ello una gran significación histórica. Ha sido Coronel Urtecho un artista urgido a la innovación y el experimento continuos («cambia casi totalmente de modo de pensar cada dos años, según él mismo afirmaba una vez» —ha escrito Ernesto Cardenal—); y su obra ha recorrido las fases más radicalmente variadas de la poesía contemporánea: alegre divertimento vanguardista, fina asimilación de lo popular y folklórico, regreso a las formas clásicas, buceos en el subconsciente... De modo paralelo, la dicción ha conocido los más dispares tonos expresivos: dislocaciones verbales, decir abierto y llano, contención y rigor clásicos, fluencia superrealista lindante al hermetismo. En todos ellos se le siente seguro de su oficio; y sostenido siempre por una confesional fe católica a la que ha sido inquebrantable. Seriamente preocupado en un tiempo por los problemas políticos de su país, la vocación constante de Coronel Urtecho ha sido, sin embargo, el ejercicio de la literatura, habiendo cultivado también la novela corta, el teatro, el periodismo y la crítica literaria. Y además de todo ello ha ejercido una influencia y un magisterio decisivos en la formación poética y la actividad de toda una generación; benéfica acción que ha sido siempre reconocida con lealtad por sus propios deudores, lo*

que no es moneda corriente. Su misma inquieta evolu-
ción es signo de una acusada conciencia crítica, y ésta
explica que durante tanto tiempo no haya querido ver
reducidas a una condición fija e inmutable, es decir,
reunidas en libros, sus propias creaciones poéticas. Muy
tardíamente se ha decidido a ello: en el volumen Pol-la
D'Ananta Katanta Paranta *(1970), de donde proceden*
todas las selecciones suyas que aquí se ofrecen.

ODA A RUBEN DARIO

«*¿Ella? No la anuncian. No llega aún.*»
Rubén Darío. «*Heraldos*»

I

(*Acompañamiento de papel de lija*)

Burlé tu león de cemento al cabo.
Tú sabes que mi llanto fue de lágrimas,
i no de perlas. Te amo.
Soy el asesino de tus retratos.
Por primera vez comimos naranjas.
il n'y a pas de chocolat —dijo tu ángel de la guarda.

Ahora podías perfectamente
mostrarme tu vida por la ventana
como unos cuadros que nadie ha pintado.
Tu vestido de emperador, que cuelga
de la pared, bordado de palabras,
cuánto más pequeño que ese pajama
con que duermes ahora,
que eres tan sólo un alma.

Yo te besé las manos.
«Stella —tú hablabas contigo mismo—
llegó por fin después de la parada»,
i no recuerdo qué dijiste luego.
Sé que reímos de ello.

   (Por fin te dije: —«Maestro, quisiera
ver el fauno.»
             Mas tú: —«Vete a un convento.»)

Hablamos de Zorrilla. Tú dijiste:
«Mi padre» i hablamos de los amigos.
«Et le reste est litterature» de nuevo
tu ángel impertinente.
Tú te exaltaste mucho.
«Literatura todo —el resto es esto.»
Entonces comprendimos la tragedia.
Es como el agua cuando
inunda un campo, un pueblo
sin alboroto i se entra
por las puertas i llena los salones
de los palacios —en busca de un cauce,
o del mar, nadie sabe.

Tú que dijiste tantas veces «Ecce
Homo» frente al espejo
i no sabías cuál de los dos era
el verdadero, si acaso era alguno.
(¿Te entraban deseos de hacer pedazos
el cristal?) Nada de esto
(mármol bajo el azul) en tus jardines
—donde antes de morir rezaste al cabo—
donde yo me paseo con mi novia
i soy irrespetuoso con los cisnes.

II

(Acompañamiento de tambores)

He tenido una reyerta
con el Ladrón de tus Corbatas
(yo mismo cuando iba a la escuela),
el cual me ha roto tus ritmos
a puñetazos en las orejas...

Libertador, te llamaría,
si esto no fuera una insolencia
contra tus manos provenzales
(i el Cancionero de Baena)
en el «Clavicordio de la Abuela»
—tus manos, que beso de nuevo,
Maestro.

En nuestra casa nos reuníamos
para verte partir en globo
i tú partías en una galera
—después descubrimos que la luna
era una bicicleta—
i regresabas a la gran fiesta
de la apertura de tu maleta.
La Abuela se enfurecía
de tus sinfonías parisienses,
i los chicuelos nos comíamos
tus peras de cera.

(Oh tus sabrosas frutas de cera.)

Tú comprendes.
Tú estuviste en el Louvre,
entre los mármoles de Grecia,
i ejecutaste una marcha
a la Victoria de Samotracia,
tú comprendes por qué te hablo

como una máquina fotográfica
en la plaza de la Independencia
de las Cosmópolis de América,
donde enseñaste a criar Centauros
a los ganaderos de las Pampas.
Porque, buscándome en vano
entre tus cortinajes de ensueño,
he terminado por llamarte
«Maestro, maestro»,
donde tu música suntuosa
es la armonía de tu silencio...
(¿Por qué has huido, maestro?)
(Hay unas gotas de sangre
en tus tapices.)

Comprendo.
Perdón. Nada ha sido.
Vuelvo a la cuerda de mi contento.
¿Rubén? Sí. Rubén fue un mármol
griego. (¿No es esto?)
«All's right with the world», nos dijo
con un prosaísmo soberbio
nuestro querido sir Roberto
Browning. I es cierto.

FINAL

(Con pito)

En fin, Rubén,
paisano inevitable, te saludo
con mi bombín,
que se comieron los ratones en
mil novecientos veinte i cin-
co. Amén.

PEQUEÑA ODA A TIO COYOTE

¡Salud a tío Coyote,
el animal Quijote!

Porque era inofensivo, lejos de la manada,
perro de soledad, fiel al secreto
inquieto
de su vida engañada
sufrió el palo, la burla y la patada.

Fue el más humilde peregrino
en los caminos de los cuentos de camino.

Como amaba las frutas sazonas,
las sandías, los melones, las anonas,
no conoció huerta con puerta,
infranqueable alacena,
ni propiedad ajena,
y husmeando el buen olor de las cocinas
cayó en la trampa que le tendieron las vecinas
de todas las aldeas mezquinas
y se quedó enredado en las consejas
urdidas por las viejas
campesinas.

Y así lo engendró la leyenda
como el Quijote de la Merienda.

Pero su historia es dulce y meritoria.

Y el animal diente-quebrado,
culo-quemado,
se ahogó en la laguna
buceando el queso de la luna.

Y allí comienza su gloria
donde su pena termina!

También así murió
Li-Tai-Po,
poeta de la China.

NIHIL NOVUM

No busques nada nuevo, ¡oh mi canción!;
nada hay oculto bajo el rascacielo,
nada en la máquina que sube al cielo,
nada ha cambiado desde Salomón.

Es muy antiguo el hombre y su pasión,
guarda en el nuevo día el viejo anhelo,
bajo la nueva noche igual desvelo
y el mismo palpitar del corazón.

No te engañen los nuevos continentes,
con sus plantas, sus bestias y sus gentes,
ni sus canciones con su nuevo acento.

Todo lo que dice algo ya está dicho:
sólo nos queda el aire y su capricho
de vagos sones que se lleva el viento.

HIPOTESIS DE TU CUERPO

I

Sé que no me creerán como a espejo sin fondo
que el movimiento clava tu vórtice de armadas

donde momentos miles primeros segundos en roca a
[pique
ya me esperaban en ti girando.

Aunque dijera que no tenías mar
ni que toda tu espuma en tu interior de piedra habita
ni por sangre espumosa esculpida menos viva
ni carcomida,
sino por la frecuencia de tus pecas algo se congregaba.

Porque esperaban la que eras visible
si es que alzabas las manos de concreto
puesto vestido de labrador ya no tarjeta de visita
mientras hay llamamiento de flores a piano
y con tu duelo gigantesco gastas otra violeta
si solitaria,
lo cual no puede aunque posible.

Todo ello en brisa regular compuesta a sentimiento...

Porque esperaban miedo que te clamara a muerte:
«Yo te comparo a un faro»
explicando tu pelo despacio de noche.

No es comparando.

II

Yo te proyecto desnuda por dentro
como paloma leona interior a la tierra
sin otra sustancia marina que tormenta.

Muerte vida.

Pues o no pasajero por tu frente
(no en pensamiento aquí ni con veneno
que ya serpiente río al pie descabezado
no deja a playa crespa a cantos de sirena
que foca hieda espuma se deshile

ni húmeda luna en brama de animales
largo del arca, dentro quedas mansa
de leonas de palomas de elefantes)
por tu carne de piedra a tu pecho de leche.
Mito en resumen, pero toco.

Vida muerte.

Cuanto camino da a tu ombligo
si hecho raíces ánclote a fondo puerto de tierra
puerta a mi tierra tuya a cerrojo sagrada.

Tesomosme, Mesomoste.

Cávote sepultura en mi otro sexo.
Cávame sepultura en tu otro sexo.
Muéreme Vívote Víveme Muérote
No nos distingo.

Sésamo.

III

Confieso que te arribo puerto si subterráneo
como a la roca en sueño vegetal dormida viva
tengo mi casa allí donde mi araña espero ciego
lo mismo vivo o muerto que tu secreto como silencio.

EL TIGRE ESTA EN LA NIÑA

Tiger! Tiger! burning bright
In the forest of the night

William Blake

El tigre está en los ojos
Preso entre curvas mansas, perezosas
Despertando del lodo como vegetaciones

Entre panales y gorgeos al borde de la cama
El grifo abierto, el rumor, el vapor de la bañera
El zumo de naranja, las tostadas
Todo lo que se apunta con la lengua del lápiz
El gesto de la mano que suelta una paloma
Los pechos como nidos ocultos en las ramas
Y una serpiente dulce como un canto
Entre viejas consolas y entre jaulas de flores

Buenos días, muchacha hace tiempo olvidada
No despiertes del todo en la visita
Sigue tus infalibles líneas ecuatoriales
Siempre dormida, virginal, obscena

Conoces tú a la dama de la mano en el pecho?
El tigre está en la niña del ojo de la mujer.

Manuel del Cabral

(República Dominicana, 1907). Es la figura más importante en la lírica moderna de su país y la que justamente ha logrado una mayor proyección continental. Se inició en el verso liberado ya de las cabriolas vanguardistas y de las tentaciones del automatismo superrealista (a las cuales ha calificado el propio poeta de «nubes informadas que nada dicen a la médula del hombre»), aunque en la elaboración de sus imágenes más penetrantes se haya aprovechado legítimamente de la libertad asociativa, que es una de las riquezas fundamentales de la poesía contemporánea. En sus primeras estaciones se siente a Cabral afincado, con un acento personal, en los campos de un popularismo, nativismo y telurismo entrañables, que le vinculan de manera honda, nada pintoresca, a las cosas de su tierra natal y a los problemas humanos, sociales y políticos del continente americano. Pero muy pronto, y «dueño de un múltiple y poderoso registro lírico», según el decir entusiasta de Gabriela Mistral, comienza a moverse hacia una mayor universalidad temática y una fuerte originalidad expresiva, que son los de su madurez actual: el amor (en cuatro facetas, que él mismo ha enumerado: romántica, sensual, literaria y metafísica); el drama del artista-poeta ante el imperativo y los límites de la expresión; y, sobre todo, un acucioso inquirir en el sentido integral y el destino del ser y del mundo, en busca de su última y total verdad —preocupaciones que han acabado por concederle a la obra de Cabral su más trascendente dimensión—. A la poesía la considera como nacida y, a la vez, raíz del «espectáculo de la naturaleza o del universo oculto del

hombre»; y en este sintético enunciado señala las dos direcciones, exterior y esencial, en que ha orientado su ejercicio creador. En el libro autobiográfico Historia de mi voz *(Santiago de Chile, 1964)* ha reconstruido Cabral, *en medio de muchas páginas polémicas, los principios rectores de su poética; y allí también ha iluminado, con gran provecho, la gestación y el sentido profundo de sus más importantes momentos líricos.*

OBRA POÉTICA:

Pilón, *1931.* Color de agua, *1932.* 12 poemas negros, *1935.* Biografía de un silencio, *1940.* Trópico negro, *1942.* Compadre Mon, *1943.* Sangre mayor, *1945.* De este lado del mar, *1949.* Antología tierra, *1949.* Los huéspedes secretos, *1951.* Sexo y alma, *1956.* Dos cantos continentales y unos temas eternos, *1956.* Antología clave (1930-1956), *1957.* Pedrada planetaria, *1958.* Carta para un fósforo no usado y otras cartas, *1958.* 14 mudos de amor, *1962.* La isla ofendida, *1965.* Los anti-tiempo, *1967.*

AIRE DURANDO

¿Quién ha matado este hombre
que su voz no está enterrada?

Hay muertos que van subiendo
cuanto más su ataúd baja...

Este sudor... ¿por quién muere?
¿por qué cosa muere un pobre?

¿Quién ha matado estas manos?
¡No cabe en la muerte un hombre!

Hay muertos que van subiendo
cuanto más su ataúd baja...

¿Quién acostó su estatura
que su voz está parada?

Hay muertos como raíces
que hundidas... dan fruto al ala.

¿Quién ha matado estas manos,
este sudor, esta cara?

Hay muertos que van subiendo
cuanto más su ataúd baja...

(De *Compadre Mon*)

NEGRO SIN NADA EN TU CASA

I

Yo te he visto cavar minas de oro
—negro sin tierra—.
Yo te he visto sacar grandes diamantes de la tierra
—negro sin tierra—.
Y como si sacaras a pedazos de tu cuerpo de la tierra,
te vi sacar carbones de la tierra.
Cien veces yo te he visto echar semillas en la tierra
—negro sin tierra—.
Y siempre tu sudor que no termina
de caer en la tierra.
Agua de tu dolor que fertiliza
más que el agua de nube.
Tu sudor, tu sudor. Y todo para aquel
que tiene cien corbatas, cuatro coches de lujo,
y no pisa la tierra.
Sólo cuando la tierra no sea tuya,
será tuya la tierra.

II

Mas hay un sin embargo que no te lo vigilan...
Hay en tus pies descalzos: graves amaneceres.
(Ya no podrán decir que es un siglo pequeño.)
El cielo se derrite rodando por tu espalda:
llanto de espinazos, diurno de trabajo,
pero oscuro de sueldo.

Yo no te vi dormido... Nunca te vi dormido...
aquellos pies descalzos
no te dejan dormir.

Tú ganas diez centavos, diez centavos por día.
Barro manso: te comprendo...
Tú los ganas tan limpios,
tienes manos tan limpias,
que puede que tu casa sólo tenga:
ropa sucia,
catre sucio,
carne sucia,
pero lavada la palabra: Hombre.

III

Negro triste, tan triste
que en cualquier gesto tuyo puedo encontrar el mundo.

Tú que vives tan cerca del hombre sin el hombre,
una sonrisa tuya me servirá de agua
para lavar la vida, que casi no se puede
lavar con otra cosa.

Quiero llegar a ti, pero llego lo mismo
que el río llega al mar... De tus ojos, a veces,
salen tristes océanos que en cuerpo te caben,
pero que en ti no caben.

Cualquier cosa tuya te pone siempre triste,
cualquier cosa tuya, por ejemplo: tu espejo.

Tu silencio es de carne, tu palabra es de carne,
tu inquietud es de carne, tu paciencia es de carne.

Tu lágrima no cae como gota de agua.
No se caen en el suelo las palabras.

IV

Negro manso,
ni siquiera
tienes la inutilidad
de los charcos con cielo.

Sólo
con tu sonrisa rebelde
sobre tu dolor,
como un lirio valiente que crece
sobre la tierra del pantano.

Sin embargo,
barro dócil,
negro quieto:
hoy la voz de la tierra te sale por los ojos,
tus ojos que hacen ruido cuando sufren.

                                   (De *Trópico negro*)

HUESPED SUBITO

Ahora estás aquí.
¿Pero puedes estar?
Tú dices que te llamas... Pero no, no te llamas...

Desde que tengas nombre comienzo a no respirarte,
a confirmar que no existes,
y es probable que desde entonces no te nombre,
porque cualquier detalle, una línea, una curva,
es material de fuga;
porque cada palabra es un poco de forma,
un poco de tu muerte.
Tu puro ser se muere de presente.
Se muere hacia el contorno.
Se muere hacia la vida.

(De Los huéspedes secretos)

LETRA

Letra:
esqueleto de mi grito,
pongo mi corazón sobre tu muerte,
pongo mis más secretas cualidades de pétalo,
pongo
la novia que he guardado entre el aire y mi cuerpo,
mi enfermedad de ángel con cuchillo,
mi caballero ausente cuando muerdo manzanas,
y el niño que hay en mí, el niño
que sale en cierto día, el día
en que la mano casi no trabaja,
el día en que sencillos
mis pies pisan los duendes que están en el rocío
haciendo el oro joven del domingo.

Todo lo pongo en ti,
y tú siempre lo mismo:
estatua de mis vientos,
ataúd de presencias invisibles,
letra inútil.

Todo,
todo lo pongo en ti, sobre tu muerte.

La tierra no me entiende.

Sin embargo...

(De *Sangre mayor*)

LA MANO DE ONAN SE QUEJA

Yo soy el sexo de los condenados.
No el juguete de alcoba que economiza vida.
Yo soy la amante de los que no amaron.
Yo soy la esposa de los miserables.
Soy el minuto antes del suicida.
Sola de amor, mas nunca solitaria,
limitada de piel, saco raíces...
Se me llenan de ángeles los dedos,
se me llenan de sexos no tocados.
Me parezco al silencio de los héroes.
No trabajo con carne solamente...
Va más allá de digital mi oficio.
En mi labor hay un obrero alto...
Un Quijote se ahoga entre mis dedos,
una novia también que no se tuvo.
Yo apenas soy violenta intermediaria,
porque también hay verso en mis temblores,
sonrisas que se cuajan en mi tacto,
misas que se derriten sin iglesias,
discursos fracasados que resbalan,
besos que bajan desde el cráneo a un dedo,
toda la tierra suave en un instante.
Es mi carne que huye de mi carne;
horizontes que saco de una gota,

una gota que junta
todos los ríos en mi piel, borrachos;
un goterón que trae
todas las aguas de un ciclón oculto,
todas las venas que prisión dejaron
y suben con un viento de licores
a mojarse de abismo en cada uña,
a sacarme la vida de mi muerte.

(De 14 *mudos de amor*)

EL MUEBLE

Por escupir secretos en tu vientre,
por el notario
que juntó nuestros besos con un lápiz,
por los paisajes que quedaron presos
en nuestra almohada a trinos desplumados,
por la pantera aun que hay en un dedo,
por tu lengua
que de pronto desprecia superficies,
por las vueltas al mundo sin orillas
en tu ola con náufragos: tu vientre;
y por el lujo que se dan tus senos
de que los limpie un perro que te lame,
un ángel que te ladra si te vistes,
cuatro patas que piensan cuando celan;
todo esto me cuesta solamente tu cuerpo,
un volumen insólito de sueldos regateados,
un ponerme a coser silencios rotos,
un ponerme por dentro detectives,
cuidarme en las esquinas de tu origen,
remendar mi heroísmo de fonógrafo antiguo,
todo el año lavando mis bolsillos ingenuos,
atrasando el reloj de mi sonrisa,
haciendo blando el día cuando llega visita,

poniéndole gramática a tus ruidos,
poniendo en orden
el manicomio cuerdo de tu sexo;
déjame ahora
que le junte mis dudas a la escoba,
quiero quedarme limpio como un plato de pobre;
tú,
que llenaste mi sangre de caballos,
tú,
que si te miro me relincha el ojo,
dobla tu instinto como en una esquina
y hablemos allí solos,
sin el uso,
sin el ruido
del alquilado mueble de tu cuerpo.

(De *Los anti-tiempo*)

LA CARGA

Mi cuerpo estaba allí... nadie lo usaba.
Yo lo puse a sufrir... le metí un hombre.
Pero este equino triste de materia
si tiene hambre me relincha versos,
si sueña, me patea el horizonte;
lo pongo a discutir y suelta bosques,
sólo a mí se parece cuando besa...
No sé qué hacer con este cuerpo mío,
alguien me lo alquiló, yo no sé cuándo...
Me lo dieron desnudo, limpio, manso,
era inocente cuando me lo puse,
pero a ratos,
la razón me lo ensucia y lo adorable...
Yo quiero devolverlo como me lo entregaron;
sin embargo,
yo sé que es tiempo lo que a mi me dieron.

UN RECADO DE MON PARA BOLIVAR

Ya están guardando hasta el aire que nos regaló tu es-
                                                    [pada.
          Hoy cuesta el aire un fusil.
Ya ni en el mantel te vemos, tú que estabas en el trago,
          en la vaca y el maíz.
Mira la casa, tu casa, es tan grande, tan inmensa,
¿pero en dónde está la casa, aquí donde el trigo
                    piensa?
Mira sus habitaciones, carpintero que con balas
le hiciste puertas al rancho, ven a ver su dueño, a San-
                                                    [cho,
          ¡que hasta en su burro hay más alas!
Desde los golpes de Estado, hasta el burócrata vil,
en uno o en otro modo, vi en tu América de todo,
                    mas tu América no vi.
Como no cabe en el hoyo ni tu caballo inocente,
con tu espada y sobre el bruto, hay quien da ruidoso
                                                    [luto
          todavía al continente.
Estas tierras que salieron todas de tu pantalón...
Mas olvidaste una hazaña: nos liberaste de España,
          pero no de lo español.
Somos España hasta cuando ella no queremos ser...
Ya ves, buen Simón, tu espada, en ti mismo está cla-
                                                    [vada,
          al clavarla en ella ayer.
Pero tú estás todavía en esa piel que medita
del negro que a fuerza humana, siempre su noche se
                                                    [quita,
          hoy con risa de mañana.
Oigo aún también tu voz en la carita de un cobre
que en el burriquito andino va con el indio y el trino
          que hace al aire menos pobre.

Mas el mapa nos lo muerden con un diente no común,
por ese diente, ya ves, van a tener que volver
       Cristo, Don Quijote y tú.
       Pero tú, baja pronto, que la casa
       ya espera con su luz boba
       —barrendero de América—
       tu escoba.

Emilio Ballagas

(Cuba, 1908-1954). Pocas obras poéticas de Hispano-
américa ofrecen una tan sincera identificación entre crea-
ción y creador como la de Emilio Ballagas. De aquí que
sea fácilmente posible encontrar, en cada uno de sus
libros capitales, unos versos o un pasaje que definan
con su propia palabra lo más característico de la etapa
a que corresponden. Su fase juvenil (poesía pura: jue-
go; evasión de la historia, es decir, de la vida; limpia
fruición sensorial del lenguaje) podrían resumirse en es-
tas líneas de Júbilo y fuga: «Pero yo sigo desnudo /
de ayer, de hoy, de mañana; / puro, / ligero de anécdo-
ta...» La siguiente gran zona, la neorromántica de Sabor
eterno, signada por el dolor de la caída humana, la frus-
tración amorosa y la inevitable presencia de lo elegíaco,
le impulsan a rubricar un conmovido poema de esa
época con este verso iluminador: «Los pechos de la
muerte me alimentan la vida.» Y, finalmente, la acep-
tación del destino de soledad última del hombre, cara
a la muerte y a Dios, se resuelve en el neoclasicismo de
acendrado temblor religioso de su libro póstumo, Cielo
en rehenes, desde el cual podrá exclamar: «Mi alma es
indivisible territorio: / la plaza fuerte por mi Dios si-
tiada.» Asociado al deleite verbal puro de los primeros
años está su cultivo también de la modalidad negra o
afroamericana (de la cual fue también excelente antó-
logo), en composiciones que pueden hombrearse a las
de las otras grandes figuras de esta tendencia en el Ca-
ribe: Guillén, Palés Matos, Cabral. Ballagas fue siempre
(poeta puro, romántico o clásico) un fiel gustador de
la dicción hermosa, esto es, un artista en el sentido

*cabal del vocablo. Aquella correspondencia fundamental
y nunca traicionada entre vida y creación, a la que alu-
dimos, es lo que resume el título y el contenido del
más integral estudio realizado de su obra lírica:* Emilio
Ballagas: poeta o poesía *(México, 1967), de la profesora
norteamericana Argyll Pryor Rice.*

Obra poética:

Júbilo y fuga (introducción de Juan Marinello), 1931.
Cuaderno de poesía negra, 1934. *Elegía sin nombre,*
1936. *Nocturno y elegía,* 1938. *Sabor eterno,* 1939. *Nues-
tra Señora del Mar,* 1943. *Obra poética de Emilio Ba-
llagas* (edición póstuma, prólogo de Cintio Vitier), 1955.

VIENTO DE LA LUZ DE JUNIO

Llévame por donde quieras,
viento de la luz de junio,
—remolino de lo eterno.

¿Adónde?
Si ya he ido, si ya vuelvo.
Si ya nada quiero, nada;
ni lo que tengo, ni aquello
que estuve soñando ayer.

Ahora por no querer y no saber lo que quiero
lo quiero todo... ¡Qué júbilo!
¡Qué beato ahogarse en tu oleaje!
Soy como un niño que estrena
la pura emoción del Quiero.

¡Ay, la espuma, lo lejano
y aquellas voces, naranjas

—tacto, color y fragancia—
que se mecen en las frondas
como sorpresas redondas!

Llévame adonde tú quieras
—tú me ciñes, tú me vences—
que ahora me rindo dócil,
a tu voluntad viajera,
luz de jugar y de huir...

Llévame, llévame, llévame
a secuestrarme en lo eterno
—ansia, oleaje, grupa, crin—
viento de la luz de junio.

(De *Júbilo y fuga*)

HUIR

¡Cómo me echara a rodar
por este mundo sin forma!
Cómo me diera a correr
driver en auto sin sombra.

Por el paisaje sin forma
huidizo... resbalado:
en el huir y el huir
transfundido... deshelado.

Por montañas sin recuerdo,
por mares nulos, insomnes,
de azufre, plata y azogue...
amnesia total, deshielo.

Cómo me diera a rodar
—noches, pistas, mares, nombres,
prisas, nubes, torres, mundos—

sin vuelta—liberación—.
¡Qué preso—libre—en la fuga!
La prisa atrás, rezagada.
Libre—¡qué preso!—en la fuga.

¡Cómo me diera a correr
driver en auto sin sombra;
ya sin amarras del hoy,
libre de ayer y mañana...
desatado, blanco, eterno!

ELEGIA DE MARIA BELEN CHACON

María Belén, María Belén, María Belén.
María Belén Chacón, María Belén Chacón, María Belén
[Chacón,
con tus nalgas en vaivén,
de Camagüey a Santiago, de Santiago a Camagüey.

En el cielo de la rumba,
ya nunca habrá de alumbrar
tu constelación de curvas.

¿Qué ladrido te mordió el vértice del pulmón?
María Belén Chacón, María Belén Chacón...
¿Qué ladrido te mordió el vértice del pulmón?

Ni fue ladrido ni uña,
ni fue uña ni fue *daño*.
La plancha, de madrugada, fue quien te quemó el pul-
[món!
María Belén Chacón, María Belén Chacón...

Y luego, por la mañana,
con la ropa, en la canasta, se llevaron tu sandunga,
tu sandunga y tu pulmón.

¡Que no baile nadie ahora!

¡Que no le arranque más pulgas el negro Andrés a sus
[tres!

Y los chinos, que arman tánganas adentro de las maracas,
hagan un poco de paz.
Besar la cruz de las claves.
(¡Líbranos de todo mal, Virgen de la Caridad!)

Ya no veré mis instintos
en los espejos redondos y alegres de tus dos nalgas.
Tu constelación de curvas
ya no alumbrará jamás el cielo de la sandunga.

María Belén Chacón, María Belén Chacón.
María Belén, María Belén:
con tus nalgas en vaivén,
de Camagüey a Santiago…
de Santiago a Camagüey.

(De *Cuaderno de poesía negra*)

DE OTRO MODO

Si en vez de ser así,
si las cosas de espaldas (fijas desde los siglos)
se volviesen de frente
y las cosas de frente (inmutables)
volviesen las espaldas,
y lo diestro viniese a ser siniestro
y lo izquierdo derecho…
¡No sé cómo decirlo!

Suéñalo
con un sueño que está detrás del sueño,
un sueño no soñado todavía,
al que habría que ir,
al que hay que ir,
(¡no sé cómo decirlo!)
como arrancando mil velos de niebla
y al fin el mismo sueño fuese niebla.

De todos modos, suéñalo
en ese mundo, o en éste que nos cerca y nos apaga
donde las cosas son como son, o como dicen que son
o como dices que debieran ser...
Vendríamos cantando por una misma senda
y yo abriría los brazos
y tú abrirías los brazos
y nos alcanzaríamos.
Nuestras voces unidas rodarían
hechas un mismo eco.

Para vernos felices
se asomarían todas las estrellas.
Querría conocernos el arcoiris
palpándonos con todos sus colores
y se levantarían las rosas
para bañarse un poco en nuestra dicha...
(¡Si pudiera ser como es,
o como no es... En absoluto diferente!)

Pero jamás,
jamás.
¿Sabes el tamaño de esta palabra:
Jamás?
¿Conoces el sordo gris de esta piedra:
Jamás?
¿Y el ruido que hace
al caer para siempre en el vacío:
Jamás?

No la pronuncies, déjamela.
(Cuando esté solo yo la diré en voz baja
suavizada de llanto, así:

                    Jamás...)

                                        (De *Sabor eterno*)

NOCTURNO Y ELEGIA

Si pregunta por mí, traza en el suelo
una cruz de silencio y de ceniza
sobre el impuro nombre que padezco.
Si pregunta por mí, di que me he muerto
y que me pudro bajo las hormigas.
Dile que soy la rama de un naranjo,
la sencilla veleta de una torre.

No le digas que lloro todavía
acariciando el hueco de su ausencia
donde su ciega estatua quedó impresa
siempre al acecho de que el cuerpo vuelva.
La carne es un laurel que canta y sufre
y yo en vano esperé bajo su sombra.
Ya es tarde. Soy un mudo pececillo.

Si pregunta por mí dale estos ojos,
estas grises palabras, estos dedos;
y la gota de sangre en el pañuelo.
Dile que me he perdido, que me he vuelto
una oscura perdiz, un falso anillo
a una orilla de juncos olvidados:
dile que voy del azafrán al lirio.

Dile que quise perpetuar sus labios,
habitar el palacio de su frente.

Navegar una noche en sus cabellos.
Aprender el color de sus pupilas
y apagarme en su pecho suavemente,
nocturnamente hundido, aletargado
en un rumor de venas y sordina.

Ahora no puedo ver aunque suplique
el cuerpo que vestí de mi cariño.
Me he vuelto una rosada caracola,
me quedé fijo, roto, desprendido.
Y si dudáis de mí creed al viento,
mirad al norte, preguntad al cielo.
Y os dirán si aún espero o si anochezco.

¡Ah! Si pregunta dile lo que sabes.
De mí hablarán un día los olivos
cuando yo sea el ojo de la luna,
impar sobre la frente de la noche,
adivinando conchas de la arena,
el ruiseñor suspenso de un lucero
y el hipnótico amor de las mareas.

Es verdad que estoy triste, pero tengo
sembrada una sonrisa en el tomillo,
otra sonrisa la escondí en Saturno
y he perdido la otra no sé dónde.
Mejor será que espere a medianoche,
al extraviado olor de los jazmines,
y a la vigilia del tejado, fría.

No me recuerdes su entregada sangre
ni que yo puse espinas y gusanos
a morder su amistad de nube y brisa.
No soy el ogro que escupió en su agua
ni el que un cansado amor paga en monedas.
¡No soy el que frecuenta aquella casa
presidida por una sanguijuela!

(Allí se va con un ramo de lirios

a que lo estruje un ángel de alas turbias.)
No soy el que traiciona a las palomas,
a los niños, a las constelaciones...
Soy una verde voz desamparada
que su inocencia busca y solicita
con dulce silbo de pastor herido.

Soy un árbol, la punta de una aguja,
un alto gesto ecuestre en equilibrio;
la golondrina en cruz, el aceitado
vuelo de un buho, el susto de una ardilla.
Soy todo, menos eso que dibuja
un índice con cieno en las paredes
de los burdeles y los cementerios.

Todo, menos aquello que se oculta
bajo una seca máscara de esparto.
Todo, menos la carne que procura
voluptuosos anillos de serpiente
ciñendo en espiral viscosa y lenta.
Soy lo que me destines, lo que inventes
para enterrar mi llanto en la neblina.

Si pregunta por mí, dile que habito
en la hoja del acanto y de la acacia.
O dile, si prefieres, que me he muerto.
Dale el suspiro mío, mi pañuelo;
mi fantasma en la nave del espejo.
Tal vez me llore en el laurel o busque
mi recuerdo en la forma de una estrella.

LA VOZ PENITENCIAL

Cuando en el río helado del espejo
vierto la soledad de mi figura,
miro cómo afanosa mi criatura

se quiere desprender del hombre viejo.

Es la batalla en que sin miedo dejo,
estremecido por la quemadura,
mi piel, la ensombrecida vestidura
de la serpiente antigua que reflejo.

Pero no es esta imagen lo que historio
ni un ajeno temblor de luz ganada,
sino la brasa de mi purgatorio.

Y si miro mi angustia desdoblada,
mi alma es indivisible territorio:
la plaza fuerte por mi Dios sitiada.

(De *Cielo en rehenes*)

SONETO AGONIZANTE

¡Ah, cuándo vendrás, cuándo, hora adorable
entre todas, dulzura de mi encía,
en que me harte tu presencia. Envía
reflejo, resplandor al miserable!

En tanto que no acudas con tu sable
a cortar este nudo de agonía,
no habrá tranquila paz en la sombría
tienda movida al viento inconsolable.

Luz increada, alegra la soturna
húmeda soledad del calabozo:
dasata tu nupcial águila diurna.

Penetra hasta el secreto de mi pozo.
Mano implacable... Adéntrate en la urna:
remueve, vivifica, espesa el gozo.

(Paraguay, 1908-1953). Es la figura más importante, dentro de su país, en la superación de las maneras pertinaces del modernismo y en la apertura hacia la poesía nueva, que ya desde 1920 se abría paso firme en el resto de Hispanoamérica. Aunque asociado al superrealismo por convicción teórica y por el tono y libertad de sus imágenes, Campos Cervera fue al mismo tiempo un artista consciente de la forma, esto es, de la composición del poema y el poder de las palabras. Temática y emocionalmente su lirismo puede afiliarse en la corriente poético-existencialista que nace de la aguda convicción del triunfo de la nada sobre el ser, y, en consecuencia, de la angustia del hombre ante la muerte irreparable. Pero esa angustia admite dos vertientes: la que el ser humano sufre en su yo único e intransferible, y la que solidariamente comparte con los otros. El propio poeta ha definido así las dos líneas en que respectivamente se ha encauzado su verso: la poesía «de la máscara» (intimista o personal) y la poesía «de projimidad o del grito» (poesía social o de servicio). Hugo Rodríguez Alcalá, que tanto ha hecho por el buen conocimiento de este poeta, ha acertado al caracterizar el tono más sostenido de su obra: «Es un paisaje gris, sombrío y desolado el de esta poesía llena de angustia y desamparo», observando su morosa insistencia «sobre los elementos a que se reducen los seres y las cosas tras la destrucción y la muerte: la cal, la sal, la ceniza». No obstante, la comprensión amorosa del dolor de los hombres y la nostalgia de la patria (fue un desterrado político de su país durante muchos años) abren algunas ventanas hacia el mundo en este recinto

de duelos y sombras, no obstante permeado siempre por
un profundo sentimiento humanista. De todos modos, la
dimensión agónica del ser dará la nota más característica
y trascendente de la dramática poesía de Hérib Campos
Cervera, poco conocido fuera de su patria y de obra no
muy extensa pero de indudable calidad.

Obra poética:

Ceniza redimida, 1950. *Hombre secreto,* 1966.

UN PUÑADO DE TIERRA

I

Un puñado de tierra
de tu profunda latitud;
de tu nivel de soledad perenne;
de tu frente de greda
cargada de sollozos germinales.

Un puñado de tierra,
con el cariño simple de sus sales
y su desamparada dulzura de raíces.

Un puñado de tierra que lleve entre sus labios
la sonrisa y la sangre de tus muertos.

Un puñado de tierra
para arrimar a su encendido número
todo el frío que viene del tiempo de morir.

Y algún resto de sombra de tu lenta arboleda
para que me custodie los párpados de sueño.
Quise de Ti tu noche de azahares;
quise tu meridiano caliente y forestal;
quise los alimentos minerales que pueblan

los duros litorales de tu cuerpo enterrado,
y quise la madera de tu pecho.

Eso quise de Ti
— Patria de mi alegría y de mi duelo;
eso quise de Ti.

II

Ahora estoy de nuevo desnudo.
Desnudo y desolado
sobre un acantilado de recuerdos;
perdido entre recodos de tinieblas.
Desnudo y desolado;
lejos del firme símbolo de tu sangre.
Lejos.

No tengo ya el remoto jazmín de tus estrellas,
ni el asedio nocturno de tus selvas.
Nada: ni tus días de guitarra y cuchillos,
ni la desmemoriada claridad de tu cielo.

Solo como una piedra o como un grito
te nombro y, cuando busco
volver a la estatura de tu nombre,
sé que la Piedra es piedra y que el Agua del río
huye de tu abrumada cintura y que los pájaros
usan el alto amparo del árbol humillado
como un derrumbadero de su canto y sus alas.

III

Pero así, caminando, bajo nubes distintas;
sobre los fabricados perfiles de otros pueblos,
de golpe, te recobro.

Por entre soledades invencibles,
o por ciegos caminos de música y trigales,
descubro que te extiendes largamente a mi lado,

con tu martirizada corona y con tu limpio
recuerdo de guaranias y naranjos.

Estás en mí: caminas con mis pasos,
hablas por mi garganta; te yergues en mi cal
y mueres, cuando muero, cada noche.

Estás en mí con todas tu banderas;
con tus honestas manos labradoras
y tu pequeña luna irremediable.

Inevitablemente
—con la puntual constancia de las constelaciones—
vienen a mí, presentes y telúricas:
tu cabellera torrencial de lluvias;
tu nostalgia marítima y tu inmensa
pesadumbre de llanuras sedientas.

Me habitas y te habito:
sumergido en tus llagas,
yo vigilo tu frente que, muriendo, amanece.

Estoy en paz contigo;
ni los cuervos ni el odio
me pueden cercenar de tu cintura:
yo sé que estoy llevando tu Raíz y tu Suma
sobre la cordillera de mis hombros.

Y eso tengo de Ti.
Un puñado de tierra:
eso quise de ti.

(De *Ceniza redimida*)

PEQUEÑA LETANIA EN VOZ BAJA

Elegiré una Piedra.
Y un Arbol.
Y una Nube.
Y gritaré tu nombre
hasta que el aire ciego que te lleva
me escuche.
(En voz baja.)

Golpearé la pequeña ventana del rocío;
extenderé un cordaje de cáñamo y resinas;
levantaré tu lino marinero
hasta el Viento Primero de tu Signo,
para que el Mar te nombre.
(En voz baja.)

Te lloran: cuatro pájaros;
un agobio de niños y de títeres;
los jazmines nocturnos de un patio paraguayo.
Y una guitarra coplera.
(En voz baja.)

Te llaman:
todo lo que es humilde bajo el cielo;
la inocencia de un pedazo de pan;
el puñado de sal que se derrama
sobre el mantel de un pobre;
la mirada sumisa de un caballo,
y un perro abandonado.
Y una carta.
(En voz baja.)

Yo también te he llamado,
en mi noche de altura y de azahares.
(En voz baja.)

Sólo tu soledad de ahora y siempre
te llamará, en la noche y en el día.
En voz alta.

ENVÍO

Hermano:
te buscaré detrás de las esquinas.
Y no estarás.

Te buscaré en la nube de los pájaros.
Y no estarás.

Te buscaré en la mano de un mendigo.
Y no estarás.

Te buscaré también
en la Inicial Dorada de un Libro de Oraciones.
Y no estarás.

Te buscaré en la noche de los gnomos.
Y no estarás.

Te buscaré en el aire de una caja de músicas.
Y no estarás.

(Te buscaré en los ojos de los Niños.
Y allí estarás.)

SEMBRADOR

Es no poco favor el que te debo a ti:
Marcelino Ruiz —hombre de dura estampa—,
dueño de amanecida visión de lejanías,
limpio de pensamiento y entero de conciencia.
Por ti fui a ver la lenta gratitud de los surcos
y el despertar del grano besado por la tierra.

En esta madrugada —que enloquece de júbilo
la intacta sinfonía del viento y de los pájaros—,
he tomado el camino que lleva hacia tu esfuerzo,
para mirar —vigía y aparcero del alma—
con qué sabiduría preparas tu jornada.

He visto que la ingente paciencia de los bueyes
fue uncida junto al largo tirabuzón del yugo
con muy pocas maniobras de tu mano intuitiva.
(Unas pocas correas; alguno que otro nudo,
y la testuz sumisa remolca ya la quilla
que engendrará las olas, morenas de los surcos.)
Después... La poderosa tijera del arado
ya ha sangrado la dura virginidad del suelo,
entregando a la dulce tortura de la brisa
la fresca bocanada de aromas de la tierra.

«¡Huella, Toro! ¡Adelante, Barcino! ¡Huella! ¡Huella!»
La voz de Marcelino comienza hacia adelante
como una proa,
guiando con sus ecos la marcha de los bueyes.
El sol baila su alegre festival de reflejos,
sobre el bruñido acero de la reja, que busca
deshacer el caliente corazón de la tierra.
Y en tanto que los flancos de los terrones beben
la salitrosa ofrenda del músculo en esfuerzo,
mi campesino sueña; sueña como un poeta.

Hoy, Marcelino Ruiz —hombre de dura estampa—,
amaneció cantando: va a comenzar su siembra.
Una grave liturgia, de ritos importantes,
le brota de las manos volteadoras de granos
frente al altar yacente de los surcos,
mientras en las abiertas matrices de la tierra
va cayendo la lluvia temprana de la siembra.
Y en el instante cenital del acto,
entrecierra los ojos
y sueña un verde poema, mi campesino poeta.

Adelantando —en sueños— la química del tiempo,
ve, realizado en horas, lo que traerá el futuro
e ignorando las locas faenas del azar,
no intuye el espionaje tenaz de las orugas,
que en una sola noche desolarán sus campos;
no apercibe la fuga del agua, que se escapa
por las bocas sedientas del calor amarillo;
ni ve el húmedo azote de las lluvias sin término
que derramarán los Dioses germinales,
durante días y noches, con lentitud de asfixia.

Hoy, Marcelino Ruiz, sueña como un poeta.
Y siente en la medida de sus granos, lograda
la hazaña prodigiosa: sus granos, restituidos;
sus sementeras, altas como varas... Milagros,
que sólo le acontecen al que sabe soñar.

Y mientras el sol cae, mi labrador termina
la segunda jornada de su epopeya agrícola,
y abandona ya al sordo trabajo de la tierra
el resto de esperanza que significa el fruto.

UN HOMBRE FRENTE AL MAR

Es como yo: lo siento con mi angustia y mi sangre.
Hermoso de tristeza, va al encuentro del mar,
para que el Sol y el Viento le oreen de agonía.
Paz en la frente quieta; el corazón, en ruinas;
quiere vivir aún para morir más tiempo.

Es como yo: lo veo con mis ojos perdidos;
también busca el amparo de la noche marina;

también lleva la rota parábola de un vuelo
sobre su anciano corazón.

Va, como yo, vestido de soledad nocturna.
Tendidas las dos manos hacia el rumor oceánico,
está pidiendo al tiempo del mar que lo liberte
de ese golpe de olas sin tregua que sacude
su anciano corazón, lleno de sombras.

Es como yo: lo siento como si fuera mía
su estampa, modelada por el furor eterno
de su mar interior.

Hermoso de tristeza,
está tratando —en vano— de no quemar la arena
con el ácido amargo de sus lágrimas.

Es como yo: lo siento como si fuera mío,
su anciano corazón, lleno de sombras...

PALABRAS DEL HOMBRE SECRETO

Hay un grito de muros hostiles y sin término;
hay un lamento ciego de músicas perdidas;
hay un cansado abismo de ventanas abiertas
hacia un cielo de pájaros;
hay un reloj sonámbulo
que desteje sin pausa sus horas amarillas,
llamando a penitencia y confesión.

Todo cae a lo largo de la sangre y el duelo:
mueren las mariposas y los gritos se van.

Y yo, de pie y mirando la mañana de abril!
Mirando cómo crece la construcción del tiempo:
sintiendo que a empujones

me voy hacia el cariño de la sal marinera,
donde en los doce tímpanos del caracol celeste
gotean eternamente los caldos de la sed!
¡Dios mío! —Si no quiero otra cosa
que aquello que ya tuve y he dejado,
esas cuatro paredes desnudas y absolutas;
esa manera inmensa de estar solo, royendo
la madera de mi propio silencio
o labrando los clavos de mi cruz.

¡Ay, Dios mío!

Estoy caído en álgidos agujeros de brumas.
Estoy como un ladrón que se roba a sí mismo;
sin lágrimas; sin nada que signifique nada;
muriendo de la muerte que no tengo;
desenterrando larvas, maderas y palabras
y papeles vencidos;
cayendo de la altura de mi nombre,
como una destrozada bandera que no tiene soldados;
muerto de estar viviendo de día y en otoño,
esta desmemoriada cosecha de naufragios.

Y sé que al fin de cuentas se me trasluce el pecho,
hasta verse el jadeo de los huesos, mordidos
por los agrios metales de frías herramientas.
Sé que toda la arena que levanta mi mano
se vuelve, de puntillas, irremisiblemente,
a las bodegas últimas
donde yacen los vinos inservibles
y se engendran las heces del vinagre final.

¡Cuánto mejor sería no haber llegado a tanto!
No haber subido nunca por el aire de Abril,
o haber adivinado que este llevar los ojos
como una piedra helada fuera lo irremediable
para un hombre tan triste como yo!

Dios mío: si creyeras que blasfemo,
ponme una mano tuya sobre un hombro
y déjame que caiga de este amor sin sosiego,
hacia el aire de pájaros y la pared desnuda
de mi desamparada soledad!

(De *Hombre secreto*)

Humberto Díaz Casanueva

(Chile, 1908). Surgido en los tiempos de entreguerras, se sitúa sin embargo Díaz Casanueva en la avanzada de una línea poética que en Hispanoamérica habrá de tener una continuada vigencia hasta nuestros años. Poesía que encuentra su razón de ser en las más angustiosas cuestiones existenciales y metafísicas —reducibles en últimas instancias al dilema de la precariedad del ser amenazado por la nada—, cuyas improbables soluciones sólo se podrá intentar mediante violentos buceos en lo oscuro, en las cenizas de la propia muerte que cada hombre lleva en sí. Los resultados de esas febriles exploraciones por el caos del mundo y el azar del espíritu no se configurarán apoyados en la gratuita o mecánica fluencia de la imagen superrealista, pero sí a través de un sistema de signos y asociaciones tan individualizados que lindan con el hermetismo y la expresión críptica. Y aun con el desvarío, según lo reconoce el propio Díaz Casanueva: «Advierto entonces mi complacencia por lo imaginativo, lo insólito, lo maravilloso, la absurdo». Para añadir después: «En estas condiciones el trabajo poético es un ejercicio órfico... Huye la visión si el pensamiento ilumina demasiado su desnudez. Para mí el poema ha sido siempre una lucha, una agonía, un amargo juego dialéctico». Su compañero de generación y concepciones poéticas, el desaparecido chileno Rosamel del Valle, ha dedicado un estudio a su obra lírica bajo el título significativo de La violencia creadora *(Santiago de Chile, 1959), insistiendo en «la realidad mágica que afirman sus símbolos, apoderándose de lo visible y lo invisible de la existencia humana de la misma manera como traspasan espacio y tiempo en la*

378

*memoria». Sus vivencias podrán arrancar de presencias
o ausencias concretas —la esposa, la hija, la muerte de la
madre, de un amigo—, pero desembocará siempre el poe-
ma en una alucinada investigación de ese otro lado tras-
cendente o metafísico de la existencia, y de ahí dimana
la característica más singular de esta poesía.*

OBRA POÉTICA:

El aventurero de Saba, 1926. *Vigilia por dentro*, 1931.
El blasfemo coronado, 1940. *Réquiem*, 1945. *La estatua
de sal*, 1947. *La hija vertiginosa*, 1954. *Los penitenciales*,
1960. *El sol ciego. En la muerte de Rosamel del Valle*,
1966.

LA VISION

Yacía obscuro, los párpados caídos hacia lo terrible
acaso en el fin del mundo, con estas dos manos insomnes
entre el viento que me cruzaba con sus restos de cielo.
Entonces ninguna idea tuve, en una blancura enorme
se perdieron mis sienes como desangradas coronas
y mis huesos resplandecieron como bronces sagrados.
Tocaba aquella cima de donde el alba mana suavemente
con mis manos que traslucían un mar en orden mágico.
Era el camino más puro y era la luz ya sólida
por aguas dormidas, resbalaba hacia mis orígenes
quebrando mi piel blanca, sólo su aceite brillaba.
Nacía mi ser matinal, acaso de la tierra o del cielo
que esperaba desde antaño y cuyo paso de sombra
apagó mi oído que zumbaba como el nido del viento.
Por primera vez fui lúcido mas sin mi lengua ni mis ecos
sin lágrimas, revelándome nociones y doradas melodías;
solté una paloma y ella cerraba mi sangre en el silencio,
comprendí que la frente se formaba sobre un vasto sueño
como una lenta costra sobre una herida que mana sin
[cesar.

Eso es todo, la noche hacía de mis brazos ramos secretos
y acaso mi espalda ya se cuajaba en su misma sombra.
Torné a lo obscuro, a larva reprimida otra vez en mi
[frente
y un terror hizo que gozara de mi corazón en claros
[cantos.
Estoy seguro que he tentado las cenizas de mi propia
[muerte,
aquellas que dentro del sueño hacen mi más profundo
[desvelo.

(De *Vigilia por dentro*)

REQUIEM

Fragmentos

II

¡Ay, ya sé por qué me brotan lágrimas!, por qué el perro
no calla y araña los troncos de la tierra, porqué el en-
jambre de abejas me encierra
y todo zumba como un despeñadero
y mi ser desolado tiembla como un gajo.
Ahora claramente veo a la que duerme. Ay, tan pálida,
su cara como una nube desgarrada. Ay, madre, allí ten-
dida, es tu mano que están tatuando, son tus besos que
están devorando.
¡Ay, madre!, ¿es cierto, entonces?, te has dormido tan
profundamente que has despertado más allá de la noche,
en la fuente invisible y hambrienta?
¡Hiéreme, oh viento del cielo! con ayunos, con azotes,
con puntas de árbol negro.
Hiéreme memoria de los años perdidos, trechos de léga-
mo, yugo de los dioses.

A las columnas del día que nace se enrosca el rosario
repasado por muchas manos
y el monarca en la otra orilla restaña la sangre,
y todas las cosas quedan como desabrigadas en el frío
mortal.
¿Acaso no ven al niño que sale de mí llorando, un niño
a la carrera con su capa en llamas?
Yo soy, pues, yo mismo, jamás del todo crecido y tan-
tos años confinado en esta tierra y contrito todo el tiem-
po, sujeto por los cabellos sobre el abismo como cualquier
hijo de otros hijos
pero únicamente hijo de ti. ¡Oh, dormida, cuya túnica,
como alzada por la desgracia llega al cielo y flota y se
pliega sobre mi pobre cabeza!

X

Si pudiera cercionarme de que estás acompañada tier-
namente,
que el dios lar te narra viejos sucesos
y no te atemoriza el torvo ceño de aquellos extranjeros
y vuelas acompañada de un tropel benigno!
Nosotros los hijos vamos entrando tan solos en la muerte
y una nube nos envuelve y separa uno del otro
y un madero seco se lleva la corriente.
Pero las madres, ¡ay, las madres!, ¿no quedan obligadas
y regresan ceñidas por los nudos del amor?, ¿no nos
acompañan en los trances y más tarde salen a recibirnos?
¿no son ellas las que cumplen los ritos perpetuos de la
tierra?
y ¿cómo el hombre puede escudriñar los secretos y me-
dir los límites si no lo amamantan?
¡Ay, madre! te implora el niño ¿dónde te encuentras
ahora?, ¿dónde velas, dónde cuelgas los nidos vacíos y
cómo me dictas la sagrada lección?
A veces creo que nos movemos en piezas contiguas,
parece que caminaras sobre arenas, como presos nos agi-
tamos y nos entendemos a golpes en el muro.
¿Dónde está el escondrijo y el trueno que lo guarda? los

vallados ¿quién los salta? el lienzo que te cubre ¿quién
lo entiende?
Te implora el niño, las ascuas revuelve con su mano tan
poco ejercitada, su silla coloca junto al barranco.
Te implora el niño y tú no vienes como entonces,
cuando salías del muro como una monja brillante, con
un pocillo trémulo en la mano
y librabas a mi alma del gran miedo.

(De *Requiem*)

LA HIJA VERTIGINOSA

(Fragmento)

III

Furiosa espuma de la negra piel
donde he borrado el sagrado color de un mundo
confiado a mi mandato
Sucede que lo macerado por el llanto no ha sido del todo
                    [consumido sino más bien sostiene
esa mirada en que lo visto es más que lo soñado?
Sirve para algo la luz petrificada?
Veo, veo un pie
un parpadeante pie
Veo cabellera en forma de cola de un gran pájaro celeste
Manos y pies quebradizos como unidos por la nieve
Dulces pechos abotonados a la tierra
Mi propia carne fue la víspera del ángel?
La zancadilla de mis huesos
formó este arco excelso?
Entonces
La gracia es más honda cuando asida huye y más profética
                    [cuando aparece como si realmente nada significara?

La estatua de sal los ojos derramaron sobre la ciudad
[dormida
Miren, miren lo que sólo mirando dura
Una hoja eleva a la montaña
Una antorcha al mar obscuro
Una niña niña
agrega más bronce al mundo más carne al alma
más canto a la boca cosida de un flechazo
arroja arroz arroz sobre interminables mesas negras en
[que mis codos se entierran
Oh pies manando leche a través de las espinas!
Oh cuerpo como una esbelta tienda flotante para
los hijos del desierto y que entreabre la mano de
la bestia que busca mirar
santísima!

(De *La hija vertiginosa*)

LOS PENITENCIALES

(Fragmento)

Duele la carne salida de
la nada
y que allí retorna
pero llena de candentes
escrituras
Me arranco la carne de mi
carne

A los muertos canté y
presintiendo
que una fuerza terrible
les sobraba
como
a

los
locos
Pero ellos se valieron
de mi fuerza

Duele la memoria en que
disiento
La nada que me espera
ha sido ya la
misma?
Torno si muero al fondo
donde puedo seguir siendo
ninguno
como si nada hubiera
sucedido?

Mi memoria está nevando
en otro mundo
Mis ojos se parten como
hongos
La lágrima prolonga a la
mirada

Todo es ya distinto y si
imaginara
acabar mi origen
jamás pudiera
porque sobro en el abismo
de las causas

Dejar de ser no es igual
a no haber sido

(De *Los penitenciales*)

LA INTOLERABLE UNION DE LOS DESPOJOS

Todo se ha consumado de
golpe
Como una trompeta
te has partido en dos
y sale un chirrido
no sale de ti
sino de la sorda conclusión
del tiempo

Sale el fantasma
que porfiaba en las
conversaciones
Recuerdas?
Recuerdas el súbito crujido
de la seda?
La insurrección de las
sillas?
La camisa cada vez más
lívida?

Decías
Entre!
Pero nadie entraba
Pero un remolino de música
consumía el espacio
y quedábamos atónitos
sosteniendo
la cúpula encendida de
otro mundo

Ahora
el fantasma tiene aberturas
de boca

y nada dice
Nadie dice nada

Las cosas se apagan
lentamente
En tu feroz mordaza
quedan palabras quedan
besos

Nadie dice nada
porque nada tiene sentido
Lo irrevocable
es una verdad vacía
que nos acecha
sin razón verdadera

Al contemplarte
nos contemplamos
petrificados
vivos!

Oh forma! Oh crepitación
de la forma
que nos liberta de la nada
al mismo tiempo que a ella
nos conduce!

Debo alabar o
execrar
tu muerte
como el desdoblamiento
infinito
de una presencia apenas
perceptible
No sé
Tengo vendada el alma

Sólo quiero
ungir tus ojos con el
claror de mi vida

Te recuerdo
como un caballo espumoso
tascando
el freno de la muerte
Como un cíclope
luchando con una pared
cornuda
Tierno
cazando una estrella
perdida
en tu cuerpo

Humilde
cuidando una paloma
coja
Iracundo
ante la mesa vacía del
pobre

Te has juntado
contigo mismo?
Y de qué te vale
el cumplimiento de una
soledad
más vasta?
Allí
no sé dónde
tallando con tus dientes
un bosque de marfil
sin intención valedera?
Sólo abundabas en tu
prójimo

(De *El sol ciego. En la muerte de Rosamel del Valle*)

Miguel Otero Silva

(*Venezuela, 1908*). *Forma parte Miguel Otero Silva
de la promoción venezolana que hacia 1928 irrumpe en
el escenario histórico y literario de su país al calor de
la rebeldía política y de las libertades verbales de la van-
guardia, que en muchos de los países hispanoamericanos
estuvieron tan identificadas. No ha sido, sin embargo,
un poeta excluyentemente social, aunque su verso haya
recogido de significativa manera una fuerte protesta con-
tra las injusticias y presiones —la tiranía, la explotación,
la guerra— que actúan compulsoriamente contra el hom-
bre enajenado de hoy. Por el contrario, ha sabido llevar
a él también sus inquietudes existenciales —y sobre todo
aquella última del ser viviente: la de su extrañeza fren-
te al misterio de la muerte—, y aun ha cultivado una
línea de humor e ingenio poco frecuente, pero que de
todos modos constituye la faz menor de su trabajo.
Poesía la suya, pues, que arrastra todo, y que ha permi-
tido a su autor definirla imaginativamente como «anchu-
rosa, vestida, agazapada, íntima». Vocado a la dicción
clara y gustoso de las formas tradicionales, tiene una
segura conciencia de ello, así como de sus filiaciones li-
terarias. Al efecto, ha podido afirmar: «Yo soy un poe-
ta esencialmente español en mis medios de expresión,
una consecuencia de la evolución de la poesía española
y latinoamericana y del reflejo legítimo de los poetas de
otras lenguas sobre el verso castellano». Por la índole
cálida e inmediata de sus temas y por el implícito re-
pudio al esteticismo vacuo que toda su obra muestra,
José Luis Cano lo inserta en esa corriente de huma-
nismo poético que siempre sobrevive por encima de los*

*períodos de experimentaciones formales y de las modas.
Además de su continua dedicación al periodismo, las
preocupaciones de signo social han llevado a Otero Sil-
va al género donde aquéllas encuentran su más justa
expresión: la novela. Y en este campo tiene ya en su
haber una serie de títulos* (Fiebre, Casas muertas, Ofici-
na número 1, La muerte de Honorio) *que le han asegu-
rado a su nombre una importante resonancia continental.*

Obra poética:

*Agua y cauce, 1937. 25 poemas, 1942. Elegía coral a
Andrés Eloy Blanco, 1958. Sinfonías tontas, 1962. La
mar que es el morir, 1965. Umbral, 1966. Poesía hasta
1966, 1966.*

SIEMBRA

Cuando de mí no quede sino un árbol,
cuando mis huesos se hayan esparcido
bajo la tierra madre;
cuando de ti no quede sino una rosa blanca
que se nutrió de aquello que tú fuiste
y haya zarpado ya con mil brisas distintas
el aliento del beso que hoy bebemos;
cuando ya nuestros nombres
sean sonidos sin eco
dormidos en la sombra de un olvido insondable;
tú seguirás viviendo en la belleza de la rosa,
como yo en el follaje del árbol
y nuestro amor en el murmullo de la brisa.

¡Escúchame!
Yo aspiro a que vivamos
en las vibrantes voces de la mañana.

Yo quiero perdurar junto contigo
en la savia profunda de la humanidad:
en la risa del niño,
en la paz de los hombres,
en el amor sin lágrimas.

Por eso,
como habremos de darnos a la rosa y al árbol,
a la tierra y al viento,
te pido que nos demos al futuro del mundo...

(De *Agua y cauce*)

TRES VARIACIONES ALREDEDOR DE LA MUERTE

> «Nuestras vidas son los ríos
> que van a dar a la mar
> que es el morir.»
> Jorge Manrique

1

¡No! No es posible vivir cual los ríos
cantando entre laderas y lirios
o entre agudos peñascos y ramajes tronchados,
sin presentir el mar que los espera,
el infinito verde y encrespado
en cuyo corazón de sal los ríos se transforman en peces.

No es posible flamear como el fuego,
iluminando rostros de danzantes risueños
o tiñendo vetas de angustia en las caras dolorosas,
sin presentir la brisa que matará su luz
o el agua que tornará sus rosas en ceniza.

En mitad de la vida cantamos a la muerte
que es el mar de los ríos y el agua de las llamas.

2

Símbolos de la muerte no sueñan ser el hueso,
ni las cuencas vacías, ni la mortaja fláccida.
Los huesos son apenas el portal de la muerte.

Cuando los huesos dejan de ser huesos
y entre su blancor rígido hay un temblor de gérmenes,
es que nace la poesía de la muerte,
es que despunta el símbolo creador de la muerte.

La muerte que yo canto no es cruz de cementerio,
ni ilusión metafísica de las mentes cobardes,
ni lóbrego infinito de profundos filósofos.

La muerte que yo canto es una sombra constructora
de blancas mariposas que crucen los caminos del viento,
de tallos que entremezclan la pulpa maternal de la tierra,
de claros manantiales que sacudan las entrañas del
[mundo.

3

Un niño es la crisálida de un amor y de un llanto,
es la estrofa primera de un poema,
es la cuesta inicial de una montaña.
Y la muerte de un niño es tan absurda
cual la de una mañana que se volviera sombras.

Si ayer se desgarraron las carnes de la madre,
si un rumor de blancura le despertó los senos,
esa sangre, esa leche, ese dolor, han sido
la raíz de los pasos de un hombre.

Sólo el leñador loco corta un árbol
cuando el tronco es apenas tierno cogollo inútil.

Sólo loca la muerte ha de matar un niño,
apagar un amor que no ha nacido
y secar unas lágrimas que no han corrido nunca.
Mientras los niños mueran
yo no logro entender la misión de la muerte.

(De *25 poemas*)

HALLAZGO DE LA PIEDRA

Hallazgo de la piedra:
la piedra es el rescate de formas y volúmenes
que fueron soterrados por el talón del viento.

Paráfrasis del lirio:
el lirio es el desquite de yerbales y frondas
que extinguieron sus verdes en el barro del lirio.

Génesis de la lluvia:
la lluvia es el repliegue de arroyos y esteros
que asaltaron el cielo por la arcada del sol.

Venero de una voz:
tu voz, joven poeta iluminado,
trazador de epiciclos, descubridor de orbes,
esa voz que te brota de la insólita entraña
es resaca de gritos de los poetas muertos.
Es la cal de los huesos de los poetas muertos,
blanca semilla que germina sobre tu corazón.

(De *La mar que es el morir*)

«ENTERRAR Y CALLAR»

GOYA

Si han muerto entre centellas fementidas
inmolados por cráteres de acero,
ahogados por un río de caballos,
aplastados por saurios maquinales,
degollados por láminas de forja,
triturados por hélices conscientes,
quemados por un fuego dirigido,
¿enterrar y callar?

Si han caído de espaldas en el fango
con un hoyo violeta en la garganta,
si buitres de madera y aluminio
desde el más alto azul les dieron muerte,
si el aire que bebieron sus pulmones
fue un resuello de nube ponzoñosa,
si así murieron sin haber vivido,
¿enterrar y callar?
Si las voces de mando los mandaron
deliberadamente hacia el abismo,
si humedeció sus áridos cadáveres
el llanto encubridor de los hisopos,
si su sangre de jóvenes, su sangre
fue tan sólo guarismo de un contrato,
si las brujas cabalgan en sus huesos,
¿enterrar y callar?

Enterrar y gritar.

LA POESIA

III

Tú, poesía,
sombra más misteriosa
que la raíz oscura de los añosos árboles,
más del aire escondida
que las venas secretas de los profundos minerales,
lucero más recóndito
que la brasa enclaustrada en los arcones de la tierra.

Tú, música tejida
por el arpa inaudible de las constelaciones,
tú, música espigada
al borde de los últimos precipicios azules,
tú, música engendrada
al tam-tam de los pulsos y al cantar de la sangre.

Tú, poesía,
nacida para el hombre y su lenguaje,
no gaviota blanquísima sobre un mar sin navíos,
ni hermosa flor erguida sobre la llaga de un desierto.

(De *Umbral*)

LOS HIJOS

1

Clarín recluso en el follaje, la luz del mediodía.

El amor azogaba su latido de pez en mis estuarios,
las piraguas izaban fulgores de banderas
y el bosque era un embate de verdor y de gritos.

Yo venía bajando por la vida y sus riscos,
siempre río que va a dar a la mar.

De pronto despuntaron a mi orilla dos tallos,
cogollos exprimidos de mis linfas revueltas,
cántaros amasados en mi volante légamo.

El que nació entre rocas se despojó de grumos,
adquirió leña de árbol, estatura de árbol.
Un sol de cal y yeso le fraguó la corteza
pero lianas de apego, chaparros de ternura
le doblegan las frondas hacia el rumor del agua.

El otro fue rosal. Digo rosal y digo
carmín, aroma, ámbar, aljófar y espinas.
Digo también paloma de encarcelado vuelo,
surtidor malherido por espumas indóciles,
digo mujer y digo
que mis metales rielan al reflejar su frente.

Yo venía bajando por la vida y sus riscos,
siempre río que va a dar a la mar,
y de pronto crecieron a mi orilla dos tallos,
alto verdor el uno, rosal no más el otro.
Sus savias van conmigo, sus nidos van conmigo
y a través de sus hojas miro el azul del aire.

2

Ni los amaneceres de luz turbia y barajas,
ni la almendra de Dios escondida entre libros,
ni la duda, serpiente cartesiana sin tregua,
ni el colmillo frenético del lobo, ¡hermano lobo!,
ni la sonrisa enfática del simio, ¡abuelo simio!,
ni los claros abiertos por la muerte en mis bosques,
ni las vivientes piedras de antiguas catedrales,
nada abatió mi rumbo con igual brisa. Nada
volcó en mi sangre hirviente tanta púrpura. Nada

excarceló de límites mi materia finita,
tornó en hebra de antena mi confiada indolencia,
me cercó de temores al esguince imprevisto
del azar destructivo, de las complejas máquinas.
Nada me indujo a ser sustancia perdurable,
clamor de río que corre más allá de la muerte.

Nada me dio esta fórmula de amar sin otro anhelo
que amar.

       Sólo los hijos.

3

Sangre ya no es el foso jaspeado por los héroes,
ni el clavel hecho trizas que cohíbe al amor,
ni la aurora entreabierta sobre el pecho de Cristo,
ni el manantial de hormigas en la sombra del toro,
ni la huella del pájaro,
ni la armonía del hombre.

Muerte ya no es la encina plantada por los héroes,
ni la ignota galaxia constelada de arcángeles,
ni el fosco laberinto, neblinoso de arcanos,
ni la mar sempiterna donde acaban los ríos,
ni el nidal de las piedras,
ni el reposo del hombre.

Guerra ya no es la lámina bruñida por los héroes,
ni la noche cruzada por invictas banderas,
ni el jinete ululante que cabalga en el fuego,
ni el huso, doloroso tejedor de la historia,
ni el furor de los dioses,
ni el destino del hombre.

Se aprende a tener miedo.

(*Uruguay, 1910*). *En plena posesión, ante todo, de un impecable oficio de poeta, Juan Cunha es la suma positiva de muchas polaridades: propensión a audaces experimentos verbales y recreación afortunada de las formas más tradicionales; asimilación consciente de las más variadas influencias, que la crítica se ha cuidado de señalar con minuciosidad, y decantación cada vez mayor de una voz personal y propia; metaforismo y coloquialismo; pureza y prosaísmo; barroquismo y decir llano; hermetismo y entrega. Todo ello justifica esa cualidad «proteica y elusiva» que a su poesía le ha adjudicado Emir Rodríguez Monegal. Su tema central y más sostenido es el de la nostalgia de la niñez perdida, el alejamiento del campo nativo (los elementos de cuyo paisaje ha sabido captar con honda emoción) y el encuentro doloroso con la ciudad hostil y dura. Pero en un proceso de interiorización, que lo es a su vez de universalidad, temas y sentimientos afines y más generales le han otorgado una riqueza mayor: el tiempo y la muerte; la soledad y la tristeza; el poder del recuerdo y la evocación; la fuerza vital del amor y la solidaridad; la fe en la poesía, en el rescate de lo perdido a través de la forma poética: «Esa forma que sube y se hace malva / y salvadoramente se estructura», como dirá el mismo poeta en un esclarecedor texto. El mencionado Rodríguez Monegal ha dedicado cierta extensión a la poesía de Juan Cunha en su libro* Literatura uruguaya del medio siglo *(Montevideo, 1966). A juicio de dicho crítico, con Cunha y con Liber Falco se inicia hacia 1940 un nuevo estadio de la poesía uruguaya, superador del esteticismo de signo más intelectual y lúcido, pero menos vital, que allí rigió en líneas generales durante el período de entreguerras.*

OBRA POÉTICA:

El pájaro que vino de la noche, 1929. *Guardián oscuro,* 1937. *3 cuadernos de poesía,* 1937. *Cuaderno de nubes,* 1945. *6 sonetos humanos,* 1948. *En pie de arpa,* 1950. *Sueño y retorno de un campesino,* 1951. *Variación de Rosamía,* 1952. *Cancionero de pena y luna,* '1953. *Triple tentativa,* 1954. *Hombre entre luz y sombra,* 1955. *Pequeña antología,* 1957. *Gestión terrestre,* 1956-1959. *A eso de la tarde,* 1961. *Pastor perdido,* 1966.

LEJOS LA CIUDAD LEJOS...

Lejos la ciudad lejos
Lejos su absurda rueda dura girando sin sentido

Ah la ciudad sin pájaros libres ni horizontes
Y tan sólo en lo más alto de las torres un poco de ansia
[del cielo
La ciudad que es una hélice vacía enloquecida de mo-
[vimiento
Ah la ciudad que cierra el alma con sus frías sucias
[manos
Y que no oye la oscura angustia de los hombres.

Aquí sólo el campo la soledad desmesurada de los campos
La soledad extraña del campo que invade el espíritu de
[cosas lejanas
Y el silencio llega como un pájaro huraño al anochecer
[a pasar la noche con el monte del alma.

Porque aquí el recuerdo se va hacia todos los vientos en
[cada alborada

Y vuelve como los pájaros todos los atardeceres con un
[canto lejano cerrado en el pico
Y el corazón a cada latido amanece una esperanza nueva
[que tiene algo de cielo.

(De *El pájaro que vino de la noche*)

POCO DESPUES DESDE OTRO LADO

Amábamos la luz adorábamos
Su largo cuello fino incondicionalmente su estremeci-
[miento
Sobre el flanco del día tan a solas bellamente
Los dedos húmedos el dulce lento pie de cada ola blanca
También la cintura de la noche oscura cimbreante

Amábamos la risa desde el relámpago
Esperábamos largamente
En su yegua dorada siempre llegó la tarde a tiempo
Para contarnos su pena lenta
Al desatar su cabellera ah tan suave para el silencio

A veces su alegría el viento entre las grandes orillas
Aguardábamos los barcos
Escuchábamos sus pasos
Nos decían adiós las estrellas los pájaros
Los cometas de nuestra frente.

(De *En pie de arpa*)

A MI ESPALDA

El que fui vuelve llorando, y no hay manera
De aplacar su pena sola.

El que fui viene llorando: es sólo un niño
Que no puede con la tarde.

Le diría que se vaya,
Que ya no tengo más aquellas láminas
Con paisajes, donde una luz de atardecer duraba;
Donde pasaba un ángel con un aro.

Mas no tengo valor para volverme.
El me toca en el hombro, y se detiene
Alelado: no comprende; y llora aún más.
Cómo arreglarme un rostro ya para enfrentarlo.

Y se queda. Y reincide. Y calla luego.
(La luz, final, vacila; sale la brisa; algo tiembla)
Cuando no es más que un niño desvalido
Y solo, que no puede con la tarde.

(De *Gestión terrestre*)

CUANDO REIMOS AMANDONOS
RIE EL PLANETA

Cuando corremos y caemos riéndonos
Abrazados confundidos con la alegría de la tierra
La doble carcajada o centella de dos puntas
Estremece los montes y retumba
De valle en valle y tiembla ese verdor de árboles
Y sube al cielo de ojos rientes celestísimos
Y rueda por el mar de olas que también se abrazan
Y ríen con su risa de gozosa espuma
La blanca carcajada que rodea el mundo

GUITARREOS

Una tarde rayada de garúas
Recuerdo el viento aquel como un cuchillo
Pero entonces qué gracia era en el tiempo
Que uno no le hace ascos al destino

La recuerdo patente y hoy quién sabe
Por qué es que la memoria la ha traído
Una tarde de invierno como tantas
Pero hoy viene del fondo del olvido

Tantos otoños mismo legua a legua
A descampado invierno y desabrigo
Tal vez de más atrás de espacio y tiempo
Me llegó su humedad su olor su frío

* * *

La nostalgia de mi tierra
De mi campo el de otro tiempo
Me anda siempre por las sienes
Y se me asienta en el pecho

A veces es nube y pájaro
A veces galope y eco
Ah esa majada esa tropa
Y yo silbando ah tropero

Paisanos de serio rostro
Ancha mano y gesto lento
Cuando me ausento a las veces
Al paso me los encuentro

De noche veo fogones
Con ruedas de mate y cuentos

Y el llanto de las guitarras
Que a rachas me trae el viento

(La nostalgia de mi pago
Me pone triste el acento
Viene de allá campo afuera
Y se me va pecho adentro)

(De *A eso de la tarde*)

A CABALLO

Tuve una casa en un valle entre altos muros de altísimos
                                                    [cielos
Y en torno eran los vientos los vientos y el silencio
Mas los pájaros cantaban tal vez desde sus cimientos
O de más atrás quién sabe desde antepasada piedra o
                                                    [raíces
Recuerdo y hasta los árboles tenían cierto aire de pájaros
                                                    [recién pasados
Y las nubes sin duda otras tantas bandadas siempre y
                                                    [siempre de paso.

(Cada mañana un potro galopaba frente a la puerta)

Pero dejé luego la casa el valle guardados por un caballo
Y los caballos se sabe relinchan cada vez y se van al
                                                    [encuentro del alba
Sin embargo ahora pienso seguramente allí aún se man-
                        [tendrán firmes aquellas grandes piedras grises
Y en su sitio estará el monte sobre aquel fondo de aire
                                                    [azulísimo y desierto
(Dejé una casa un caballo relincha olfatea y toca impa-
                                                    [ciente a la puerta)

En un valle muy lejos y un niño me dejé entre otros y
                                          [otros olvidos
Un perro aúlla desde entonces
Y ladra y aúlla y ladra y vuelve a aullar al horizonte
Cuando los árboles de la casa se habrán vuelto ceniza
                          [y volado ahora sí con las nubes
Y ahora es sólo un caballo que resuella a la distancia
                          [en mi pecho mientras duermo

(Un caballo galopa aun me llegan lejanos los ecos de su
                          [casco perdido para siempre)

Un caballo que galopa y galopa desde el fondo de mi
                                          [memoria
El que se detiene justo en el umbral desconocido de mi
                                          [sueño
Y para las orejas y resopla y orejea
Y orejea y resopla

Sara de Ibáñez

(*Uruguay, 1910-1971*). *Liberada de todo superficial erotismo, el riesgo común en la poesía escrita por mujeres, hay en Sara de Ibáñez, a la vez, una intelectual y una imaginativa. La primera de estas disposiciones se exhibe tanto en la solidez de sus ideas como en su fácil amoldarse a las formas tradicionales más rigurosas del verso castellano (sonetos, décimas, liras, tercetos), en una línea que entronca voluntariamente con los grandes clásicos de los Siglos de Oro: Garcilaso, Fray Luis, San Juan, Góngora, Sor Juana. Por el lado contrario, la imaginación abundante se complace en un lenguaje brillante y musical, y en el juego de las más audaces y sorprendentes metáforas, las cuales no rechazan las rápidas y libérrimas asociaciones tan exclusivamente propias de la poesía contemporánea. La unión de ambas actitudes ha permitido a Jorge Carrera Andrade hablar de un «neoculteranismo surrealista» a propósito de Sara de Ibáñez. Y Pablo Neruda, que la descubrió y prologó su primer libro, afirmaba, en el mismo sentido: «Esta mujer recoge de Sor Juana Inés de la Cruz un depósito hasta ahora perdido: el del arrebato sometido al rigor, el del estremecimiento convertido en duradera espuma.» He aquí, imaginativamente nombrados, los dos polos en que se mueve el mundo lírico de esta poetisa uruguaya. Porque su amor a la perfección formal no oculta, sino trasciende a niveles de pura poesía un íntimo torrente espiritual dominado por la desolación, el dolor y la angustia del hombre, el desesperado sentimiento de la desintegración universal y los más amargos movimientos del alma. Temas de su obra han sido, así, la obsesión de la muer-*

404

te, la fuerza del amor, el imperativo de la poesía. Y has-
ta ha cultivado una suerte de lirismo heroico y patrió-
tico (Canto a Montevideo, Artigas), poco frecuente en
las letras actuales. La crítica ha visto con justicia cómo,
situada a medio camino entre el preciosismo y el herme-
tismo, sus dos naturales y graves peligros, Sara de
Ibáñez se ha salvado de ellos en virtud de su autenci-
dad y gracia poética.

Obra poética:

Canto, 1940. *Canto a Montevideo*, 1941. *Hora ciega*,
1943. *Pastoral*, 1948. *Artigas*, 1951. *Las estaciones y
otros poemas*, 1957. *La batalla*, 1967. *Apocalipsis 20*,
1970.

ISLA EN LA TIERRA

Al norte el frío y su jazmín quebrado.
Al este un ruiseñor lleno de espinas.
Al sur la rosa en sus aéreas minas,
y al oeste un camino ensimismado.

Al norte un ángel yace amordazado.
Al este el llanto ordena sus neblinas.
Al sur mi tierno haz de palmas finas,
y al oeste mi puerta y mi cuidado.

Pudo un vuelo de nube o de suspiro
trazar esta finísima frontera
que defiende sin mengua mi retiro.

Un lejano castigo de ola estalla
y muerde tus olvidos de extranjera,
mi isla seca en mitad de la batalla.

(De *Canto*)

ISLA EN LA LUZ

Se abrasó la paloma en su blancura.
Murió la corza entre la hierba fría.
Murió la flor sin nombre todavía
y el fino lobo de inocencia oscura.

Murió el ojo del pez en la onda dura.
Murió el agua acosada por el día.
Murió la perla en su lujosa umbría.
Cayó el olivo y la manzana pura.

De azúcares de ala y blancas piedras
suben los arrecifes cegadores
en invasión de lujuriosas hiedras.

Cementerio de angélicos desiertos:
guarda entre tus dormidos pobladores
sitio también para mis ojos muertos.

LIRAS

V

Voy a llorar sin prisa.
Voy a llorar hasta olvidar el llanto
y lograr la sonrisa
sin cerrazón de espanto
que traspase mis huesos y mi canto.

Por el árbol inerme
que un corazón de pájaro calienta

y sin gemido duerme,
y al gran silencio enfrenta
sin esta altiva lengua cenicienta.

Por el cordero leve
de la pezuña tierna y belfo rosa;
por su vibrante nieve
que la tiniebla acosa
y al final de un relámpago reposa.

Por la hormiga azorada
que un bosque de cien hojas aprisiona;
por su pequeña nada
que al misterio no encona
y que la enorme muerte no perdona.

Por la nube que alcanza
los umbrales de un lirio sin semilla.
Lengua de la mudanza
sin éxtasis ni orilla,
que no sabe morirse de rodillas.

Por la hierba y el astro.
¿Cómo miden tus ojos, Dios oscuro?
Por el más leve rastro
de sombra contra el muro,
mi llanto ha abierto su cristal maduro.

TU, POR MI PENSAMIENTO

¿Que se estiró la tierra
hasta el gemido?
¿Que fue el cielo soñando sus campanas azules
desde el pálido sueño a la sangre que sufre?

¿Que se ha cruzado un río,

llanto y llanto?
¿Que se han cruzado veinte galopes de cristales,
con sus veinte misterios llenos de claridades?

¿Que se alzó la montaña
poderosa?
¿Que alargó el alto hielo su selva inmaculada?
¿Que las rocas crecieron para tapar tu cara?

¿Que el viento se hizo espeso
como piedra,
como una inmensa rueda de vidrio turbulento
girando entre tus sienes y el rumor de mis besos?

¿Que el espacio se burla
de mis ojos?
¡Ah, no! Yo sé el camino para poder hallarte.
La muerte me ha mirado caminar por sus valles.

SOLILOQUIOS DEL SOLDADO

II

Quisiera abrir mis venas bajos los durazneros,
en aquel distraído verano de mi boca.
Quisiera abrir mis venas para buscar tus rastros,
lenta rueda comida por agrias amapolas.

Yo te ignoraba fina colmena vigilante.
Río de mariposas naciendo en mi cintura.
Y apartaba las yemas, el temblor de los álamos,
y el viento que venía con máscara de uvas.

Yo no quise borrarme cuando no te miraba
pero me sostenías, fresca mano de olivo.
Estrella navegante no pude ver tu borda
pero me atravesaste como a un mar distraído.

Ahora te descubro, tan herido extranjero,
paraíso cortado, esfera de mi sangre.
Una hierba de hierro me atraviesa la cara...
Sólo ahora mis ojos desheredados se abren.

Ahora que no puedo derruir tu frontera
debajo de mi frente, detrás de mis palabras.
Tocar mi vieja sombra poblada de azahares,
mi ciego corazón perdido en la manzana.

Ahora estoy despierto. Nacen al fin mis ojos
pisados por el humo, agujereando arañas,
duros estratos de algas con muertos veladores
que sin cesar devoran sus raicillas heladas.

Y te cruzo despierto, fiero túnel de ortigas,
remolino de espadas, vómito de la muerte.
Voy asido a las crines de un caballo espinoso
que vuela con ciudades quemadas en el vientre.

Voy despierto, despierto y obediente a mis manos,
con un río de pólvora cuajado en el aliento,
ahora que estoy solo y enemigo del aire,
seco, desarraigado, desnudo, combatiendo.

(De *Hora ciega*)

PASION Y MUERTE DE LA LUZ

VIII

Mi entraña mereció, panal mestizo,
la incorruptible ley de tu voluta.
En cada nervio de clavel o fruta
un embozado arroyo de granizo.

La abeja por mi sangre se deshizo.
Vi las raíces de tu isla enjuta,
y el atisbo tenaz de la cicuta
mezcló a tu piel su aroma fronterizo.

Tiendo la mano para recogerla
y el lento cáliz de una llaga fría
estanca el iris de tu simple perla.

Me ciño a su enlutada melodía
quemándome sin fin por retenerla
en el doble rumor de mi agonía.

X

El verano se agota en el racimo.
Ni avena, ni cigarra, ni amapola.
Ni el alga haciendo venas en la ola,
ni las tímidas ranas en el limo.

Ni la corteza que hasta el llanto oprimo
entre la tierna muchedumbre, sola,
hecha de sangre y labios la aureola
donde me corroboro y me lastimo.

Ni la centella que la liebre rubia
mueve entre los primores del rocío,
ni la humilde fragancia de la alubia.

Ni el caballo de sal que adiestra el río,
ni la múltiple espada de la lluvia,
dirán tu arisca huella, idioma frío.

LA PAGINA VACIA

A Stéphane Mallarmé

Cómo atrever esta impura
cerrazón de sangre y fuego,
esta urgencia de astro ciego
contra tu feroz blancura.
Ausencia de la criatura
que su nacimiento espera,
de tu nieve prisionera
y de mis venas deudora,
en el revés de la aurora
y el no de la primavera.

(De *Las estaciones y otros poemas*)

NO PUEDO

No puedo cerrar mis puertas
ni clausurar mis ventanas:
he de salir al camino
donde el mundo gira y clama,
he de salir al camino
a ver la muerte que pasa.

He de salir a mirar
cómo crece y se derrama
sobre el planeta encogido
la desatinada raza
que quiebra su fuente y luego
llora la ausencia del agua.

He de salir a esperar
el turbión de las palabras
que sobre la tierra cruza
y en flor los cantos arrasa,
he de salir a escuchar
el fuego entre nieve y zarza.

No puedo cerrar las puertas
ni clausurar las ventanas,
el laúd en las rodillas
y de esfinges rodeada,
puliendo azules respuestas
a sus preguntas en llamas.

Mucha sangre está corriendo
de las heridas cerradas,
mucha sangre está corriendo
por el ayer y el mañana,
y un gran ruido de torrente
viene a golpear en el alba.

Salgo al camino y escucho,
salgo a ver la luz turbada;
un cruel resuello de ahogado
sobre las bocas estalla,
y contra el cielo impasible
se pierde en nubes de escarcha.

Ni en el fondo de la noche
se detiene la ola amarga,
llena de niños que suben
con la sonrisa cortada,
ni en el fondo de la noche
queda una paloma en calma.

No puedo cerrar mis puertas
ni clausurar mis ventanas.
A mi diestra mano el sueño

mueve una iracunda espada
y echa rodando a mis pies
una rosa mutilada.

Tengo los brazos caídos
convicta de sombra y nada;
un olvidado perfume
muerde mis manos extrañas,
pero no puedo cerrar
las puertas y las ventanas,
y he de salir al camino
a ver la muerte que pasa.

ATALAYA

(La batalla)

Sobre este muro frío me han dejado
con la sombra ceñida a la garganta
donde oprime sus brotes de tormenta
un canto vivo hasta quebrarse en ascuas.
Yo aquí mientras el sueño los despoja
y en sueños comen su mentira baya
para erguirse en las venas de la aurora
pábulo gris de su sonrisa vana;
yo aquí mientras los labios inocentes
y los tranquilos de crujiente casa
durmiendo abajo, y aprendiendo el frío
de sus angostos mármoles descansan;
yo aquí volteado por el viento negro
que el olor de la noche desampara,
los cabellos fundidos en raíces
que van abriendo turbulentas lamas;
yo solo entre planetas condenados
que en busca de sus huesos se desmandan
—la edad del mundo en esta pobre sangre

que entre las quiebras de su historia clama—
yo aquí turbado por la paz bravía
que con sagaces témpanos me aplaca,
sintiendo entre las médulas ausentes
el duro frenesí de las espadas;
yo aquí velando, los desiertos ojos
quemados por el soplo de la nada,
las negras naves y los negros campos
vacíos de sus oros y sus lacras.
Yo aquí temblando en la vigilia ciega
rodeado por un sueño de cien alas,
vestido por mi llanto me arrodillo
mientras vuela mi sangre en nieve airada.

Sobre este muro frío me recobran.
Oigo el rumor de los medidos pasos.
Canta la noche en fuga por mi muerte,
y el alma sale de mi rostro blanco.

(De *La batalla*)

(*Cuba, 1912-1976*). *Este poeta representa en Hispano-américa el impulso máximo por fundar el reino de la poesía como «absoluto de la libertad», desasida ya de toda atadura esteticista, intelectual o lógica. Cintio Vitier, posiblemente el más íntimo conocedor de este hermético y difícil poeta, nos ha dado las mejores claves para la comprensión de sus designios: «La poesía de José Lezama Lima expresa la realidad como un hecho carnal en el idioma, y a través de una mirada que no interpreta ni organiza en líneas lógicas ni sentimentales su objeto, sino que prefiere dejarlo en su místico* exterior *y reducirlo a sustancia paladeable de lo desconocido». Y al anotar los radicalmente rebeldes elementos del estilo lezamiano, señala Vitier que ellos «confluyen a cuajar una especie de 'naturalidad bárbara' donde a veces sentimos la sombra de un contacto inaudito con las cosas»; y cómo a través de esos elementos mismos «el poeta busca una imitación verbal de la insondable apariencia». Poesía, pues, vocada a la fabulación trascendente del otro lado de la realidad; y en esa dirección ninguna más apurada y excepcional que la suya (aunque para otra y legítima zona de sensibilidad poética, de signo humano más inmediato, tal empeño pueda parecer condenado a una dolorosa frustración). Lezama ha cultivado también, en una prosa igualmente rica y compleja, el ensayo y la novela. En este último campo,* Paradiso, *de tanta resonancia en los años últimos, encubre por parte de su autor, y entrañado a su apoyatura anecdótica, un propósito de fijar detenidamente las raíces y el proceso de su sistema poético, en el que, según sus palabras, «la metáfora y la imagen tienen tanto de carnalidad y pulpa dentro del propio poema como de eficacia filosófica, mundo exterior o razón en sí». A su personal labor literaria hay que añadir su acción magistral: en torno a las revistas por él fundadas (y principalmente* Orígenes, *la de más larga duración) se integró un grupo poético de gran originalidad e interés, con nombres tan valiosos como los de Gastón Baquero, Eliseo Diego, el propio Cintio Vitier y Fina García Marruz. Un acercamiento comprensivo a la intencionalidad de Lezama y a su obra misma puede encontrarse en el libro* Orbita de Lezama Lima, Ensayo preliminar, *selección y notas de Armando Alvarez Bravo (Habana, 1966) y en* Posible imagen de Lezama Lima, *Prólogo y selección de José Agustín Goytisolo (Barcelona, 1969).*

Obra poética:

Muerte de Narciso, 1937. *Enemigo rumor,* 1941. *Aventuras sigilosas,* 1945. *La fijeza,* 1949. *Dador,* 1960. *Orbita de Lezama Lima* (prólogo de Armando Alvarez Bravo), 1966.

AH, QUE TU ESCAPES

Ah, que tú escapes en el instante
en el que ya habías alcanzado tu definición mejor.
Ah, mi amiga, que tú no querías creer
las preguntas de esa estrella recién cortada,
que va mojando sus puntas en otra estrella enemiga.
Ah, si pudiera ser cierto que a la hora del baño,
cuando en una misma agua discursiva
se bañan el inmóvil paisaje y los animales más finos:
antílopes, serpientes de pasos breves, de pasos evapora-
[dos,
parecen entre sueños, sin ansias levantar
los más extensos cabellos y el agua más recordada.

Ah, mi amiga, si en el puro mármol de los adioses
hubieras dejado la estatua que nos podía acompañar,
pues el viento, el viento gracioso,
se extiende como un gato para dejarse definir.

(De *Enemigo rumor*)

UNA OSCURA PRADERA ME CONVIDA

Una oscura pradera me convida,
sus manteles estables y ceñidos,
giran en mí, en mi balcón se aduermen.
Dominan su extensión, su indefinida
cúpula de alabastro se recrea.
Sobre las aguas del espejo,
breve la voz en mitad de cien caminos,
mi memoria prepara su sorpresa:
gamo en el cielo, rocío, llamarada.
Sin sentir que me llaman
penetro en la pradera despacioso,
ufano en nuevo laberinto derretido.
Allí se ven, ilustres restos,
cien cabezas, cornetas, mil funciones
abren su cielo, su girasol callando.
Extraña la sorpresa en este cielo,
donde sin querer vuelven pisadas
y suenan las voces en su centro henchido.
Una oscura pradera va pasando.
Entre los dos, viento o fino papel,
el viento, herido viento de esta muerte
mágica, una y despedida.
Un pájaro y otro ya no tiemblan.

LLAMADO DEL DESEOSO

Deseoso es aquel que huye de su madre.
Despedirse es cultivar un rocío para unirlo con la secu-
                              [laridad de la saliva.
La hondura del deseo no va por el secuestro del fruto.
Deseoso es dejar de ver a su madre.
Es la ausencia del sucedido de un día que se prolonga
y es a la noche que esa ausencia se va ahondando como
                              [un cuchillo.
En esa ausencia se abre una torre, en esa torre baila un
                              [fuego hueco.
Y así se ensancha y la ausencia de la madre es un mar
                              [en calma.
Pero el huidizo no ve el cuchillo que le pregunta,
es de la madre, de los postigos asegurados, de quien se
                              [huye.
Lo descendido en vieja sangre suena vacío.
La sangre es fría cuando desciende y cuando se esparce
                              [circulizada.
La madre es fría y está cumplida.
Si es por la muerte, su peso es doble y ya no nos suelta.
No es por las puertas donde se asoma nuestro abandono.
Es por un claro donde la madre sigue marchando, pero
                              [ya no nos sigue.
Es por un claro, allí se ciega y bien nos deja.
Ay del que no marcha esa marcha donde la madre ya no
                              [le sigue, ay.
No es desconocerse, el conocerse sigue furioso como en
                              [sus días,
pero el seguirlo sería quemarse dos en un árbol,
y ella apetece mirar el árbol como una piedra,
como una piedra con la inscripción de ancianos juegos.
Nuestro deseo no es alcanzar o incorporar un fruto ácido.
El deseoso es el huidizo

y de los cabezazos con nuestras madres cae el planeta
[centro de mesa
y ¿de dónde huimos, si no es de nuestras madres de
[quien huimos
que nunca quieren recomenzar el mismo naipe, la misma
[noche de igual ijada descomunal?

(De *Aventuras sigilosas*)

RAPSODIA PARA EL MULO

Con qué seguro paso el mulo en el abismo.

Lento es el mulo. Su misión no siente.
Su destino frente a la piedra, piedra que sangra
creando la abierta risa en las granadas.
Su piel rajada, pequeñísimo triunfo ya en lo oscuro,
pequeñísimo fango de alas ciegas.
La ceguera, el vidrio y el agua de tus ojos
tienen la fuerza de un tendón oculto,
y así los inmutables ojos recorriendo
lo oscuro progresivo y fugitivo.
El espacio de agua comprendido
entre sus ojos y el abierto túnel,
fija su centro que le faja
como la carga de plomo necesaria
que viene a caer como el sonido
del mulo cayendo en el abismo.

Las salvadas alas en el mulo inexistentes,
más apuntala su cuerpo en el abismo
la faja que le impide la dispersión
de la carga de plomo que en la entraña
del mulo pesa cayendo en la tierra húmeda
de piedras pisadas con un nombre.

Seguro, fajado por Dios,
entra el poderoso mulo en el abismo.

Las sucesivas coronas del desfiladero
—van creciendo corona tras corona—
y allí en lo alto la carroña
de las ancianas aves que en el cuello
muestran corona tras corona.
Seguir con su paso en el abismo.
El no puede, no crea ni persigue,
ni brinca sus ojos
ni sus ojos buscan el secuestrado asilo
al borde preñado de la tierra.
No crea, eso es tal vez decir:
¿No siente, no ama ni pregunta?
El amor traído a la traición de alas sonrosadas,
infantil en su oscura caracola.
Su amor a los cuatro signos
del desfiladero, a las sucesivas coronas
en que asciende vidrioso, cegato,
como un oscuro cuerpo hinchado
por el agua de los orígenes,
no la de la redención y los perfumes.
Paso es el paso del mulo en el abismo.

Su don ya no es estéril: su creación
la segura marcha en el abismo.
Amigo del desfiladero, la profunda
hinchazón del plomo dilata sus carrillos.
Sus ojos soportan cajas de agua
y el jugo de sus ojos
—sus sucias lágrimas—
son en la redención ofrenda altiva.
Entontado el ojo del mulo en el abismo
y sigue en lo oscuro con sus cuatro signos.
Peldaños de agua soportan sus ojos,
pero ya frente al mar
la ola retrocede como el cuerpo volteado
en el instante de la muerte súbita.

Hinchado está el mulo, valerosa hinchazón
que le lleva a caer hinchado en el abismo.
Sentado en el ojo del mulo,
vidrioso, cegato, el abismo
lentamente repasa su invisible.
En el sentado abismo,
paso a paso, sólo se oyen,
las preguntas que el mulo
va dejando caer sobre la piedra al fuego.

Son ya los cuatro signos
con que se asienta su fajado cuerpo
sobre el serpentín de calcinadas piedras.
Cuando se adentra más en el abismo
la piel le tiembla cual si fuesen clavos
las rápidas preguntas que rebotan.
En el abismo sólo el paso del mulo.
Sus cuatro ojos de húmeda yesca
sobre la piedra envuelven rápidas miradas.
Los cuatro pies, los cuatro signos
maniatados revierten en las piedras.
El remolino de chispas sólo impide
seguir la misma aventura en la costumbre.
Ya se acostumbra, colcha del mulo,
a estar clavado en lo oscuro sucesivo;
a caer sobre la tierra hinchado
de aguas nocturnas y pacientes lunas.
En los ojos del mulo, cajas de agua.
Aprieta Dios la faja del mulo
y lo hincha de plomo como premio.
Cuando el gamo bailarín pellizca el fuego
en el desfiladero prosigue el mulo
avanzando como las aguas impulsadas
por los ojos de los maniatados.
Paso es el paso del mulo en el abismo.

El sudor manando sobre el casco
ablanda la piedra entresacada
del fuego no en las vasijas educado,

sino al centro del tragaluz, oscuro miente.
Su paso en la piedra nueva carne
formada de un despertar brillante
en la cerrada sierra que oscurece.
Ya despertado, mágica soga
cierra el desfiladero comenzado
por hundir sus rodillas vaporosas.
Ese seguro paso del mulo en el abismo
suele confundirse con los pintados guantes de lo estéril.
Suele confundirse con los comienzos
de la oscura cabeza negadora.
Por ti suele confundirse, descastado vidrioso.
Por ti, cadera con lazos charolados
que parece decirnos yo no soy y yo no soy,
pero que penetra también en las casonas
donde la araña hogareña ya no alumbra
y la portátil lámpara traslada
de un horror a otro horror.
Por ti suele confundirse, tú, vidrio descastado,
que paso es el paso del mulo en el abismo.

La faja de Dios sigue sirviendo.
Así cuando sólo no es chispas la caída,
sino una piedra que volteando
arroja el sentido como pelado fuego
que en la piedra deja sus mordidas intocables.
Así contraída la faja, Dios lo quiere,
la entraña no revierte sobre el cuerpo,
aprieta el gesto posterior a toda muerte.
Cuerpo pesado, tu plomada entraña,
inencontrada ha sido en el abismo,
ya que cayendo, terrible vertical
trenzada de luminosos puntos ciegos,
aspa volteando incesante oscuro,
has puesto en cruz los dos abismos.

Tu final no siempre es la vertical de dos abismos.
Los ojos del mulo parecen entregar
a la entraña del abismo, húmedo árbol.

Arbol que no se extiende en acanalados verdes
sino cerrado como la única voz de los comienzos.
Entontado, Dios lo quiere,
el mulo sigue transportando en sus ojos
árboles visibles y en sus músculos
los árboles que la música han rehusado.
Arbol de sombra y árbol de figura
han llegado también a la última corona desfilada.

La soga hinchada transporta la marea
y en el cuello del mulo nadan voces
necesarias al pasar del vacío al haz del abismo.

Paso es el paso, cajas de agua, fajado por Dios
el poderoso mulo duerme temblando.
Con sus ojos sentados y acuosos,
al fin el mulo árboles encaja en todo abismo.

(De *La fijeza*)

EL INVISIBLE ARCO DE VIÑALES

(Fragmento)

Los pinos —venturosa región que se prolonga—,
del tamaño del hombre, breves y casuales,
encubren al guerrero bailarín conduciendo la luna
hasta el címbalo donde se deshace en caracoles y en nie-
                                                      [blas,
que caen hacia los pinos que mueven sus acechos.
El enano pino y la esbeltez de la marcha, los címbalos y
                                                      [las hojas
mueven por el llano la batalla hasta el alba.
Sus ojos, como un canario que se introduce,
atraviesan la pasta de los olores, remeros del sueño,

y cambiando los pinos por otros guerreros caídos de las
[hojas,
—morada la muerte y el blanco cenizoso de un húmedo
[reverso—,
recorren sus destrezas y el guerrero que descuelga sus
[bandejas,
allí donde la luna entreabre el valle y cierra el portal.
El guerrero mueve los pinos y toca su acecho;
su oído, mano de los presagios, atraviesa los ríos,
donde el esbelto esconde su mandato con jícaras
que graban su hastío.

La mezcla de pinos enanos y los guerreros escondidos
detrás de esas hojas que comenzaron halagándolos con
[la igualdad de su tamaño
y el completo valle por donde acecha su piel atigrada.
La innumerable participación de la brisa
en la cabellera de los pinos enanos y del guerrero
que ondula su piel, impulsa sus recuerdos
a otras batallas dormidas, a otras rendiciones
donde su esbeltez tocaba al hijo de Poro y no de Afrodita.
Estos guerreros escondidos detrás de las hojas elaboran
la terraza donde la brisa luna el escarabajo egipcio;
dormir es aquí también endurecerse cara al tiempo,
donde el cuerpo se embriaga cuando el aliento explora
[un nuevo círculo
y los címbalos dictan tan sólo la desaparición de las nu-
[bes.
El combate toca entre dos pausas aladas
y el sueño vuelve a retirar las alfombras donde parecía
[hilarse la muerte.
Una sorpresa igual a un color frenético es desechada,
los círculos guerreros están ansiosos de trocarse en espi-
[rales bailables,
pues la suerte de una batalla desapareció con el alba pri-
[mera.
Los arcos en la mezcla de los pinos y esos dormidos mili-
[tares,
son pulsados por la participación en sus instantes dobles;

las ondulaciones de ese arco son llamas que descargan en
                                                        [las hojas
y el oleaje como el círculo clavado del delfín.
Las espirales crecen en el círculo de los pinos enanos
y alcanzan su marina en el círculo del guerrero,
entre las flechas de los pinos y el sueño de las hojas.
En realidad, aquí el hombre no puede adormecer sus si-
                                                        [lencios,
pues no brota del puente de cuerdas y del látigo,
tiene que apoyarse detrás de colosales franjas de agua,
arder en la parrilla que no era para él,
o destacar un manto voluptuoso que no sirve
dejado caer sobre la colina de su cuerpo.
Tiene que cobrar un ademán, detrás de la cascada
que él no podrá mirar sin reproducir.

VENTURAS CRIOLLAS

I

De los calderos en la luna baja y sus utensilios
soy invitado, y pregunto el sitio
estiro el codo y si ahora vuelve y se encoge
el ilusorio mayordomo y me dona el número,

vuelve a su sueño, ya que nadie vino.
Del invitado por la puerta gacho, ya en su sudor,
que es la campaña para el tacto en ojos.
Después, fuera de lista, en su sudor se estira.

Los invitados, sin balbucir el paso, tendrán
que pasar a la contigua que se cierra oyendo.
La puerta es baja y la ventana cierra quizás la flor.

Salgo rubiando, pero quedé untado
de aquel caldero que nos peinó a todos,
puesto que así llorando nos trajo el remoquete.

XI

El helecho tiene su honguillo y la caoba el suyo,
la mano los colecciona soplándose su brisa.
Una piel de soledad gastada entona
sus peces de raspa, sus escudetes sobrevivientes.

El honguillo de Islandia y el de extramuros,
provocan un paseo a oscuras con peces voladores.
Toca la margen ciega, riqueza de la piel,
tiene su pan podrido, puerta de horno mal cerrada.

El hongo, leve de la humedad, es al rocío
pantalla donde la lluvia hizo un gracioso vientre.
Creciente romano de arena con sudor de caballo.

El monte estático de los helechos, siempre al lado
de los hongos de horror en la luna menguante.
En ausencia de luna, el hongo, especie viviente.

XXVII

La noche va a la rana de sus metales,
palpa un buche regalado para el palpo,
el rocío escuece a la piedra en gargantilla
que baja para tiznarse de humedad al palpo.

La rana de los metales se entreabre en el sillón
y es el sillón el que se hunde en el pozo hablador.
El fragmento aquel sube hasta el farol
y la rana, no en la noche, pega su buche en el respaldo.

La noche rellenada reclama la húmeda montura,
la yerba baila en su pequeño lindo frío,
pues se cansa de ser la oreja no raptada.

La hoja despierta como oreja, la oreja
amanece como puerta, la puerta se abre al caballo.
Un trotito aleve, de lluvia, va haciendo hablar las yerbas.

(De *Dador*)

MINERVA DEFINE EL MAR

Proserpina extrae la flor
de la raíz moviente del infierno,
y el soterrado cangrejo asciende
a la cantidad mirada del pistilo.
  Minerva ciñe y distribuye
y el mar bruñe y desordena.

Y el cangrejo que trae una corona.

La batidora espuma, la anémona
desentrañando su reloj nocturno,
la aleta pectoral del Ida nadador.
Su pecho, delfín sobredorado,
cuchillo de la aurora.
Ciegos los peces de la gruta,
enmarañan, saltan, enmascaran,
precipitan las ordenanzas áureas
de la diosa, paloma manadora.
Entre columnas rodadas por las algosas
sierpes, los escondrijos de las arengas
entreabren los labios bifurcados
en la flor remando sus contornos
y el espejo cerrando el dominó
grabado en la puerta cavernosa.
Su relámpago es el árbol
en la noche y su mirada
es la araña azul que diseña
estalactitas en su ocaso.

Acampan en el Eros cognocente,
el mar prolonga los corderos
de las ruinas dobladas al salobre.
    Y al redoble de los dentados peces,
el cangrejo que trae una corona.
Caduceo de sierpes y ramajes,
el mar frente al espejo,
su silencioso combate de reflejos
desdeña todo ultraje
del nadador lanzado a la marina
para moler harina fina.
    Lanzando el rostro en aguas del espejo
interroga los cimbreantes
trinos del colibrí y el ballenato.
El dedo y el dado
apuntalan el azar,
la eternidad en su gotear
y el falso temblor del múrice disecado.
    El mascarón de la Minerva
y el graznar
de las ruinas en su corintio
deletrear,
burlan la sal quemando las entrañas del mar.

El bailarín se extiende con la flor
fría en la boca del pez,
se extiende entre las rocas
y no llega al mar.
Roto el mascarón de la Minerva,
rota la cariciosa llanura de la frente
y el casco cubriendo los huevos de tortuga.
Subía sobre la hoguera de la danza,
extendido el bailarín sumado con la flor,
no pudo tocar el mar,
cortado el fuego por la mano del espejo.
Sin invocarte, máscara golpeada de Minerva,
sigue distribuyendo corderos de la espuma.

Escalera entre la flor y el espejo,
la araña abriendo el árbol en la noche,
no pudo llegar al mar.

Y el cangrejo que trae una corona.

(De *Orbita de Lezama Lima*)

Pablo Antonio Cuadra

(Nicaragua, 1912). Colaborador, con otros miembros de su importante generación (la generación de José Coronel Úrtecho), en la apertura de la lírica nicaragüense, a los nuevos aires poéticos, es Pablo Antonio Cuadra, entre todos ellos, quien de más sostenida y eficaz manera ha incorporado al verso los motivos entrañables de su país, los cuales el poeta asocia vivencialmente a su infancia, en un gesto que representa un esfuerzo por rescatar poéticamente todo aquello que el gran Rubén Darío no recogió de su propia tierra. Pero se trata de una actitud resuelta y vivida de modo íntimo, que por ello rebasa cualquier peligro de superficial nativismo folclórico. Nicaragüense, y por este camino hondamente americana —américohispana—, es su poesía. Y lo es tanto en los aspectos temáticos (firme defensa nacionalista, que se yergue rebelde ante toda extraña ingerencia imperialista, aunque en un ademán limpio de adherencias partidistas; preocupación social por los humildes, los desposeídos y los campesinos; recreación estilizada de mitos y asuntos precolombinos, etc.) como, sobre todo, en la sensibilidad y el lenguaje con que aquellos temas son sentidos y expresados. Y junto a esta amplia faceta, otra de mayor penetración y universalidad: la inquietud por el destino trascendente del hombre, a la que da una arraigada solución cristiana, heredero en esta línea de la más auténtica estirpe hispánica. Por la unión de ambas disposiciones, José María Valverde ha podido hablar en su caso de un americanismo cristiano, para diferenciarlo matizadamente de otros americanismos más radicales y de distinto signo, como los de Vallejo y Neruda. Este humanismo esencial

*lo ha podido captar el propio poeta en versos autodefini-
dores: «Por hombre, verdadero. / Soñador, por poeta y
estrellero. / Por cristiano, de espinas coronado». Así, le ha
sido posible enlazar conscientemente al símbolo eterno de
la cruz lo que él mismo llama, con legítimo orgullo, su
«cantar nicaragüense». Ese sabio cantar suyo, y la crítica
lo ha visto con certeza, le ha permitido fundar o consti-
tuir a su patria como realidad poética, sustancial y per-
manente.*

Obra poética:

Canciones de pájaro y señora, 1929. *Poemas nicara-
güenses*, 1930-1933, 1934. *Canto temporal*, 1943. *Poe-
mas con un crepúsculo a cuestas*, 1949. *La tierra prome-
tida. Selección de poemas*, 1952. *Libro de horas* (edición
personal fragmentaria), 1956. *Elegías*, 1957. *El jaguar y
la luna*, 1959. *Zoo*, 1962. *Poesía, Selección 1929-1962*,
1964. *Noche de América para un poeta español*, 1965.
Poesía escogida, 1968.

PATRIA DE TERCERA

Viajando en tercera he visto
un rostro.
No todos los hombres de mi pueblo
óvidos, claudican.
He visto un rostro.
Ni todos doblan su papel en barquichuelos
para charco. Viajando he visto
el rostro de un huertero.
Ni todos ofrecen su faz al látigo del «no»
ni piden.
La dignidad he visto.
Porque no sólo fabricamos huérfanos,
o bien, inadvertidos,
criamos cuervos.

He visto un rostro austero. Serenidad
o sol sobre su frente
como un título (ardiente y singular).
Nosotros ¡ah! rebeldes
al hormiguero
si algún día damos
la cara al mundo:
con los rasgos usuales de la Patria
¡un rostro enseñaremos!

(De *Poemas nicaragüenses*)

LEJANO RECUERDO CRIOLLO

Desde esta distancia a 125 leguas de recuerdo
conociendo que es tuyo el rastro que miro en el camino
                                    [de mis venas
como en la arena lenta la huella de un pie devotamente
                                    [sorprendido
que el viento pule y aligera cual la memoria de un pétalo.

Pero la ausencia es una noche que nos deja al margen
y galopan dudas apasionando su carrera tras de tus ojos.
Tu propia sumisión a veces me remuerde,
y la madrugada de tus mejillas
no despierta, ¡ay!, no despabila esta sombra
donde te duermes como una desconocida.
Desde aquí, voy reuniendo el rodeo de nuestras lunas
                                    [afortunadas
ganadero de tus besos
y el fierro de tu abrazo candentemente adorable
asegura tu nombre con este ardor rumoroso
como un linaje de abejas.

Lejano es ya decir olvido.

Pero voy separándome como si persigo
la otra mujer
la otra siempre en que tú te ocultas
        ¡casi innumerable!

ALBARDA

Soy mi memoria.
Piel errante,
subsistiendo entre mi último balido
            Y mi eterna obligación de partir.
Yo
Doña Albarda
Mariposa inválida de mi forma
sobreviviendo al sueño y al tropel.

Toro en mi torso
—con mis cuernos en vacío
como una antigua furia que se cubre de olvido.

Novillo en mi piel
—deseo limítrofe en mis cascos perdidos
como un antiguo cansancio que no llega al recuerdo.

Buey en mi cuero
—testículos arrancados a la sucesión
conjugando solteramente mi amor con la carreta
como una vieja madera conyugal quemada por el viento.

Yo
Doña Albarda
Vaca en mi soledad y piel
—con mis fervientes ubres excluidas de la sed
con el candor de mis pupilas hundidas bajo los ríos
con mi antigua maternidad creciendo bajo los árboles.

Yo
con mi linaje
con mi bandera de muertos
repitiendo el deseo de horizonte
caminando
eternamente sonando el tambor de mi piel
como la luna.
Caminando sobre la llanura estúpida y fangosa
caminando
sobre la abierta senda pisoteada
caminando
bajo la lluvia torrencial y lacrimosa
caminando
bajo la garúa susurrante
caminando
bajo el sol insolente y fogonero
caminando
entre la música metal de los lecheros
caminando
tras de la tarde herida bajo el ala
caminando
tras de la noche
caminando
tras de la muerte,
de nuevo caminando...

CANTO TEMPORAL

VI

Necesitamos agacharnos como los campesinos a la tierra,
doblar el cuerpo para tocar como los campesinos a la
[tierra,
adorar al Señor con esta inclinación como los campesinos
[de la tierra.

Tierra madre conjugada por el misterio de los muertos,
olor de recuerdos imperecederos, raíces vivas
y renovación de las más recónditas podredumbres!
... No pretendemos la indecisa dimensión de la ausencia
porque el ojo no penetra si la carne es ilesa!
Necesitamos el doloroso tacto, el sudoroso dolor de las
                                   [milpas y los fangos,
esa piel de tormento que rasgan los hijos y los frutos.
Es ahí, en el incesante calor de su honda materia,
donde se hinca la raíz del sereno crecimiento,
porque los pies se extienden con ansias subterráneas
para que pueda la palma del cabello mecerse bajo los
                                             [astros.
Yo corté las maderas de las montañas en diciembre.
Penetraba en la respiración de las inmensas soledades
sin intentar definirme. Ni a mi nombre llamaba,
porque la selva esparce los contornos del hombre.
... ¡Era cuando los árboles!
Recordemos la columna del níspero silvestre,
del mango, del malinche,
su espontánea vegetal arquitectura
rematando en sus racimos maduros capiteles!
¡Y a la bóveda verde los reunidos silencios
en oración de pájaros y abejas, como templo, oficiando!

Yo sembré con el ardor conyugal de las palomas
en el moreno-tibio perfume de los surcos mojados
las sílabas del pan. Su palabra abundante.
Se cubrieron mis brazos del amargo rocío de la carne
y en el rito solar de las dulces lunas tempranas
me bastaba mirar el cabello de la muchacha campesina
volcándose como un derrame de mieles de jicote.

Consideremos el poema del cortés florecido,
la desnudez del caoba tendido como las indias sin tálamo,
el verde enardecido de los platanares banderillantes.
A veces una extraña vertiente aparece en el brillo de
                                             [los ojos

y donde vamos mirando depositamos la lluvia y la hu-
[medad de su júbilo.
El venado se desprende de nosotros como velocidad que
[silbamos,
la ardilla nos recorre las vértebras como la inquietud de
[una cita,
la serpiente se aleja de la pupila igual que la dilatada
[mirada de la cólera
y el pájaro en tu cabellera corriendo agita su libertad.
Llevamos el animal y nos asciende como una vena más,
como un golpe más del pecho y un sonido aún más
[largo del amor que vincula.
Llevamos una hierba, una hoja, una verde línea de savia
[y vegetación
trepando sobre el hueso en madreselva,
y así sube y se afianza el corcel complementario,
el caballo en el cimiento para la exacta estatura;
caballo en el pecho, caliente de galope
y los belfos aspirantes y la crin que se esparce como
[la estela del ansia.

Toda tierra y ser y mar y elemento
robustecen el límite, al corazón penetran,
y llevan hacia el mundo, rebotando la vida,
la múltiple unidad trascendente del hombre.
La materia es tan dúctil como el torso de la esposa,
se alimenta la frente como del pez la entraña
en el oro y el sol, en la rosa y la rueda.
En el hombre se inscriben la marea y la savia,
la respiración y el temblor de los metales,
la inconsciencia mineral de los motores,
el brusco corazón de los pistones y los árboles.
¡La materia podemos recrearla con los dedos!
El tornillo es una larva con el sueño coagulado,
y en el avión existen las claves de la pluma.
La máquina es hermosa si el amor la lubrica,
el aire es como tierra si gustamos su muerte.
¡La noche es como el hierro!

Sin embargo, ¿quién confiesa su posesión cumplida?...
el amor es otro amor al cabo ¡y lo perdemos!
El mundo es otro mundo al fin ¡y lo buscamos!
y a las riberas en cilicio de la vida
amargas olas empujan tu naufragio.
La tierra ya chupada en su bagazo hastía
y el ojo que no extrae la luz de la presencia
cierra a la yerma procesión del mundo
el párpado pesado, inapetente, duro.

Sin el amor no clama el pecho en universo,
sin el amor no llega al pueblo nuestra voz.
Sin el amor marchita su música la amada
y en la rosa inexacta, en la reseca estrella
se agolpa la ceniza, el harapiento rastro
del vacío recuerdo retirado.
¿Quién no cuenta un regreso de cansancio y de zarza,
momentos en que somos la oquedad desesperada,
indeleble metal que ya no suena
campana de pavor y sombra intraducible?
... En vano recetamos seguros desenlaces
en vano si de rosas y azúcares atiende
la frente que ha soñado al fresco del laurel!
Ahora ya comprendes: el camino
es un río con sed.
Buscamos lo inasible y también lo cercano,
y nos duele la prisa y también la lentitud.
Laberinto de rosas nos confunde el perfume
de ese aire tan simple al milagro del vuelo.
¡No es allí nuestro amor!
Para saber la vida, la muerte es su secreto,
su íntima y ardiente vital resurrección!

(De *Canto temporal*)

EL ANGEL

De pie, con su estatura de recuerdo,
limpio, como agua erguida a contraluz,
el enamorado de la mendicidad
construye mi biografía.
Amo este ser incansable que me hiere a silencios.
Mas, día y noche, como un perro macilento,
giro alrededor de mi paraíso
donde dejé mi nostalgia
ahora dulcemente mortal.
¡Si su espada, incandescente de memoria,
durmiera como mi sangre en sus noches!
Pero aquí estás
como álamo empecinado en tu exactitud,
poniendo tu ala lenta, casi fluvial,
sobre mi hombro,
sobre este lugar de carne deliberante y libertaria,
palpando si hay cruz,
si hay al menos un vago dolor cirineo,
y vuelves tu rostro,
tu faz poderosa, como una dalia con la fuerza
    intolerable del roble,
como una estrella, con la ira amotinada y luminosa
    del relámpago.

(De *Poemas con un crepúsculo a cuestas*)

EL NACIMIENTO DEL SOL

He inventado mundos nuevos. He soñado
noches construidas con sustancias inefables.
He fabricado astros radiantes, estrellas sutiles
en la proximidad de unos ojos entrecerrados.
    Nunca, sin embargo,

repetiré aquel primer día cuando nuestros padres
salieron con sus tribus de la húmeda selva
y miraron al oriente. Escucharon el rugido
del jaguar. El canto de los pájaros. Y vieron
levantarse un hombre cuya faz ardía.
Un mancebo de faz resplandeciente,
cuyas miradas luminosas secaban los pantanos.
Un joven alto y encendido cuyo rostro ardía.
Cuya faz iluminaba el mundo.

(De *El jaguar y la luna*)

LA NOCHE ES UNA MUJER DESCONOCIDA

Preguntó la muchacha al forastero:
—¿Por qué no pasas? En mi hogar
está encendido el fuego.

Contestó el peregrino: —Soy poeta,
sólo deseo conocer la noche.

Ella, entonces, echó cenizas sobre el fuego
y aproximó en la sombra su voz al forastero:
—¡Tócame! —dijo—. ¡Conocerás la noche!

URNA CON PERFIL POLITICO

El caudillo es silencioso
(dibujo su rostro silencioso).

El caudillo es poderoso
(dibujo su mano fuerte).

El caudillo es el jefe de los hombres armados
(dibujo las calaveras de los hombres muertos).

Eduardo Carranza

(Colombia, 1913). Es la figura más importante del grupo «Piedra y Cielo», que surge en Colombia hacia 1935 con una decidida voluntad de concreción, tras las pulverizaciones del vanguardismo. A esa voluntad, y acorde en ello con lo más genuino de la tradición colombiana, le animaba un signo humano, nacional e hispano. Era la necesaria vuelta al orden, que allí se definía más concretamente hacia lo clásico. Y clásica ha sido siempre la voluntad estética de Carranza; bien que no haciendo de clasicismo un sinónimo de frialdad y encartonamiento, sino, como lo ha caracterizado él mismo, un «equilibrio entre lo vital y lo formal, la perfecta correspondencia entre el impulso creador y la expresión artística: lo sentimental ciñéndose exactamente al modelado de lo intelectual». Esta valoración podría cubrir de modo cabal a su poesía. Ha nacido ésta, por lo general, de experiencias vividas («Siempre trabajo sobre los recuerdos que se hacen inesperadamente poderosos...», ha dicho), aunque no ha pasado literalmente esas experiencias al verso, sino que las ha sabido sumergir en un aura de sueño, nostalgia y misterio de gran sugerencia poética. A ese mundo personal suyo le sostiene un delicado timbre de melancolía, que no excluye el alegre sentimiento de quien se siente partícipe de una creación hermosa ni una evidente gracia para cantar tales positivas emociones. Rechazando, por salud de espíritu, el agonismo y la angustia de una gran zona de la lírica contemporánea, Carranza ha expresado su confianza en «una poesía esperanzada, ilusionada: una poesía del porvenir». Ha sido, en Hispanoamérica, uno de los que más fina-

mente supo captar la lección de pureza y esencialidad dictada desde España por Juan Ramón Jiménez. Sus gustos clásicos le han llevado a cultivar con espontaneidad y acierto las formas cultas y populares de la tradición española (sonetos, canciones, romances, etc.) y lograr un lenguaje de gran sutileza, que aúna transparencia y misterio en un solo temblor luminoso —a expensas tal vez del dramatismo y la fuerza, que comienzan a aparecer en la producción más reciente de este poeta.

OBRA POÉTICA:

Canciones para iniciar una fiesta, 1936. *Seis elegías y un himno*, 1939. *La sombra de las muchachas*, 1941. *Azul de ti (sonetos sentimentales)*, 1944. *Canto en voz alta*, 1944. *Este era un rey...*, 1945. *Los días que ahora son sueños*, 1946. *El olvidado*, 1949. *Canciones para iniciar una fiesta. Poesía en verso (1935-1950)*, 1953. *El olvidado y Alhambra* (prólogo de Dámaso Alonso), 1957.

REGRESO CON ISLAS Y JAZMIN

> Esa distancia infinita de volver
> que se corre tan fácilmente al ir.
> JUAN RAMÓN JIMÉNEZ

Ese jazmín estrellado
donde las niñas del aire
han olvidado los ojos;
                ese jazmín.

Esa sonrisa del agua
de largo cuerpo extendido
humedecido de estrellas;
                esa sonrisa.

Esa dorada garganta
que tenía la mañana
con piel de aroma y guayaba;
        esa garganta.

Esas islas como pausas
de beso y frutal delicia
entre la vida del río;
        esas islas.

Esa tibieza mecida
de la hamaca que colgaban
clavos azules de sueño;
        esa tibieza.

Y esas nubes que eran ya,
ya, toda la poesía,
glosario blanco del cielo;
        y esas nubes.

Yo era ojos nada más.
Y la sortija del cielo
sobre los últimos árboles
me dio el final del mundo.

Un pájaro apenas visto
—¿soñado?, si no recuerdo—
entre la tarde me dio
todo lo maravilloso.

Este regreso infinito,
porque el cielo de aquel río,
tras su ventana de agua,
no me reconocería.

Ese jazmín estrellado,
esa mañana, esas islas
de sol y níspero, ese

    dorado viento redondo
        de los días...

    —El tiempo es un mar subiendo
    que nos inunda la vida.
    —Ahora sólo las nubes.
        —¿Las nubes?

            (De *Canciones para iniciar una fiesta*)

AZUL DE TI

Pensar en ti es azul, como ir vagando
por un bosque dorado al mediodía:
nacen jardines en el habla mía
y con mis nubes por tus sueños ando.

Nos une y nos separa un aire blando,
una distancia de melancolía;
yo alzo los brazos de mi poesía,
azul de ti, dolido y esperando.

Es como un horizonte de violines
o un tibio sufrimiento de jazmines
pensar en ti, de azul temperamento.

El mundo se me vuelve cristalino,
y te miro, entre lámpara de trino,
azul domingo de mi pensamiento.

            (De *Azul de ti*)

SONETO CON UNA SALVEDAD

Todo está bien: el verde en la pradera,
el aire con su silbo de diamante
y en el aire la rama dibujante
y por la luz arriba la palmera.

Todo está bien: la frente que me espera,
el azul con su cielo caminante,
el rojo húmedo en la boca amante
y el viento de la patria en la bandera.

Bien que sea entre sueños el infante,
que sea enero azul y que yo cante.
Bien la rosa en su claro palafrén.

Bien está que se viva y que se muera.
El Sol, la Luna, la creación entera,
salvo mi corazón, todo está bien.

EL SOL DE LOS VENADOS

Recuerdo el sol de los venados
desde un balcón crepuscular.
Allí fui niño, ojos inmensos,
rodeado de soledad.
El balcón se abría a los cerros
lejanos, casi de cristal.
En lo hondo trazaba el río
su tenue línea musical.
El balcón que vengo narrando
era bueno para soñar:

y en la tarde nos asomábamos
por él hacia la inmensidad,
hacia las nubes y el ensueño,
hacia mi poesía ya.
Del jardín subía la tarde
como de un pecho el suspirar.
Y el cielo azul era tan bello
que daban ganas de llorar.
Todas las cosas de repente
se detenían y era cual
si mirasen el cielo abierto
en pausa sobrenatural.
Por el silencio de mi madre
se oía los ángeles cruzar.
Y quedábamos un instante
fuera del tiempo terrenal,
alelados y transparentes,
como viviendo en un vitral.
Todo el Girón se iluminaba
como de un súbito cantar:
triscaba el sol de los venados
como un dorado recental
por los cerros abandonados:
un sol cordial, un sol mental,
como pensado por la frente
de una doncella, un sol igual
al aleteo de una sonrisa
que no se alcanza a deshojar,
como la víspera de un beso
o el aroma de la claridad,
sueño del sol, cuento del sol...
Y era entonces cuando el turpial,
como ahogándose en melodía,
en su jaula rompía a cantar.
Todo en la tierra de los hombres
parecía a punto de volar
y que en el mundo todo fuera
de aire y alma nada más.
Esto duraba menos tiempo

del que yo llevo en lo narrar.
Las tristes cosas recobraban
de pronto su rostro habitual.
El viento azul volvía a la rama,
volvía el tiempo a caminar
y el hondo río reanudaba
su discurrir hacia la mar.
Entre la gloria del poniente
abierto aún de par en par
tendían sus alas las campanas
hacia un céfiro santoral.

Recuerdo el sol de los venados
desde un balcón crepuscular.
Los días huían como nubes
altas, de un cielo matinal.
Allí fui niño, allí fui niño
y tengo ganas de llorar.
Ah, tristemente os aseguro:
tanta belleza fue verdad.

(De *Los días que ahora son sueño*)

RIMA

No puedo decirte
ni con el silencio,
ni con las palabras,
ni aun con la música
más desesperada.

Tal vez con la luna
o con un aroma
de violetas, húmedo
de vino y de música,
sufriendo, nocturno.

Tal vez con la noche,
cuando es solamente
un rumor de hojas
con viento y estrellas
para el desvelado.

Tal vez con la luna,
si la luna oliera
a vino y violetas.
Tal vez con palabras
nocturnas,
y si las palabras
miraran.

No puedo decirte.

(De *El olvidado*)

TEMA DE FUEGO Y MAR

Sólo el fuego y el mar pueden mirarse
sin fin. Ni aun el cielo con sus nubes.
Sólo tu rostro, sólo el mar y el fuego.
Las llamas, y las olas, y tus ojos.

Serás de fuego y mar, ojos oscuros.
De ola y llama serás, negros cabellos.
Sabrás el desenlace de la hoguera.
Y sabrás el secreto de la espuma.

Coronada de azul como la ola.
Aguda y sideral como la llama.
Sólo tu rostro interminablemente.
Como el fuego y el mar. Como la muerte.

EL EXTRANJERO

Me asomo a este recuerdo desde fuera
como uno que llega de lejos,
después de muchos años, a su antigua casa
y sube la calle andando casi con el corazón
y, casi furtivo, en la noche
se acerca a la ventana iluminada
y mira, desde fuera, lo suyo tan ajeno,
mira lo conocido, tan extraño.

Los dos que están allí, dentro, como alelados,
como escuchándose mutuamente el corazón
no pueden verme desde la estancia iluminada
porque es de noche y está oscuro
en las calles de la pequeña ciudad antigua.
Y los dos son ya transparentes.
Pero se sabe que, ligeramente inclinados,
escuchan una mutua melodía
y ella sonríe como prolongando la luna.

El fuego está encendido y todo está en suspenso.
Las cosas esperan algo inminente, al otro instante,
y callan como recordando
algo que acaba de pasar ha mucho tiempo.

Hay un perfume.
Mi frente toca el cristal
y mi rostro se deshace y confunde
con el pasado y el futuro, con los dos seres transparentes,
con el fuego, con el libro entreabierto.
En los rincones se agrupan las palabras
como a veces en los nostálgicos poemas,
y brillan los besos apenumbrados
levemente cubiertos de tiempo y de silencio.

Me asomo a este recuerdo alzándome
en puntillas sobre el corazón:

¡Oh, Dios clemente! Dime
si el fantasma soy yo, en la noche oscura,
o lo es el de la estancia iluminada.

(De *Los pasos cantados*)

HABITANTES DEL MILAGRO

Se enamoró mi muerte de tu muerte
cuando ciegos bajábamos por la torrentera
de la sangre y el alma, desterrados del tiempo.
Cuando, unidos, enlazados, subíamos muy alto
como dos alas en el mismo vuelo:
diciendo hasta-el-final-y-más-allá:
Los astros nos oyeron.
Y en los labios tuvimos
el sabor del misterio y de la eternidad,
el sabor del azahar y las galaxias
el sabor de la vida y de la muerte,
dorados, milenarios o instantáneos,
inmortales, extáticos,
guerreando a amor partido, compartido,
y, por instantes, puros y hermosos como dioses
nimbados de un fulgor relampagueante
y luego de un silencio enternecido...
Un ángel o demonio con su espada llameante
vigilaba la puerta de nuestro Paraíso.
¡Eramos habitantes del milagro!

(De *Hablar soñando y otras alucinaciones*)

Vicente Gerbasi

(*Venezuela, 1913*). *En 1938, Miguel Angel Queremel funda en Caracas la revista* Viernes, *que centró a todo un interesante grupo renovador de la poesía de aquel país. «La función de* Viernes —*escribe Juan Liscano— fue importante. Desterró el parroquialismo; dignificó la condición del poeta; exaltó el acto creador en sí; soltó sobre la lírica venezolana, demasiado sentimental y realista, los grandes vientos de la angustia metafísica germana y anglosajona, las visiones de los alucinados, las imágenes oníricas de los experimentos surrealistas.» Muchas de estas notas servirían para caracterizar particularmente la poesía de Vicente Gerbasi, revelado a través de la gestión de aquella revista junto a otros nombres tan valiosos como los de Otto de Sola y Pascual Venegas Filardo, entre muchos. La obra de Gerbasi ha ido creciendo en variedad de títulos y adensándose en calidad. Es un poeta de actitud contemplativa, de mirada interior y de impulso trascendente afín al de su grupo generacional y, en igual medida, al designio poético que ya hacia 1940 comenzaba a perfilarse en América. Pero dotado a la vez de una clara conciencia y de una saludable proyección hacia la realidad exterior, estas inclinaciones han impedido que aquel afán de trascendencia le hubiesen llevado a un idealismo poético absoluto y a una peligrosa ruptura o desintegración total de la forma. Si la índole de su mundo interior (melancolía, ternura, nostalgia de la infancia, solidaridad con el dolor universal, angustia soterrada por las inestabilidades del ser y por la inexorabilidad de la muerte, etc.) ha determinado una expresión simbólica, que ha sabido aprove-*

charse cada vez con mayor discreción de las posibilidades antirracionales del lenguaje, su mismo amor a lo real le ha ayudado a configurar una palabra poética de gran plasticidad y concreción. En fecha muy temprana, el chileno Humberto Díaz Casanueva aventuró el siguiente juicio sobre Gerbasi, que su labor posterior ha confirmado: «Su poesía tiene un ámbito prolongado y libre, de lontananzas calladas. Tiende a una soledad para conseguir el desgarramiento místico, pero jamás se exacerba; por el contrario, su sentido de la armonía y su mitología natural lo salvan continuamente.» En este equilibrado y difícil justo medio se destaca el rasgo característico más sobresaliente del notable poeta venezolano.

OBRA POÉTICA:

Vigilia del náufrago, 1937. *Bosque doliente,* 1940. *Liras,* 1943. *Poemas de la Noche y de la Tierra,* 1943. *Mi padre, el inmigrante,* 1945. *Tres nocturnos,* 1946. *Poemas,* 1947. *Los espacios cálidos,* 1952. *Círculos del trueno,* 1953. *Tirano de sombra y fuego,* 1955. *Antología poética,* 1956. *Por arte de sol,* 1958. *Olivos de eternidad,* 1961.

BOSQUE DE MUSICA

Mi ser fluye en tu música, bosque dormido en el tiempo,
rendido a la nostalgia de los lagos del cielo.
¿Cómo olvidar que soy oculta melodía
y tu adusta penumbra voz de los misterios?
He interrogado los aires que besan la sombra,
he oído en el silencio tristes fuentes perdidas,
y todo eleva mis sueños a músicas celestes.
Voy con las primaveras que te visitan de noche,
que dan vida a las flores en tus sombras azules
y me revelan el vago sufrir de tus secretos.
Tu sopor de luciérnagas es lenta astronomía

que gira en mi susurro de follaje en el viento
y alas da a los suspiros de las almas que escondes.
¿Murió aquí el cazador, al pie de las orquídeas,
el cazador nostálgico por tu magia embriagado?
Oh, bosque: tú que sabes vivir de soledades
¿adónde va en la noche el hondo suspirar?

(De *Bosque doliente*)

AMBITO DE LA ANGUSTIA

No se ha meditado aún sobre estas tristes ruinas.
Participo de la gran alegría que hace cantar con el vino,
luego me hieren los lamentos como a un árbol la tem-
                              [pestad nocturna.
Se pierden conmigo en la sombra
como se pierde la noche en el bálsamo misterioso de la
                              [muerte.
Busco mi voz abandonada sobre los mares, en el aire de
                              [las islas,
en las comarcas donde habitan los desterrados y los mís-
                              [ticos,
y vago bajo la lluvia de los bosques en la soledad.
Como el árbol al borde del abismo, me salva la inquietud
                              [perenne,
y me acerca a Dios que vigila tras las músicas terrestres.
Alguien puede llamar a la puerta de alguna vivienda en
                              [la noche,
mas solamente aparecerá el rostro del silencio
en medio de la pesadumbre.
No hemos meditado aún para amar y ser serenos.
Oh, si tendiéramos la tristeza como niebla delgada,
serenamente, sobre estos vastos dominios desolados.

MI PADRE, EL INMIGRANTE

(Fragmentos)

Venimos de la noche y hacia la noche vamos.
Atrás queda la tierra envuelta en sus vapores,
donde vive el almendro, el niño y el leopardo.
Atrás quedan los días, con lagos, nieves, renos,
con volcanes adustos, con selvas hechizadas,
donde moran las sombras azules del espanto.
Atrás quedan las tumbas al pie de los cipreses,
solos en la tristeza de lejanas estrellas.
Atrás quedan las glorias como antorchas que apagan
ráfagas seculares.
Atrás quedan las puertas quejándose en el viento.
Atrás queda la angustia con espejos celestes.
Atrás el tiempo queda como drama en el hombre:
engendrador de vida, engendrador de muerte.
El tiempo que levanta y desgasta columnas,
y murmura en las olas milenarias del mar.
Atrás queda la luz bañando las montañas,
los parques de los niños y los blancos altares.
Pero también la noche con ciudades dolientes,
la noche cuotidiana, la que no es noche aún,
sino descanso breve que tiembla en las luciérnagas,
o pasa por las almas con golpes de agonía.
La noche que desciende de nuevo hacia la luz,
despertando las flores en valles taciturnos,
refrescando el regazo del agua en las montañas,
lanzando los caballos hacia azules riberas,
mientras la eternidad, entre luces de oro,
avanza silenciosa por prados siderales.

* * *

A veces caigo en mí, como viniendo de ti,
y me recojo en una tristeza inmóvil,
como una bandera que ha olvidado el viento.
Por mis sentidos pasan ángeles del crepúsculo,
y lentos me aprisionan los círculos nocturnos.
Venimos de la noche y hacia la noche vamos.
Escucha. Yo te llamo desde un reloj de piedra,
donde caen las sombras, donde el silencio cae.

* * *

Tu aldea en la colina redonda bajo el aire del trigo,
frente al mar con pescadores en la aurora,
levantaba torres y olivos plateados.
Bajaban por el césped los almendros de la primavera,
el labrador como un profeta joven,
y la pequeña pastora con su rostro en medio de un pa-
                                          [ñuelo.
Y subía la mujer del mar con una fresca cesta de sar-
                                          [dinas.
Era una pobreza alegre bajo el azul eterno,
con los pequeños vendedores de cerezas en las plazole-
                                          [tas,
con las doncellas en torno a las fuentes
movidas rumorosamente por la brisa de los castaños,
en la penumbra con chispas del herrero,
entre las canciones del carpintero,
entre los fuertes zapatos claveteados,
y en las callejuelas de gastadas piedras,
donde deambulaban sombras del purgatorio.
Tu aldea iba sola bajo la luz del día,
con nogales antiguos de sombra taciturna,
a orillas del cerezo, del olmo y de la higuera.
En sus muros de piedra las horas detenían
sus secretos reflejos vespertinos,
y al alma se acercaban las flautas del poniente.
Entre el sol y sus techos volaban las palomas.
Entre el ser y el otoño pasaba la tristeza.

Tu aldea estaba sola como en la luz de un cuento,
con puentes, con gitanos y hogueras en las noches
de silenciosa nieve.
Desde el azul sereno llamaban las estrellas,
y al fuego familiar, rodeado de leyendas,
venían las navidades,
con pan y miel y vino,
con fuertes montañeses, cabreros, leñadores.
Tu aldea se acercaba a los coros del cielo,
y sus campanas iban hacia las soledades,
donde gimen los pinos en el viento del hielo,
y el tren silbaba en lontananza, hacia los túneles,
hacia las llanuras con búfalos,
hacia las ciudades olorosas a frutas, hacia los puertos,
mientras el mar daba sus brillos lunares,
más allá de las mandolinas,
donde comienzan a perderse las aves migratorias.
Y el mundo palpitaba en tu corazón.
Tú venías de una colina de la Biblia,
desde las ovejas, desde las vendimias,
padre mío, padre del trigo, padre de la pobreza.
Y de mi poesía.

(De *Mi padre, el inmigrante*)

ANTE LA PUERTA ANTIGUA DE LA NOCHE

Horas de pesados almendros, de oscuros olivos,
necesito para hablarte, oh, tibia puerta de la noche.

Te golpean los muertos detrás de los relámpagos
que iluminan el plato, la sartén y la botella.

Un niño te mira detrás de una morada cortina de da-
                                                    [masco.

¡Luz del poniente, lejana coronación de un rey antiguo,
mancha los cielos con la sangre de mi nostalgia,
reúne las ovejas en mi penumbrosa comarca de avellanos!
Te devuelvo anillos violetas en los estanques,
ramajes oscurecidos por los truenos,
charcas con garzas degolladas, trompetas de cazadores.

La soledad eleva tu cántico de hoguera en la memoria,
como entre viejos campanarios de piedra,
con hondas campanadas de sombras difuntas y azahares.

Luz de mi andanza y de mi frente en el tiempo,
luz de las cumbres y de las islas,
enrolla los gruesos cordeles de los navíos,
lanza los cabellos blancos a las marejadas,
hunde las lumbres en el ondulante aceite de los puertos.

Sólo silbos y opacos abejorros siento pasar entre los
                                              [muros:
sólo papeles viejos, cartas, que arrastran lentas ráfagas,
veo en las desiertas calles.

Conviertes mi ser en un aposento oscuro,
en una sábana abandonada, en una abeja,
mientras te hundes, oh, transitoria doncella,
con un ramo de astromelia en los espejos.

Aquella voz mía que iba por las colinas,
entre novias que recogían flores de atardecer,
ya pertenece a tu morada de cárdenos tapices, con pasos,
y salones con retratos de parientes y amigos perdidos,
con muebles que sostienen sus brillos de soledad y de
                                              [rumores.

Como la corona de los héroes en los bronces,
así son tus reflejos en mi frente;
como el rumor de casas pobres que se derrumban,
así es tu lejanía en mi corazón.

Recuerdo muchas de mis huellas, más aún veo puertas
                                                    [selladas,
aldabas y goznes oxidados, verjas que detienen grupos
                                                    [de mendigos.

Oh, luz postrera del día, colmena resonante de tristeza,
recíbeme en tus funerarias vendimias,
y entrégame a la danza espectral de los insomnes.

                                        (De *Tres nocturnos*)

EN EL FONDO FORESTAL DEL DIA

El acto simple de la araña que teje una estrella en la
                                                    [penumbra,
el paso elástico del gato hacia la mariposa,
la mano que resbala por la espalda tibia del caballo,
el olor sideral de la flor del café,
el sabor azul de la vainilla,
me detienen en el fondo del día.

Hay un resplandor cóncavo de helechos,
una resonancia de insectos,
una presencia cambiante del agua en los rincones pé-
                                                    [treos.

Reconozco aquí mi edad hecha de sonidos silvestres,
de lumbre de orquídea,
de cálido espacio forestal,
donde el pájaro carpintero hace sonar el tiempo.
Aquí el atardecer inventa una roja pedrería,
una constelación de luciérnagas,
una caída de hojas lúcidas hacia los sentidos,
hacia el fondo del día,
donde se encantan mis huesos agrestes.

                                        (De *Los espacios cálidos*)

ESCRITOS EN LA PIEDRA

En el valle que rodean montañas de la infancia
encontramos escritos en la piedra,
serpientes cinceladas, astros,
en un verano de negras termiteras.
En el silencio del tiempo vuelan los gavilanes,
cantan cigarras de tristeza
como en una apartada tarde de domingo.
Con el verano se desnudan los árboles,
se seca la tierra con sus calabazas.
Pero volverán las lluvias
y de nuevo nacerán las hojas
y los pequeños grillos de las praderas
bajo el soplo de una misteriosa nostalgia del mundo.
Y así para siempre
en torno a estos escritos en la piedra,
que recuerdan una raza antigua
y tal vez hablan de Dios.

(De *Por arte de sol*)

TABLERO DE AJEDREZ

La plaza tiene una soledad de cuadros de Chirico:
silencio de la memoria que va hasta una lejanía arcada.

Con una delgada nube de horizonte
las campanas iluminan la ciudad.

Caballos,
torres,

reinas,
en el aire los árboles que florecen en las calles.

Pasaron los festejos de las máscaras,
y los barrenderos reunieron colores
en los rincones de la madrugada.
Los barrenderos, sombras herméticas
que acumulan nieves en lejanos inviernos urbanos,
al borde de las carnicerías iluminadas.
Pasaron los festejos
y la plaza abandonada reluce en sus mármoles rojos y
                                                    [negros.

Un rey de larga túnica
contempla el silencioso espacio
donde un día fueron decapitados los años.

Nicanor Parra

(Chile, 1914). Aunque ha sabido cultivar con fortuna la poesía de acento popular (Cancionero sin nombre, La cueca larga), *la contribución más original de Nicanor Parra son sus* antipoemas, *que lo han situado con dignidad en la línea ilustre de los grandes creadores de la poesía chilena moderna. Es esa* antipoesía *el resultado de muy seguras dotes y convicciones: gran fuerza verbal, afianzamiento en la realidad directamente vivida («la función del artista consiste en expresar rigurosamente sus experiencias sin comentarios de ninguna especie»; «la materia con que opero la encuentro en la vida diaria», son declaraciones suyas suscritas al respecto en 1948) y repudio de las abstracciones poéticas, los desbordamientos metafóricos y los crípticos hermetismos («la función del idioma para mí es la de un simple vehículo»). Para bien suyo, hay mucho más que tales simplificaciones en sus antipoemas, definidos así por Artur Lundqvist: «Una expresión poética a base de ásperos prosaísmos, efectos psicológicos sorpresivos, fragmentación extraña de experiencias inmediatas. Es una poesía de dinamitero, desesperadamente anárquica, que irrumpe a través de todo lo que es rutinario reduciendo a polvo la mentira piadosa y las fórmulas de consuelo desprovistas de significado, para desembocar en la nada o en el meollo de una sólida realidad.» Y en uno de sus más polémicos textos, «Manifiesto», ha sostenido: «Nosotros conversamos / en el lenguaje de todos los días / no creemos en signos cabalísticos»; aunque por supuesto el lenguaje de sus antipoemas descubre una rigurosa conciencia artística que está muy por encima del llano decir que tal afirmación*

*pudiese implicar. Su radical sinceridad y esa ausencia de
sentido que encuentra en la vida se resuelven en una gama
de punzantes actitudes de espíritu que dan nervio a su
verso: ironía, sarcasmo, afilada crítica, en suma, un dra-
mático humor de graves resonancias. Ultimamente ha
vuelto a una suerte de neosimbolismo (Canciones rusas),
más ya dentro de ese tono íntimo y fragmentario que
caracteriza a toda una zona general de la lírica contem-
poránea. Por su independencia frente a todo tipo de mo-
das y consignas literarias, es uno de los poetas de mayor
interés en la hora actual de Hispanoamérica.*

Obra poética:

Cancionero sin nombre, 1937. Poemas y antipoemas,
1954. La cueca larga, 1958. Versos de salón, 1962. La
cueca larga y otros poemas, 1964. Canciones rusas, 1967.

HAY UN DIA FELIZ

A recorrer me dediqué esta tarde
las solitarias calles de mi aldea
acompañado por el buen crepúsculo
que es el único amigo que me queda.
Todo está como entonces, el otoño
y su difusa lámpara de niebla,
sólo que el tiempo lo ha invadido todo
con su pálido manto de tristeza.
Nunca pensé, creédmelo, un instante
volver a ver esta querida tierra,
pero ahora que he vuelto no comprendo
cómo pude alejarme de su puerta.
Nada ha cambiado, ni sus casas blancas
ni sus viejos portones de madera.
Todo está en su lugar; las golondrinas
en la torre más alta de la iglesia;
el caracol en el jardín; y el musgo

en las húmedas manos de las piedras.
No se puede dudar, éste es el reino
del cielo azul y de las hojas secas
en donde todo y cada cosa tiene
su singular y plácida leyenda:
hasta en la propia sombra reconozco
la mirada celeste de mi abuela.
Estos fueron los hechos memorables
que presenció mi juventud primera,
el correr en la esquina de la plaza
y la humedad en las murallas viejas.
¡Buena cosa, Dios mío!, nunca sabe
uno apreciar la dicha verdadera,
cuando la imaginamos más lejana
es justamente cuando está más cerca.
¡Ay de mí!, ¡ay de mí!, algo me dice
que la vida no es más que una quimera:
una ilusión, un sueño sin orillas,
una pequeña nube pasajera.
Vamos por partes, no sé bien qué digo,
la emoción se me sube a la cabeza.
Como ya era la hora del silencio
cuando emprendí mi singular empresa,
una tras otra, en oleaje mudo,
al establo volvían las ovejas.
Las saludé personalmente a todas
y cuando estuve frente a la arboleda
que alimenta el oído del viajero
con su inefable música secreta
recordé el mar y enumeré las hojas
en homenaje a mis hermanas muertas.
Perfectamente bien. Seguí mi viaje
como quien de la vida nada espera.
Pasé frente a la rueda del molino.
Me detuve delante de una tienda:
el olor del café siempre es el mismo.
Siempre la misma luna en mi cabeza,
entre el río de entonces y el de ahora
no distingo ninguna diferencia.

Lo reconozco bien, éste es el árbol
que mi padre plantó frente a la puerta
(ilustre padre que en sus buenos tiempos
fuera mejor que una ventana abierta).
Yo me atrevo a afirmar que su conducta
era un trasunto fiel de la Edad Media
cuando el perro dormía dulcemente
bajo el ángulo recto de una estrella.
A estas alturas siento que me envuelve
el delicado olor de las violetas
que mi amorosa madre cultivaba
para curar la tos y la tristeza.
Cuánto tiempo ha pasado desde entonces
no podría decirlo con certeza;
todo está igual, seguramente,
el vino y el ruiseñor encima de la mesa,
mis hermanos menores a esta hora
deben venir de vuelta de la escuela:
¡sólo que el tiempo lo ha borrado todo
como una blanca tempestad de arena!

(De *Poemas y antipoemas*)

EPITAFIO

De estatura mediana,
con una voz ni delgada ni gruesa,
hijo mayor de un profesor primario
y de una modista de trastienda;
flaco de nacimiento
aunque devoto de la buena mesa;
de mejillas escuálidas
y de más bien abundantes orejas;
con un rostro cuadrado
en que los ojos se abren apenas
y una nariz de boxeador mulato

baja a la boca de ídolo azteca
—todo esto bañado
por una luz entre irónica y pérfida—
ni muy listo ni tonto de remate
fui lo que fui: una mezcla
de vinagre y de aceite de comer
¡un embutido de ángel y bestia!

EL TUNEL

Pasé una época de mi juventud en casa de unas tías
a raíz de la muerte de un señor íntimamente ligado a
[ellas
cuyo fantasma las molestaba sin piedad
haciéndoles imposible la vida.

Yo me mantuve sordo a sus telegramas
a sus epístolas concebidas en un lenguaje de otra época
llenas de alusiones mitológicas
y de nombres propios desconocidos para mí
varios de ellos pertenecientes a sabios de la antigüedad
a filósofos medievales de menor cuantía
a simples vecinos de la localidad que ellas habitaban.
Abandonar de buenas a primeras la universidad
romper con los encantos de la vida galante
interrumpirlo todo
con el objeto de satisfacer los caprichos de tres ancianas
[histéricas
llenas de toda clase de problemas personales
resultaba, para una persona de mi carácter,
un porvenir poco halagador
una idea descabellada.

Cuatro años viví en El Túnel, sin embargo,
en comunidad con aquellas temibles damas;
cuatro años de martirio constante

de la mañana a la noche.
Las horas de regocijo que pasé debajo de los árboles
tornáronse pronto en semanas de hastío
en meses de angustia que yo trataba de disimular al má-
[ximo
con el objeto de no despertar curiosidad en torno a mi
[persona,
tornáronse en años de ruinas y de miseria
en siglos de prisión vividos por mi alma
en el interior de una botella de mesa.

Mi concepción espiritualista del mundo
me situó ante los hechos en un plano de franca inferio-
[ridad:
yo lo veía todo a través de un prisma
en el fondo del cual las imágenes de mis tías se entrela-
[lazaban como hilos vivientes
formando una especie de malla impenetrable
que hería mi vista haciéndola cada vez más ineficaz
un joven de escasos recursos no se da cuenta de las cosas.
El vive en una campana de vidrio que se llama Arte
que se llama Lujuria, que se llama Ciencia
tratando de establecer contacto con un mundo de rela-
[ciones
que sólo existen para él y para un pequeño grupo de
[amigos.
Bajo los efectos de una especie de vapor de agua
que se filtraba por el piso de la habitación
inundando la atmósfera hasta hacerlo todo invisible
yo pasaba las noches ante mi mesa de trabajo
absorbido en la práctica de la escritura automática.
Pero para qué profundizar en estas materias desagra-
[dables:
aquellas matronas se burlaron miserablemente de mí
con sus falsas promesas, con sus extrañas fantasías
con sus dolores sabiamente simulados
lograron retenerme entre sus redes durante años
obligándome tácitamente a trabajar para ellas
en faenas de agricultura

en compraventa de animales
hasta que una noche, mirando por la cerradura
me impuse que una de ellas
¡mi tía paralítica!
caminaba perfectamente sobre la punta de sus piernas
y volví a la realidad con un sentimiento de los demo-
[nios.

SOLILOQUIO DEL INDIVIDUO

Yo soy el Individuo.
Primero viví en una roca
(allí grabé algunas figuras).
Luego busqué un lugar más apropiado.
Yo soy el Individuo.
Primero tuve que procurarme alimentos,
buscar peces, pájaros, buscar leña.
(Ya me preocuparía de los demás asuntos).
Hacer una fogata,
leña, leña, dónde encontrar un poco de leña,
algo de leña para hacer una fogata.
Yo soy el Individuo.
Al mismo tiempo me pregunté,
fui a un abismo lleno de aire;
me respondió una voz:
yo soy el Individuo.
Después traté de cambiarme a otra roca.
Allí también grabé figuras,
grabé un río, búfalos.
Yo soy el Individuo.
Pero no. Me aburrí de las cosas que hacía,
el fuego me molestaba,
quería ver más.
Yo soy el Individuo.
Bajé a un valle regado por un río,
allí encontré lo que necesitaba,

encontré un pueblo salvaje,
una tribu,
yo soy el Individuo.
Vi que allí se hacían algunas cosas,
figuras grababan en las rocas,
hacían fuego, ¡también hacían fuego!
Yo soy el Individuo.
Me preguntaron que de dónde venía.
Contesté que sí, que no tenía planes determinados,
contesté que no, que de ahí en adelante.
Bien.
Tomé entonces un trozo de piedra que encontré en un
[río
y empecé a trabajar con ella,
empecé a pulirla,
de ella hice una parte de mi propia vida.
Pero esto es demasiado largo.
Corté unos árboles para navegar.
Buscaba peces,
buscaba diferentes cosas.
(Yo soy el Individuo).
Hasta que me empecé a aburrir nuevamente.
Las tempestades aburren,
los truenos, los relámpagos,
yo soy el Individuo.
Bien. Me puse a pensar un poco.
Preguntas estúpidas se me venían a la cabeza,
falsos problemas.
Entonces empecé a vagar por unos bosques.
Llegué a un árbol y a otro árbol.
Llegué a una fuente,
a una fosa en que se veían algunas ratas:
aquí vengo yo, dije entonces,
¿habéis visto por aquí una tribu,
un pueblo salvaje que hace fuego?
De este modo me desplacé hacia el oeste
acompañado por otros seres,
o más bien solo.
Para ver hay que creer, me decían,

yo soy el Individuo.
Formas veía en la obscuridad,
nubes tal vez,
tal vez veía nubes, veía relámpagos,
a todo esto habían pasado ya varios días,
yo me sentía morir;
inventé unas máquinas,
construí relojes,
armas, vehículos,
yo soy el Individuo.
Apenas tenía tiempo para enterrar a mis muertos,
apenas tenía tiempo para sembrar,
yo soy el Individuo.
Años más tarde concebí unas cosas,
unas formas,
crucé las fronteras
y permanecí fijo en una especie de nicho,
en una barca que navegó cuarenta días,
cuarenta noches,
yo soy el Individuo.
Luego vinieron unas sequías,
vinieron unas guerras,
tipos de color entraron al valle,
pero yo debía seguir adelante,
debía producir.
Produje ciencia, verdades inmutables,
produje tanagras.
Di a luz libros de miles de páginas,
se me hinchó la cara
construí un fonógrafo,
la máquina de coser,
empezaron a aparecer los primeros automóviles,
yo soy el Individuo.
Alguien segregaba planetas,
¡árboles segregaba!
Pero yo segregaba herramientas,
muebles, útiles de escritorio,
yo soy el Individuo.
Se construyeron también ciudades,

rutas,
instituciones religiosas pasaron de moda,
buscaban dicha, buscaban felicidad,
yo soy el Individuo.
Después me dediqué mejor a viajar,
a practicar, a practicar idiomas,
idiomas.
Yo soy el Individuo.
Miré por una cerradura,
sí, miré, qué digo, miré,
para salir de la duda miré,
detrás de unas cortinas,
yo soy el Individuo.
Bien.
Mejor es tal vez que vuelva a ese valle,
a esa roca que me sirvió de hogar,
y empiece a grabar de nuevo,
de atrás para adelante grabar
el mundo al revés.
Pero no: la vida no tiene sentido.

COPLAS DEL VINO

Nervioso, pero sin duelo
a toda la concurrencia
por la mala voz suplico
perdón y condescendencia.

Con mi cara de ataúd
y mis mariposas viejas
yo también me hago presente
en esta solemne fiesta.

¿Hay algo, pregunto yo
más noble que una botella
de vino bien conversado
entre dos almas gemelas?

El vino tiene un poder
que admira y que desconcierta
transmuta la nieve en fuego
y al fuego lo vuelve piedra.

El vino es todo, es el mar
las botas de veinte leguas
la alfombra mágica, el sol
el loro de siete lenguas.

Algunos toman por sed
otros por olvidar deudas
y yo por ver lagartijas
y sapos en las estrellas.

El hombre que no se bebe
su copa sanguinolenta
no puede ser, creo yo
cristiano de buena cepa.

El vino puede tomarse
en lata, cristal o greda
pero es mejor en copihue
en fucsia o en azucena.

El pobre toma su trago
para compensar las deudas
que no se pueden pagar
con lágrimas ni con huelgas.

Si me dieran a elegir
entre diamantes y perlas
yo elegiría un racimo
de uvas blancas y negras.

el ciego con una copa
ve chispas y ve centellas
y el cojo de nacimiento
se pone a bailar la cueca.

El vino cuando se bebe
con inspiración sincera
sólo puede compararse
al beso de una doncella.

Por todo lo cual levanto
mi copa al sol de la noche
y bebo el vino sagrado
que hermana los corazones.

(De *La cueca larga*)

LA MONTAÑA RUSA

Durante medio siglo
la poesía fue
el paraíso del tonto solemne.
Hasta que vine yo
y me instalé con mi montaña rusa.

Suban, si les parece.
Claro que yo no respondo si bajan
echando sangre por boca y narices.

(De *Versos de salón*)

VERSOS SUELTOS

Un ojo blanco no me dice nada
hasta cuándo posar de inteligente
para qué completar un pensamiento.
¡Hay que lanzar al aire las ideas!

El desorden también tiene su encanto
un murciélago lucha con el sol:
la poesía no molesta a nadie
y la fucsia parece bailarina.

La tempestad si no es sublime aburre
estoy harto del dios y del demonio
¿cuánto vale ese par de pantalones?
El galán se libera de su novia
nada más antipático que el cielo
al orgullo lo pintan de pantuflas:
nunca discute el alma que se estima.
Y la fucsia parece bailarina.

El que se embarca en un violín naufraga
la doncella se casa con un viejo
pobre gente no sabe lo que dice
con el amor no se le ruega a nadie:
en vez de leche le salía sangre
sólo por diversión cantan las aves
y la fucsia parece bailarina.

Una noche me quise suicidar
el ruiseñor se ríe de sí mismo
la perfección es un tonel sin fondo
todo lo transparente nos seduce:
estornudar es el placer mayor
y la fucsia parece bailarina.

Ya no queda muchacha que violar
en la sinceridad está el peligro
yo me gano la vida a puntapiés
entre pecho y espalda hay un abismo.
Hay que dejar morir al moribundo:
mi catedral es la sala de baño
y la fucsia parece bailarina.

Se reparte jamón a domicilio
¿puede verse la hora en una flor?

véndese crucifijo de ocasión
la ancianidad también tiene su premio
los funerales sólo dejan deudas:
Júpiter eyacula sobre Leda,
y la fucsia parece bailarina.

Todavía vivimos en un bosque
¿no sentís el murmullo de las hojas?
porque no me diréis que estoy soñando
lo que yo digo debe ser así
me parece que tengo la razón
yo también soy un dios a mi manera
un creador que no produce nada:
yo me dedico a bostezar a full
y la fucsia parece bailarina.

RITOS

Cada vez que regreso
A mi país
              después de un viaje largo
Lo primero que hago
Es preguntar por los que se murieron:
Todo hombre es un héroe
Por el sencillo hecho de morir
Y los héroes son nuestros maestros.

Y en segundo lugar
                      por los heridos.

Sólo después
              no antes de cumplir
Este pequeño rito funerario
Me considero con derecho a la vida:
Cierro los ojos para ver mejor
Y canto con rencor
Una canción de comienzos de siglo.

                              (De *Canciones rusas*)

SOLO

Poco
 a
  poco
   me
    fui
     quedando
      solo
Imperceptiblemente:
Poco
 a
  poco

Triste es la situación
Del que gozó de buena compañía
Y la perdió por un motivo u otro.

No me quejo de nada: tuve todo
Pero
 sin
  darme
   cuenta
Como un árbol que pierde una a una sus hojas
Fuime
  quedando
    solo
     poco
      a
       poco.

(México, 1914). Es actualmente la figura de mayor influencia en la poesía y el pensamiento crítico-poético de Hispanoamérica. Estuvo asociado en sus primeros años a la revista Taller *(que en su país sucedió al quehacer generacional de los «Contemporáneos») y al movimiento superrealista, al cual ha defendido siempre en lo que éste ha supuesto durante nuestro siglo como impulso hacia la liberación total del espíritu. Pero pronto se desligó Paz de lógicas vinculaciones literarias, entre ellas las naturales debidas a la lírica española de entreguerras, para madurar en una voz de acento vigoroso y original. La nota más singular de esa voz pudo serlo el grado de cálida inmediatez al mismo tiempo que de genuina calidad poética con que eran recogidos en el verso los problemas existenciales más hondos del ser humano en su doble dimensión personal e histórica (la angustia de la temporalidad, la esencial heterogeneidad del ser, la dificultad de la comunicación, la enajenación del hombre contemporáneo, el intento de salvación por vías de un erotismo francamente asumido, etc.). Poeta solitario y solidario, es decir, poeta de la soledad y la comunicación, tanto como de la lucidez y el delirio: he ahí una serie de términos con frecuencia empleados para describirlo en esa batalla interior de su pensamiento poético, que no se reduce a un ejercicio puramente dialéctico, sino a un más ambicioso propósito de totalizadora integración o conciliación, y el cual se reflejaba en una imaginería libérrima y brillante pero nada gratuita. La solidez de contenido y dicción de su zona central (la de* Piedra de sol, *por ejemplo, uno de los grandes textos de toda la poesía*

*contemporánea) ha cedido, sin embargo, en estos últi-
mos diez años. En ese período Paz viene alimentando
los fondos temáticos y el mundo imaginativo de su poe-
sía en las concepciones espiritualistas del Oriente, así
como en sus mitos y leyendas; a lo cual pudo haber
contribuido, accidentalmente, su larga permanencia en
la India como embajador de México. Y en lo formal y
expresivo ha cumplido lo que, casi como repertorio pro-
gramático, suele defender con fe de cruzado en sus ma-
nifestaciones teóricas, y que para muchos es signo exclu-
yente de contemporaneidad: la poesía como sinónimo de
crisis del lenguaje y, por lo tanto, de la comunicación, el
hermetismo crítico, la obra abierta, el fragmentarismo
o desintegración de la forma; en suma, los «signos en
rotación», como se complacerá en calificar a la poesía
que, según él, desee ser rotundamente de hoy. Ello no
supone, en absoluto, rechazar por nuestra parte la incor-
poración de los elementos irracionales del lenguaje en
el verso, mecanismo que ha dotado posiblemente a la
lírica contemporánea de su mayor originalidad y riqueza;
sino sugerir que el cultivo deliberado de la incomunica-
ción y de un sistema de referencias culturalistas extrañas
a un lector culto occidental pueden, en el caso de Paz,
propender a una disminución de aquella intensa palpi-
tación existencial que tanta autenticidad daba a su poe-
sía anterior. Esa palpitación no ha desaparecido, pero
un paso más y correría ya el riesgo de diluirse en una
intrincada red de laberínticos ejercicios verbales, nada
nuevos por otra parte y más propios de un tardío expe-
rimentador innecesario que del poeta entero que es Octa-
vio Paz. Para una comprensión cabal de sus ideas poé-
ticas actuales resulta indispensable la segunda edición
de* El arco y la lira *(México, 1967). Ensayista original
e incisivo, ha contribuido esclarecedoramente al conoci-
miento del alma mexicana* (El laberinto de la soledad), *
de algunos temas de la poesía contemporánea en lenguas
hispánicas* (Las peras del olmo, Cuadrivio) *y de más va-
riadas y universales cuestiones* (Corriente alterna). *A es-
tos títulos fundamentales tendrá el lector curioso que*

añadir sus más breves recientes entregas, y las ya anunciadas, lo que demuestra el impecable escrúpulo por parte de Paz en el afinamiento de sus posiciones críticas, a lo cual debe mayormente la continuada atención que las sucesivas juventudes de los últimos años le vienen dispensando.

OBRA POÉTICA:

Luna silvestre, 1933. Raíz del hombre, 1937. Bajo tu clara sombra, 1937. Entre la piedra y la flor, 1941. A la orilla del mundo, 1942. Libertad bajo palabra, 1949. ¿Águila o sol?, 1951. Semillas para un himno, 1954. Piedra de sol, 1957. La estación violenta, 1958. Libertad bajo palabra. Obra poética (1935-1958), 1960. Salamandra, 1958-1961, 1962. Viento entero, 1965. Vrindabar, 1966. Blanco, 1967. Topoemas, 1968. Discos visuales (en colaboración con Vicente Rojo), 1968. *Ladera este, 1969.*

UN POETA

—Música y pan, leche y vino, amor y sueño: gratis. Gran abrazo mortal de los adversarios que se aman: cada herida es una fuente. Los amigos afilan bien sus armas, listos para el diálogo final, el diálogo a muerte para toda la vida. Cruzan la noche los amantes enlazados, conjunción de astros y de cuerpos. El hombre es el alimento del hombre. El saber no es distinto del soñar, el soñar del hacer. La poesía ha puesto fuego a todos los poemas. Se acabaron las palabras, se acabaron las imágenes. Abolida la distancia entre el nombre y la cosa, nombrar es crear, e imaginar, nacer.

—*Por lo pronto, coge el azadón, teoriza, sé puntual. Paga tu precio y cobra tu salario. En los ratos libres pasta hasta reventar: hay inmensos predios de periódicos. O desplómate cada noche sobre la mesa del café, con la*

lengua hinchada de política. Calla o gesticula: todo es
igual. En algún sitio ya prepararon tu condena. No hay
salida que no dé a la deshonra o al patíbulo: tienes
los sueños demasiado claros, te hace falta una filosofía
fuerte.

(De *¿Aguila o sol?*)

HACIA EL POEMA

(Puntos de partida)

I

Palabras, ganancias de un cuarto de hora arrancando al
árbol calcinado del lenguaje, entre los buenos días y las
buenas noches, puertas de entrada y salida y entrada de
un corredor que va de ningunaparte a ningunlado.

Damos vueltas y vueltas en el vientre animal, en el
vientre mineral, en el vientre temporal. Encontrar la sa-
lida: el poema.

Obstinación de ese rostro donde se quiebran mis mi-
radas. Frente armada, invicta ante un paisaje en ruinas,
tras el asalto al secreto. Melancolía de volcán.

La benévola jeta de piedra de cartón del Jefe, del Con-
ductor, fetiche del siglo; los yo, tú, él, tejedores de tela
de araña, pronombres armados de uñas; las divinidades
sin rostro, abstractas. El y nosotros, Nosotros y El: na-
die y ninguno. Dios padre se venga en todos estos ídolos.

El instante se congela, blancura compacta que ciega
y no responde y se desvanece, témpano empujado por
corrientes circulares. Ha de volver.

Arrancar las máscaras de la fantasía, clavar una pica en el centro sensible: provocar la erupción.

Cortar el cordón umbical, matar bien a la Madre: crimen que el poeta moderno cometió por todos. Toca al nuevo poeta descubrir a la Mujer.

Hablar por hablar, arrancar sones a la desesperada, escribir al dictado lo que dice el vuelo de la mosca, ennegrecer. El tiempo se abre en dos: hora del salto mortal.

EL PRISIONERO

(Homenaje a D. A. F. de Sade)

a fin que... les traces de ma tombe disparaissent de dessus la surface de la terre comme je me flatte que ma mémoire s'effacera de l'esprit des hommes...

Testamento de Sade

No te has desvanecido.
Las letras de tu nombre son todavía una cicatriz que no
[se cierra,
un tatuaje de infamia sobre ciertas frentes.

Cometa de pesada y rutilante cola dialéctica,
atraviesas el siglo diecinueve con una granada de verdad
[en la mano
y estallas al llegar a nuestra época.
Máscara que sonríe bajo un antifaz rosa,
hecho de párpados de ajusticiado,
verdad partida en mil pedazos de fuego,
¿qué quieren decir todos esos fragmentos gigantescos,
esa manada de icebergs que zarpan de tu pluma y en alta
[mar enfilan hacia costas sin nombre,

esos delicados instrumentos de cirugía para extirpar el
[chancro de Dios,
esos aullidos que interrumpen tus majestuosos razona-
[mientos de elefante,
esas repeticiones atroces de relojería descompuesta,
toda esa oxidada herramienta de tortura?

El erudito y el poeta,
el sabio, el literato, el enamorado,
el maniaco y el que sueña en la abolición de nuestra
[siniestra realidad,
disputan como perros sobre los restos de tu obra.
Tú, que estabas contra todos,
eres ahora un nombre, un jefe, una bandera.

Inclinado sobre la vida como Saturno sobre sus hijos,
recorres con fija mirada amorosa
los surcos calcinados que dejan el semen, la sangre y la
[lava.
Los cuerpos, frente a frente como astros feroces,
están hechos de la misma sustancia de los soles.
Lo que llamamos amor o muerte, libertad o destino,
¿no se llama catástrofe, no se llama hecatombe?
¿Dónde están las fronteras entre espasmo y terremoto,
entre erupción y cohabitación?

Prisionero en tu castillo de cristal de roca
cruzas galerías, cámaras, mazmorras,
vastos patios donde la vid se enrosca a columnas solares,
graciosos cementerios donde danzan los chopos inmóviles.
Muros, objetos, cuerpos te repiten.
¡Todo es espejo!
Tu imagen te persigue.

El hombre está habitado por silencio y vacío.
¿Cómo saciar esta hambre,
cómo acallar este silencio y poblar su vacío?
¿Cómo escapar a mi imagen?
Sólo en mi semejante me trasciendo,

sólo su sangre da fe de otra existencia.
Justina sólo vive por Julieta,
Las víctimas engendran los verdugos.
El cuerpo que hoy sacrificamos
¿no es el Dios que mañana sacrifica?

La imaginación es la espuela del deseo,
su reino es inagotable e infinito como el fastidio,
su reverso y gemelo.
Muerte o placer, inundación o vómito,
otoño parecido al caer de los días,
volcán o sexo,
soplo, verano que incendia las cosechas,
astros o colmillos,
petrificada cabellera del espanto,
espuma roja del deseo, matanza en alta mar,
rocas azules del delirio,
formas, imágenes, burbujas, hambre de ser,
eternidades momentáneas,
desmesuras: tu medida de hombre.
Atrévete:
la libertad es la elección de la necesidad.
Sé el arco y la flecha, la cuerda y el ay.
El sueño es explosivo. Estalla. Vuelve a ser sol.

En tu castillo de diamante tu imagen se destroza y se
[rehace, infatigable.

(De *A la orilla del mundo*)

HIMNO ENTRE RUINAS

donde espumoso el mar siciliano...

Góngora

Coronado de sí el día extiende sus plumas.
¡Alto grito amarillo,

caliente surtidor en el centro de un cielo
imparcial y benéfico!
Las apariencias son hermosas en esta su verdad momen-
[tánea.
El mar trepa la costa,
se afianza entre las peñas, araña deslumbrante;
la herida cárdena del monte resplandece;
un puñado de cabras es un rebaño de piedras;
el sol pone su huevo de oro y se derrama sobre el mar.
Todo es Dios.
¡Estatua rota,
columnas comidas por la luz,
ruinas vivas en un mundo de muertos en vida!

Cae la noche sobre Teotihuacán.
En lo alto de la pirámide los muchachos fuman mari-
[huana,
suenan guitarras roncas.
¿Qué yerba, qué agua de vida ha de darnos la vida,
dónde desenterrar la palabra,
la proporción que rige al himno y al discurso,
al baile, a la ciudad y a la balanza?
El canto mexicano estalla en un carajo,
estrella de colores que se apaga,
piedra que nos cierra las puertas del contacto.
Sabe la tierra a tierra envejecida.

Los ojos ven, las manos tocan.
Bastan aquí unas cuantas cosas:
tuna, espinoso planeta coral,
higos encapuchados,
uvas con gusto a resurrección,
almejas, virginidades ariscas,
sal, queso, vino, pan solar.
Desde lo alto de su morenía una isleña me mira,
esbelta catedral vestida de luz.
Torres de sal, contra los pinos verdes de la orilla
surgen las velas blancas de las barcas.
La luz crea templos en el mar.

Nueva York, Londres, Moscú.
La sombra cubre al llano con su yedra fantasma,
con su vacilante vegetación de escalofrío,
su vello ralo, su tropel de ratas.
A trechos tirita un sol anémico.
Acodado en montes que ayer fueron ciudades, Polifemo
                                        [bosteza.
Abajo, entre los hoyos, se arrastra un rebaño de hombres.
(Bípedos domésticos, su carne
—a pesar de recientes interdicciones religiosas—
es muy gustada por las clases ricas.
Hasta hace poco el vulgo los consideraba animales im-
                                        [puros.)

Ver, tocar formas hermosas, diarias.
Zumba la luz, dardos y alas.
Huele a sangre la mancha de vino en el mantel.
Como el coral sus ramas en el agua
extiendo mis sentidos en la hora viva:
el instante se cumple en una concordancia amarilla,
¡oh mediodía, espiga henchida de minutos,
copa de eternidad!

Mis pensamientos se bifurcan, serpean, se enredan,
recomienzan,
y al fin se inmovilizan, ríos que no desembocan,
delta de sangre bajo un sol sin crepúsculo.
¿Y todo ha de parar en este chapoteo de aguas muertas?

¡Día, redondo día,
luminosa naranja de veinticuatro gajos,
todos atravesados por una misma y amarilla dulzura!
La inteligencia al fin encarna,
se reconcilian las dos mitades enemigas
y la conciencia-espejo se licúa,
vuelve a ser fuente, manantial de fábulas:
Hombre, árbol de imágenes,
palabras que son flores que son frutos que son actos.

                                    (De *La estación violenta*)

PIEDRA DE SOL

(Fragmentos)

* * *

voy por tu cuerpo como por el mundo,
tu vientre es una plaza soleada,
tus pechos dos iglesias donde oficia
la sangre sus misterios paralelos,
mis miradas te cubren como yedra,
eres una ciudad que el mar asedia,
una muralla que la luz divide
en dos mitades de color durazno,
un paraje de sal, rocas y pájaros
bajo la ley del mediodía absorto,

vestida del color de mis deseos
como mi pensamiento vas desnuda,
voy por tus ojos como por el agua,
los tigres beben sueño en esos ojos,
el colibrí se quema en esas llamas,
voy por tu frente como por la luna,
como la nube por tu pensamiento,
voy por tu vientre como por tus sueños,
tu falda de maíz ondula y canta,
tu falda de cristal, tu falda de agua,
tus labios, tus cabellos, tus miradas,
toda la noche llueves, todo el día
abres mi pecho con tus dedos de agua,
cierras mis ojos con tu boca de agua,
sobre mis huesos llueves, en mi pecho
hunde raíces de agua un árbol líquido,

voy por tu talle como por un río,
voy por tu cuerpo como por un bosque,

como por un sendero en la montaña
que en un abismo brusco se termina,
voy por tus pensamientos afilados
y a la salida de tu blanca frente
mi sombra despeñada se destroza,
recojo mis fragmentos uno a uno
y prosigo sin cuerpo, busco a tientas,

* * *

Madrid, 1937,
en la Plaza del Angel las mujeres
cosían y cantaban con sus hijos,
después sonó la alarma y hubo gritos,
casas arrodilladas en el polvo,
torres hendidas, frentes escupidas
y el huracán de los motores, fijo:
los dos se desnudaron y se amaron
por defender nuestra porción eterna,
nuestra ración de tiempo y paraíso,
tocar nuestra raíz y recobrarnos,
recobrar nuestra herencia arrebatada
por ladrones de vida hace mil siglos,
los dos se desnudaron y besaron
porque las desnudeces enlazadas
saltan el tiempo y son invulnerables,
nada las toca, vuelven al principio,
no hay tú ni yo, mañana, ayer ni nombres,
verdad de dos en sólo un cuerpo y alma,
oh ser total...

* * *

todo se transfigura y es sagrado,
es el centro del mundo cada cuarto
es la primera noche, el primer día,
el mundo nace cuando dos se besan,
gota de luz de entrañas transparentes
el cuarto como un fruto se entreabre

o estalla como un astro taciturno
y las leyes comidas de ratones,
las rejas de los bancos y las cárceles,
las rejas de papel, las alambradas,
los timbres y las púas y los pinchos,
el sermón monocorde de las armas,
el escorpión meloso y con bonete,
el tigre con chistera, presidente
del Club Vegetariano y la Cruz Roja,
el burro pedagogo, el cocodrilo
metido a redentor, padre de pueblos,
el Jefe, el tiburón, el arquitecto
del porvenir, el cerdo uniformado,
el hijo predilecto de la Iglesia
que se lava la negra dentadura
con el agua bendita y toma clases
de inglés y democracia, las paredes
invisibles, las máscaras podridas
que dividen al hombre de los hombres,
al hombre de sí mismo,
                              se derrumban
por un instante inmenso y vislumbramos
nuestra unidad perdida, el desamparo
que es ser hombres, la gloria que es ser hombres
y compartir el pan, el sol, la muerte,
el olvidado asombro de estar vivos;

amar es combatir, si dos se besan
el mundo cambia, encarnan los deseos,
el pensamiento encarna, brotan alas
en las espaldas del esclavo, el mundo
es real y tangible, el vino es vino,
el pan vuelve a saber, el agua es agua,
amar es combatir, es abrir puertas,
dejar de ser fantasma con un número
a perpetua cadena condenado
por un amo sin rostro;
                              el mundo cambia

si dos se miran y se reconocen,
amar es desnudarse de los nombres:

* * *

—no pasa nada, sólo un parpadeo
del sol, un movimiento apenas, nada,
no hay redención, no vuelve atrás el tiempo,
los muertos están fijos en su muerte,
intocables, clavados en su gesto,
desde su soledad, desde su muerte
sin remedio nos miran sin mirarnos,
su muerte ya es la estatua de su vida,
un siempre estar ya nada para siempre,
cada minuto es nada para siempre,
un rey fantasma rige tus latidos
y tu gesto final, tu dura máscara
labra sobre tu rostro cambiante:
el monumento somos de una vida
ajena y no vivida, apenas nuestra,

—¿la vida, cuándo fue de veras nuestra?,
¿cuándo somos de veras lo que somos?,
bien mirado, no somos, nunca somos
a solas sino vértigo y vacío,
muecas en el espejo, horror y vómito,
nunca la vida es nuestra, es de los otros,
la vida no es de nadie, todos somos
la vida —pan de sol para los otros,
los otros todos que nosotros somos—,
soy otro cuando soy, los actos míos
son más míos si son también de todos,
para que pueda ser he de ser otro,
salir de mí, buscarme entre los otros,
los otros que no son si yo no existo,
los otros que me dan plena existencia,
no soy, no hay yo, siempre somos nosotros,
la vida es otra, siempre allá, más lejos,
fuera de ti, de mí, siempre horizonte,

vida que nos desvive y enajena,
que nos inventa un rostro y lo desgasta,
hambre de ser, oh muerte, pan de todos,
Eloísa, Perséfona, María
muestra tu rostro al fin para que vea
mi cara verdadera, la del del otro,
mi cara de nosotros siempre todos,
cara de árbol y de panadero,
de chófer y de nube y de marino,
cara de sol y arroyo y Pedro y Pablo,
cara de solitario colectivo,
despiértame, ya nazco:

AQUI

Mis pasos en esta calle
Resuenan
                    En otra calle
Donde
            Oigo mis pasos
Pasar en esta calle
Donde

Sólo es real la niebla

                                (De *Salamandra*)

CERTEZA

Si es real la luz blanca
De esta lámpara, real
La mano que escribe, ¿son reales
Los ojos que miran lo escrito?

De una palabra a la otra
Lo que digo se desvanece.
Yo sé que estoy vivo
Entre dos paréntesis.

VIENTO ENTERO

El presente es perpetuo
Los montes son de hueso y son de nieve
Están aquí desde el principio
El viento acaba de nacer
                              Sin edad
Como la luz y como el polvo
                              Molino de sonidos
El bazar tornasolea
                    Timbres motores radios
El trote pétreo de los asnos opacos
Cantos y quejas enredados
Entre las barbas de los comerciantes
Alto fulgor a martillazos esculpido
En los claros de silencio
                              Estallan
Los gritos de los niños
                              Príncipes en harapos
A la orilla del río atormentado
Rezan orinan meditan
                         El presente es perpetuo
Se abren las compuertas del año
                                   El día salta
      Ágata
   El pájaro caído
Entre la calle Montalambert y la de Bac
Es una muchacha
                   Detenida
Sobre un precipicio de miradas

Si el agua es fuego
           Llama
En el centro de la hora redonda
                          Encandilada
    Potranca alazana
Un haz de chispas
                Una muchacha real
Entre las casas y las gentes espectrales
Presencia chorro de evidencias
Yo vi a través de mis actos irreales
La tomé de la mano
                Juntos atravesamos
Los cuatro espacios los tres tiempos
Pueblos errantes de reflejos
Y volvimos al día del comienzo
El presente es perpetuo
                21 de junio
Hoy comienza el verano
                  Dos o tres pájaros
Inventan un jardín
                    Tú lees y comes un durazno
Sobre la colcha roja
            Desnuda
Como el vino en el cántaro de vidrio
              Un gran vuelo de cuervos
En Santo Domingo mueren nuestros hermanos
Si hubiera parque no estarían ustedes aquí
            Nosotros nos roemos los codos
En los jardines de su alcázar de estío
Tipú Sultán plantó el árbol de los jacobinos
Luego distribuyó pedazos de vidrio
Entre los oficiales ingleses prisioneros
Y ordenó que se cortasen el prepucio
Y se lo comiesen
           El siglo
Se ha encendido en nuestras tierras
Con su lumbre
           Las manos abrasadas

Los constructores de catedrales y pirámides
Levantarán sus casas transparentes
                    El presente es perpetuo
El sol se ha dormido entre tus pechos
La colcha roja es negra y palpita
Ni astro ni alhaja
                    Fruta
Tú te llamas dátil
                    Datia
Castillo de sal si puedes
                          Mancha escarlata
Sobre la piedra empedernida
Galerías terrazas escaleras
Desmanteladas salas nupciales
Del escorpión
                Ecos repeticiones
Relojería erótica
                Deshora
                      Tú recorres
Los patios taciturnos bajo la tarde impía
Manto de agujas en tus hombros indemnes
Si el fuego es agua
                        Eres una gota diáfana
La muchacha real
                      Transparencia del mundo
El presente es perpetuo
                          Los montes
        Soles destazados
Petrificada tempestad ocre
                          El viento rasga
                Ver duele
El cielo es otro abismo más alto
Garganta de Salang
La nube negra sobre la roca negra
El puño de la sangre golpea
                          Puertas de piedra
Sólo el agua es humana
En estas soledades despeñadas
Sólo tus ojos de agua humana

Abajo

En el espacio hendido
El deseo te cubre con sus dos alas negras
Tus ojos se abren y se cierran
                              Animales fosforescentes
Abajo
        El desfiladero caliente
La ola que se dilata y se rompe
                                Tus piernas abiertas
El salto blanco
La espuma de nuestros cuerpos abandonados
                        El presente es perpetuo
El morabito regaba la tumba del santo
Sus barbas eran más blancas que las nubes
Frente al moral
                Al flanco del torrente
Repetiste mi nombre
                        Dispersión de sílabas
Un adolescente de ojos verdes
Te regaló una granada
                        Al otro lado del Amu-Darya
Humeaban las casitas rusas
El son de la flauta usbek
Era otro río invisible y más puro
En la barcaza el batelero estrangulaba pollos
El país es una mano abierta
                                Sus líneas
    Signos de un alfabeto roto
Osamentas de vacas en el llano
Bactriana
        Estatua pulverizada
Yo recogí del polvo unos cuantos nombres
Por esas sílabas caídas
Granos de una granada cenicienta
Juro ser tierra y viento
                        Remolino
Sobre tus huesos
                El presente es perpetuo
La noche entra con todos sus árboles

Noche de insectos eléctricos y fieras de seda
Noche de yerbas que andan sobre los muertos
Conjunción de aguas que vienen de lejos
Murmullos
        Los universos se desgranan
Un mundo cae
        Se enciende una semilla
Cada palabra palpita
        Oigo tu latir en la sombra
Enigna en forma de reloj de arena
        Mujer dormida
Espacio espacios animados
Anima mundi
        Materia maternal
Perpetua desterrada de sí misma
Y caída perpetua en su entraña vacía
        Anima mundi
Madre de las razas errantes
        De soles y de hombres
Emigran los espacios
        El presente es perpetuo
En el pico del mundo se acarician
Shiva y Parvati
        Cada caricia dura un siglo
Para el dios y para el hombre
        Un mismo tiempo
Un mismo despeñarse
        Lahor
        Río rojo barcas negras
Entre dos tamarindos una niña descalza
Y su mirar sin tiempo
        Un latido idéntico
Muerte y nacimiento
Entre el cielo y la tierra suspendidos
Unos cuantos álamos
Vibrar de luz más que vaivén de hojas
        ¿Suben o bajan?
El presente es perpetuo
        Llueve sobre mi infancia

Llueve sobre el jardín de la fiebre
Flores de sílex árboles de humo
En una hoja de higuera tú navegas
Por mi frente
            La lluvia no te moja
Eres la llama de agua
                La gota diáfana de fuego
Derramada sobre mis párpados
Yo veo a través de mis actos irreales
El mismo día que comienza
                  Gira el espacio
Arranca sus raíces el mundo
No pesan más que el alba nuestros cuerpos
                        Tendidos

                        (De *Viento entero*)

EL OTRO

Se inventó una cara.
                Detrás de ella
Vivió, murió y resucitó
Muchas veces.
            Su cara
Hoy tiene las arrugas de esa cara.
Sus arrugas no tienen cara.

                       (De *Ladera Este*)

EPITAFIO DE UNA VIEJA

La enterraron en la tumba familiar
Y en las profundidades tembló el polvo

Del que fue su marido:
                              La alegría
De los vivos
                    Es la pena de los muertos.

PUEBLO

Las piedras son tiempo
                              El viento
Siglos de viento
                         Los árboles son tiempo
Las gentes son piedra
                              El viento
Vuelve sobre sí mismo y se entierra
En el día de piedra

No hay agua pero brillan los ojos

RECONOCIMIENTOS

Expresamos aquí nuestra mayor gratitud a todos los poetas que han concedido amablemente sus permisos para figurar en este libro. Entre los herederos y agentes literarios de los poetas fallecidos, y por la misma razón, quede constancia de nuestro reconocimiento a las siguientes personas y entidades: a doña Nina Cabrera, viuda de Tablada, por los poemas de su esposo, José Juan Tablada; a don Adolfo F. de Obieta por los de su padre, Macedonio Fernández; al doctor Jesús López Velarde por los de su hermano, Ramón López Velarde; a la agencia literaria Joan Daves, de New York, por los de Gabriela Mistral; a doña Ana María Brull de Vázquez por los de su padre, Mariano Brull; a doña Georgette de Vallejo por los de su esposo, César Vallejo; a don Vicente G. Huidobro Portales por los de su padre, Vicente Huidobro; a doña María Valdés, viuda de Palés, por los de su esposo, Luis Palés Matos, y al Fondo de Cultura Económica, de México, por los de Xavier Villaurrutia.

Se ofrece aquí una relación, mínima en extremo, de estudios críticos y de antologías relacionados estrictamente con el período de la poesía hispanoamericana que cubre este libro. No se consignan obras dedicadas a autores individuales (algunas de las cuales se indican en las notas de presentación de cada poeta) ni historias o manuales de carácter general.

Alegría, Fernando: *La poesía chilena,* México, 1954.
Arbeláez, Fernando: *Panorama de la nueva poesía colombiana,* Bogotá, 1964.
Bajarlía, Juan Jacobo: *El vanguardismo poético en América y España,* Buenos Aires, 1957.
—*La poesía de vanguardia: De Huidobro a Vallejo,* Buenos Aires, 1965.
Ballagas, Emilio: *Antología de la poesía negra hispanoamericana,* Madrid, 1935.
—*Mapa de la poesía negra americana,* Buenos Aires, 1946.
Becco, Jorge Horacio, y Osvaldo Svanascini: *Diez poetas jóvenes: Ensayo sobre moderna poética, antología y ubicación objetiva de la joven poesía argentina desde 1937 a 1947,* Buenos Aires, 1948.
Bellini, Giuseppe: *Poeti delle Antille,* Parma, 1963.
Borges, Jorge Luis; Silvina Ocampo y Adolfo Bioy Casares: *Antología poética argentina,* Buenos Aires, 1941.

Buzó Gómez, Sinforiano: *Indice de la poesía paraguaya*, Asunción - Buenos Aires, 1943.
    Caballo de Fuego: La poesía del siglo veinte en América y España, Buenos Aires, 1952.
Corvalán, Octavio: *Modernismo y Vanguardia. Coordenadas de la literatura hispanoamericana del siglo XX*, New York, 1967.
Cuadra Downing, Orlando: *Nueva poesía nicaragüense* (introducción de Ernesto Cardenal), Madrid, 1949.
Dauster, Frank: *Ensayos sobre poesía mexicana: Asedio a los «Contemporáneos»*, México, 1963.
Echevarri Mejía, Oscar, y Alfonso Bonilla-Naar: *21 años de poesía colombiana*, Bogotá, 1964.
Elliott, Jorge: *Antología crítica de la nueva poesía chilena*, Universidad de Concepción, Chile, 1957.
Fernández Moreno, César: *Introducción a la poesía*, México, 1962.
Fernández Moreno, César, y Horacio Jorge Becco: *Antología lineal de la poesía argentina*, Madrid, 1968.
Fernández Retamar, Roberto: *La poesía contemporánea en Cuba*, La Habana, 1954.
Fernández Retamar, Roberto, y Fayad Jamís: *Poesía joven de Cuba*, La Habana, 1960.
Fernández Spencer, Antonio: *Nueva poesía dominicana*, Madrid, 1953.
Fitts, Dudley: *Antología de la poesía contemporánea americana*, Norfolk, Conn., U. S. A., 1942.
Florit, Eugenio, y José Olivio Jiménez: *La poesía hispanoamericana desde el modernismo*, New York, 1968.
Forster, Merlin H.: *Los Contemporáneos. 1920-1932. Perfil de un experimento vanguardista mexicano*, México, 1964.
Franco Oppenheimer, Félix: *Poesía hispanoamericana*, México, 1957.
Ghiano, Juan Carlos: *Poesía argentina del siglo XX*, México-Buenos Aires, 1957.
—*Veintiséis poetas argentinos*, Buenos Aires, 1961.
Hidalgo, Alberto; Vicente Huidobro y Jorge Luis Borges: *Indice de la nueva poesía americana*, Buenos Aires, 1926.
Ibarra, Héctor: *La nueva poesía argentina: Ensayo crítico sobre el ultraísmo, 1921-1929*, Buenos Aires, 1930.
Jiménez, Juan Ramón; José María Chacón y Calvo y Camila Henríquez Ureña: *La poesía cubana en 1936. Colección*, La Habana, 1937.
Labarthe, Pedro Juan: *Antología de poetas contemporáneos de Puerto Rico*, México, 1946.
Leiva, Raúl: *Imagen de la poesía mexicana contemporánea*, México, 1959.
List Arzubide, Germán: *El movimiento estridentista*, Jalapa, México, 1926.
Lobell, Connie: *Poetas venezolanos. 1940-1943*, Caracas, 1956.

Maples Arce, Manuel: *Antología de la poesía mexicana moderna,* Roma, 1940.

Martínez, David: *Poesía argentina actual (1930 - 1960),* Buenos Aires, 1961.

Medina, José Ramón: *Examen de la poesía venezolana contemporánea,* Caracas, 1956.

—*Antología venezolana (Verso),* Madrid, 1962.

Monsivais, Carlos: *La poesía mexicana del siglo XX,* México, 1966.

Monguió, Luis: *La poesía postmodernista peruana,* México, 1954.

Morales, Ernesto: *Antología de poetas americanos,* México, 1955.

Miró, Rodrigo: *Indice de la poesía panameña contemporánea,* Santiago de Chile, 1941.

Núñez, Estuardo: *La literatura peruana en el siglo XX,* México, 1965.

Onís, Federico de: «La poesía iberoamericana», en *España en América,* Río Piedras, Puerto Rico, 1955.

—*Antología de la poesía española e hispanoamericana (1882-1932),* reedición, New York, 1964.

Panero, Leopoldo: *Antología de la poesía hispanoamericana (tomo II),* Madrid, 1945.

Paternain, Alejandro: *36 años de poesía uruguaya,* Montevideo, 1967.

Paz, Octavio: *El arco y la lira,* 2.ª edición, México, 1967.

Paz, Octavio; Alí Chumacero, José Emilio Pacheco y Homero Aridjis: *Poesía en movimiento. México, 1915-1966,* México, 1966.

Pedemonte, Hugo Emilio: *Nueva poesía uruguaya,* Madrid, 1958.

Pellegrini, Aldo: *Antología de la poesía viva latinoamericana,* Barcelona, 1966.

Pesantez Rodas, Rodrigo: *La nueva literatura ecuatoriana* (vol. I: Poesía), Guayaquil, 1966.

Pla, Josefina: *La poesía paraguaya. Antología,* Caracas, 1963.

Primer Congreso de Poesía Puertorriqueña, *Crítica y antología de la poesía puertorriqueña,* San Juan (Puerto Rico), 1958.

Quirós, Juan: *Indice de la poesía boliviana contemporánea,* La Paz, 1964.

Ripoll, Carlos: *La generación de 1923 en Cuba y otros apuntes sobre el vanguardismo,* New York, 1968.

Rosa-Nieves, Cesáreo: *La poesía en Puerto Rico,* 2.ª edición, San Juan, 1958.

Salazar Bondy, Sebastián; Jorge E. Eielson y Javier Sologuren: *La poesía contemporánea del Perú,* Lima, 1946.

Saz, Agustín del: *La poesía hispanoamericana,* Barcelona, 1948.

—*Nueva poesía panameña,* Madrid, 1954.

Scarpa, Roque Esteban, y Hugo Montes: *Antología de la poesía chilena contemporánea,* Madrid, 1968.

Serra, Edelweiss: *Poesía hispanoamericana: Ensayos de aproximación interpretativa,* Santa Fe, Argentina, 1964.

Sola, Otto de: *Antología de la moderna poesía venezolana,* Caracas, 1940.

Sucre, Guillermo: *La máscara, la transparencia. Ensayos sobre poesía hispanoamericana,* Caracas, 1975.

Torre, Guillermo de: *Tres conceptos de la literatura hispanoamericana,* Buenos Aires, 1961.

—*Historia de las literaturas de vanguardia,* Madrid, 1965.

Undurraga, Antonio de: *Doce poetas chilenos,* Montevideo, 1958.

Uribe Ferrer, René: *Modernismo y poesía contemporánea,* Medellín, Colombia, 1962.

Valbuena Briones, Angel, y Luis Hernández Aquino: *Nueva poesía de Puerto Rico,* Madrid, 1952.

Valle, Rafael Heliodoro: *Indice de la poesía centroamericana,* Santiago de Chile, 1941.

Varios: *Movimientos literarios de vanguardia,* Universidad de Texas, U. S. A., 1965.

Videla, Gloria: *El ultraísmo,* Madrid, 1963.

Vignale, Pedro Juan, y César Tiempo: *Exposición de la actual poesía argentina,* Buenos Aires, 1927.

Villaurrutia, Xavier; Emilio Prados, Juan Gil-Albert y Octavio Paz: *Laurel. Antología de la poesía moderna en lengua española,* México, 1941.

Vitier, Cintio: *Diez poetas cubanos (1937-1947),* La Habana, 1948.

—*Cincuenta años de poesía cubana, 1902-1952,* La Habana, 1952.

—*Lo cubano en la poesía,* Universidad Central de Las Villas, Cuba, 1958.

Yurkievich, Saúl: *Fundadores de la nueva poesía latinoamericana* (Nueva edición aumentada), Barcelona, 1973.

Obra poética publicada por los autores incluidos en los últimos años.

Borges, Jorge Luis: *El oro de los tigres,* 1972. *Obra poética* (Alianza Editorial, El Libro de Bolsillo), 1975. *La rosa profunda,* 1975.

Cabral, Manuel de: *Los huéspedes secretos* (nueva edición completa, con prólogo de Helio Alderete), 1974. *Poemas de amor y sexo* (Antología), 1974.

Carranza, Eduardo: *Los pasos cantados,* 1971. *Hablar soñando y otras alucinaciones,* seguido de «El insomne», 1974. *Epístola mortal,* 1975.

Carrera Andrade, Jorge: *Livre de l'Exile précedé de Message a l'Afrique* (Edición bilingüe), 1970. *Misterios naturales,* 1972. *Obra poética completa,* 1976.

Coronel Urtecho, José: *Pol-la D'Ananta Katanta Paranta* (único libro de poesías reunidas del autor), 1970.

Cuadra, Pablo Antonio: *El jaguar y la luna* (edición completa), 1971. *Cantos de Cifar* (edición completa), 1971. *Doña Andreíta y otros retratos,* 1971. *Tierra que habla* (Antología de cantos nicaragüenses), 1974. *MAYO, Oratorio de los cuatro héroes,* 1974. *Esos rostros que asoman en la multitud,* 1976. *El vendedor de pájaros,* 1976.

Díaz Casanueva, Humberto: *Antología poética,* 1970. *Sol de lenguas,* 1970.

Florit, Eugenio: *De tiempo y agonía (Versos del hombre solo),* 1974.

Gerbasi, Vicente: *Poesía de viaje,* 1968. *Antología poética, 1943-1968,* 1970.

Greiff, León de: *Poemas de León de Greiff,* 1962. *Selección de poemas,* 1972. *Nova et Vetera,* 1974.

Guillén, Nicolás: *Cuatro canciones para el Che,* 1969. *El gran zoo* (2.ª ed.), 1971. *La rueda dentada,* 1971. *El diario que a diario,* 1972. Obra poética, 2 vols. (Prólogo de Angel Augier), 1972. *Summa poética* (Antología con prólogo de Luis Iñigo Madrigal), 1976.

Ibáñez, Sara de: *Canto póstumo,* 1972. *Poemas escogidos,* 1974.

Lezama Lima, José: *Poesía completa,* La Habana, 1970; Barcelona, 1975.

Molinari, Ricardo: *La hoguera transparente,* 1970. *La escudilla,* 1973. *Las sombras del pájaro tostado* (Poesías completas), 1975.

Neruda, Pablo: *La barcarola,* 1967. *Aún,* 1969. *Las piedras del cielo,* 1970. *La espada encendida,* 1970. *Geografía infructuosa,* 1972. *Invitación al nixonicidio y alabanza de la revolución chilena,* 1973. *Obras completas* (3 vols.), 1973. Libros póstumos: *El mar y las campanas* y *La rosa separada,* 1973. *Libro de las preguntas, 2000, El corazón amarillo, Jardín de invierno, Elegía* y *Defectos escogidos,* 1974.

Novo, Salvador: *Sátira,* 1970.

Parra, Nicanor: *Obra gruesa* (poesías reunidas), 1970. *Los profesores,* 1971. *Antipoemas* (Antología, 1944-1969), 1972. *Artefactos,* 1972. *Manuscritos,* 1975.

Paz, Octavio: *Renga* (en colaboración con Jacques Roubaud, Edoardo Sanhuinetti y Charles Tomlison), 1971. *Vuelta,* 1971. Puede encontrarse también al final del libro *Solo a dos voces,* de O. Paz y Julián Ríos, 1973. *El mono gramático,* 1974. *Pasado en claro,* 1975.

Pellicer, Carlos: *Primera antología poética,* 1969.

Ribera Chevremont, Evaristo: *El caos de los sueños,* 1974. *El hondero lanzó la piedra* (Prólogo de Concha Meléndez), 1975.